我与皇帝侃大山系列

韬晦以图强

我与光武帝侃隐忍

姜正成◎主编

中国财富出版社

图书在版编目（CIP）数据

韬晦以图强：我与光武帝侃隐忍 / 姜正成主编. —北京：中国财富出版社，2015.1

（我与皇帝侃大山系列）

ISBN 978-7-5047-5040-2

Ⅰ. ①韬… Ⅱ. ①姜… Ⅲ. ①汉光武帝（前6～57）-生平事迹-通俗读物 Ⅳ. ①K827=342

中国版本图书馆 CIP 数据核字（2013）第280201号

策划编辑	宋　宇	**责任印制**	方朋远
责任编辑	于　淼　宋　宇	**责任校对**	饶莉莉

出版发行	中国财富出版社		
社　　址	北京市丰台区南四环西路188号5区20楼	**邮政编码**	100070
电　　话	010-52227568（发行部）		010-52227588转307（总编室）
	010-68589540（读者服务部）		010-52227588转305（质检部）
网　　址	http：// www. cfpress. com . cn		
经　　销	新华书店		
印　　刷	北京柯蓝博泰印务有限公司		
书　　号	ISBN 978-7-5047-5040-2 / K・0146		
开　　本	710mm × 1000mm　1/16	**版　　次**	2015 年 1 月第 1 版
印　　张	15.25	**印　　次**	2015 年 1 月第 1 次印刷
字　　数	211千字	**定　　价**	36.00元

前 言

中华民族是一个有着悠久历史的伟大民族，它有着自己璀璨的文明。在五千年的发展过程中，有很多叱咤风云的开国帝王应时而生。他们的丰功伟绩被历史所记载。他们的雄才大略，锐意改革，励精图治，为中华民族不断强大奠定了坚实的基础。其中，汉光武帝刘秀是比较著名且有辉煌业绩的一位皇帝。

刘秀是从南阳起兵的，通过战争而赢得天下。他长于用兵，知人善任，总能以少胜多，出奇制胜，可见他是一位中国古代杰出的军事天才。纵观中国历史，他是参与和指挥战争最多的皇帝。在昆阳大战中，他亲自带领少数随从冲破王莽40万大军的围追堵截，而且只用几千人就破了王莽的几十万大军，可以说是中国军事史上的奇才。

在开国战争中，刘秀做到了“用人不疑，疑人不用”，使将帅能在不违背总的战略意图下见机行事，最大限度地发挥他们的个人才能。在治国大略中，刘秀能唯才是举、知人善任，他善于扬长避短，使各类文臣武将人尽其才。他对待臣僚“开心见诚”，不念旧恶，但赏罚严明，虽仇必赏，虽亲必罚。

刘秀建立东汉王朝后，首先就是致力于整顿吏治，加强专制主义中央集权。他虽然封功臣为侯，但却禁止他们干预政事；对诸侯王和外戚的权势，也有很多限制。在行政体制上，刘秀一方面大力削弱三公的职权，使全国政务都要经尚书台，最后达到总揽权力的目的；其次，又大力加强监察制度，使全国共合并400多个县，吏职减少至原来的十分之一。在进行这些措施的同时，刘秀还采取了很多措施来稳定民生，用来恢复统一后的残破的社会经济。建武六年他还下诏恢复三十税一的旧制，减轻租赋徭役

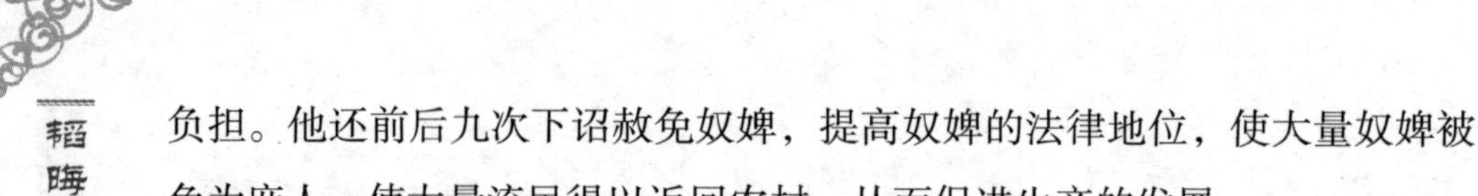

负担。他还前后九次下诏赦免奴婢，提高奴婢的法律地位，使大量奴婢被免为庶人，使大量流民得以返回农村，从而促进生产的发展。

光武帝善待功臣，厚加封赏，32位开国元勋无一受到迫害，皆得保全，仅这一点就说明他无疑是历史上少见的仁义之君。

他感情深沉专一，与皇后阴丽华相爱一生，在古代的后宫可谓绝无仅有，堪称千古佳话。

他不仅是中国历史上年纪最轻的开国天子，也是学历最高的饱学之君，他礼贤下士，奖励名节，崇儒兴学，推行文治，表现了一个政治家深厚的文化素养。

光武帝勤俭治国，减轻刑罚，宽以驭民，开拓民生，体现了他坚定的民本思想和德治精神，对中国古代政治理性的发展和丰富具有一定的贡献。刘秀统治的时期，在历史上被称之为“光武中兴”。

近世著名史学家在范文澜评光武帝时说：“这个以南阳豪强为主体的刘秀军，在政治上有优势，在军事上有谋略，再加上禁止掳掠，争取民心，这就决定了他的必然胜利。刘秀是地主阶级的代表，自然是农民起义军的死敌；但是他也代表着社会的共同要求，完成了国家统一的伟大事业。他在推倒王莽的战争中，在削平割据的过程中，都起了极大的作用，因之，他是对当时历史有重要贡献的历史人物。”这个评价是中肯的。

纵观刘秀的一生，无一不贯穿着他的韬晦与隐忍，他的审时度势，他的待机而动，他的御人控势，他的刚柔并济，这些成就了他的帝王之业。

由于本书的编者水平有限，且受资料的限制，书中难免出现错误，敬望各位指正。

目　录

第一章　清心寡欲，自强不息

我国儒家思想中，提倡修身齐家之道，并以此为治国平天下的基础，正所谓："身修而家齐，家齐而国治，国治而天下平。"而其中修身是放在第一位也是最根本的，无论做什么事自身素质的好坏往往决定事情的成败。光武帝刘秀能够从一个草莽平民扶摇直上成为一代明君，不可否认他能够认清乱世的形势，紧抓机遇，又有大批的人才相助，然而最根本的却是他优秀的个人素质使然。

第二章 处世之道，忍字为先

处世之道是每个人的终生必修课，尤其在当今交往频繁，人际关系复杂的社会里更是如此。学好为人处世之道，能够拓宽我们发展的空间，能够让我们在发展之路上如鱼得水，轻松前行。而要学好处世之道，首先要学会一个"忍"字。小不忍，则乱大谋。当敌我纷争局势微弱之时，就需要用忍耐来积蓄能量，这是一种本领，也是一种境界。刘秀可能是中国古代帝王之中最善于忍耐的一个，也是最懂得生存处世的智者，从他的经历中我们可以学习到一些为人处世的道理。

第三章 等待时机，厚积薄发

古人云："取天下与守天下，无机不能。"可见机遇的重要性。机遇是人一生中绝佳的时机和契机，凭借着机遇，就能够改变现状，改变命运。所以想要获得成功，就要善于发现机遇，驾驭机遇，抓住机遇，借着时代的趋势，走向成功。所谓"应运而生""时势造英雄"，无论是"运"，还是"势"都是"机遇"的另一种符号。成功的人，他的成功之处就在于他能够把握住人生的机遇、时代的脉搏。刘秀在乱世之中脱颖而出，和他善于抓住机遇是分不开的。

第四章 放低身段，才为我用

正所谓"得人才者得天下"，人才的力量在古代的军事政治斗争中，起着决定性的作用。自古天下之争，在一定程度上可以说是人才之争。一个人想要获得成功，就要能够识人、用人，用人之道也就成了成功人士必备的素养。刘秀能够打败群雄脱颖而出，就是善于用人、御人，让能人为其所用。现代企业的领导者或许可以从中学习一些用人的智慧。

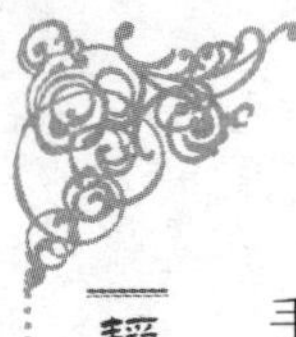

第五章 博弈之道，势强者胜

博弈之道，无论是在乱世还是治世，都是被人们津津乐道的，然而懂得博弈之道的人却很少，能精通之人更是凤毛麟角。博弈之道，是如其名，近于下棋。然而棋子、棋盘却是因人而异各不相同。对于刘秀来说，将士苍生是他的棋子，天下河山是他的棋盘，这是一场规模浩大的博弈。最终刘秀运用自己的智慧将一个个对手击败，笑到了最后，为后人仰止。

第六章 御人控势，刚柔并济

人类作为一种具有社会属性的群体，在日常生存和发展中离不开相互之间的集体协作。在这种合作的过程中，就需要管理的存在。战场上，需要运筹帷幄；商场上，需要精打细算；官场上，需要推敲琢磨。一个人不可能仅凭一己之力打天下，在有了人，有了物，有了各种资源之后，如何进行有效的管理，让资源进行合理的配置，实现利益的最大化，才是每一个渴望成功的人都需要考虑的问题。刘秀就是一个很善于管理的领导者，无论是他在争夺天下还是马下治国的时候，都将管理之道发挥得淋漓尽致，令人叹服。

第一章 DI YI ZHANG 清心寡欲，自强不息

我国儒家思想中，提倡修身齐家之道，并以此为治国平天下的基础，正所谓："身修而家齐，家齐而国治，国治而天下平。"而其中修身是放在第一位也是最根本的，无论做什么事自身素质的好坏往往决定事情的成败。光武帝刘秀能够从一个草莽平民扶摇直上成为一代明君，不可否认他能够认清乱世的形势，紧抓机遇，又有大批的人才相助，然而最根本的却是他优秀的个人素质使然。

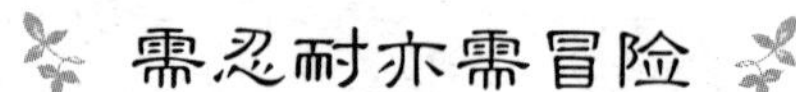

需忍耐亦需冒险

很多时候，强者之所以成为强者，是因为他们具备常人所不拥有的魄力，他们“敢为别人所不敢为”。所谓富贵险中求，不敢冒险的人，想成就一番大事业是不可能的。人们常说“风险与机遇并存”，我们想要抓住机遇走向成功，就要勇敢地承担风险。刘秀在逐鹿天下之时，通常会采取步步紧逼，小心谨慎的军事策略，但是刘秀并不是一个迂腐不化的人，在必要的时候，他敢于冒险，在危险之中寻找时机，昆阳之战便是其中最经典的例子。

公元23年3月，在更始政权的统一部署下，起义军分成两路向王莽新朝开展更广泛的进攻。一路以刘縯、王匡等人为首，率义军主力围攻宛城，目的在于攻占王莽统治区内中原和南方相连地区的战略重镇。他们认为，如果宛城攻下，则可北进洛阳夺取中原，再从潼关进攻长安；也可由此西攻武关，威逼三辅，进袭长安。无论北攻还是西进，都可夺取王莽的首都长安，其战略意义是不言而喻的。另一路以王凤、王常、刘秀等将领为首，率领约2万人北上攻占昆阳（今河南叶县）、定陵（今河南郾城西北）、郾（今河南郾城）等地。这一路主要任务是北进中原，扩大声威，策应主力。起义军所向披靡，取得了大量的牛马财物及谷物数十万斛，源源不断地转运到宛城，为攻城主力部队保证了军需供应。这支队伍北进以后，廷尉、大将军王常曾另率一部分义军挺进汝南（今河南汝南一带）、沛郡（今安徽濉溪县以北），兵锋直达今河南西南与安徽西北部。

这时，王莽得报说起义军在南阳大捷，甄阜、梁丘赐被杀，并成立了农民政权，刘玄称帝。王莽感到形势十分紧迫，为此，他召集群臣讨论，认为在全国各路起义军中，绿林军一支是最危险的敌人，决定调集全国军队主力进行镇压。他派大司徒王寻、大司空王邑征集全国精兵42万，号称百万，浩浩荡荡从北向南奔来，企图一举将绿林军消灭。公元23年5月，王寻、王邑所率官军进抵颍川（治今河南禹县），和原来退守在这里的严尤、陈茂军队会合，官军声势益壮。

这次王莽对绿林军的进攻，是作为一次战略决战来进行的。他们不仅集中了全国的所有精兵，任命最高三公中的两公来任正副统帅，而且在军事技术与装备上，集中了全国最懂兵法的63家共数百人来做军事顾问，并且“选练武卫，招募猛士”参战。有一位巨人大力士，名叫巨无霸，身长一丈，腰大七围。他们认为此人有精神威慑作用，便任他为垒尉，前来参战。为了吓倒起义军，还把皇苑中养的猛兽虎、豹、犀、象之类也驱赶前来，准备在作战时放出，以壮军威。总之，王莽将一切认为能起作用的战争手段，全都使用上来了。《后汉书·光武帝纪》说：这次出兵的规模是秦朝、西汉以来所未曾有过的。王莽等人的目的很明确，就是要运用绝对优势兵力，一举将起义军歼灭。他们认为只要此战取胜，其他各地起义军就会土崩瓦解，不战而散。

王寻、王邑官军在颍川与严尤军会合后，随即挥军南下。这时起义军在南阳以北的部队，因非主力又人数较少而且分散，形势非常不利，于是采取了相对收缩的方针。王常一支由沛郡、汝南两郡撤回，退保于城池坚固的昆阳城，其他在定陵、郾城等县的义军，有些将领见官军来势凶猛，也返回驰入昆阳。刘秀这时头脑冷静，虽看到敌我力量对比悬殊，仍临危不惧，他凭着所学兵法知识，沉着镇定面对敌人，当敌向南扑来时，他率

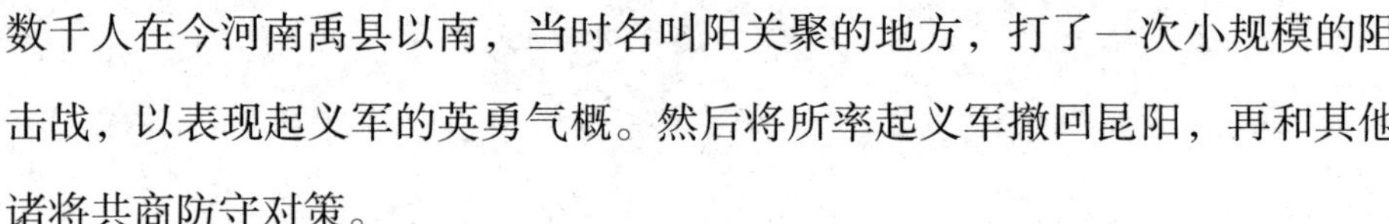

数千人在今河南禹县以南，当时名叫阳关聚的地方，打了一次小规模的阻击战，以表现起义军的英勇气概。然后将所率起义军撤回昆阳，再和其他诸将共商防守对策。

王莽官军很快抵达昆阳。这时，纳言将军严尤对统帅王邑说："昆阳城虽小，但城筑坚固，现在敌军首领和主力都不在这里，而在南面的宛城，我们应该率大军迅速南进，猛攻宛城，将其击败，那么昆阳就可不攻自破。"可是王邑不从战略全局主次轻重考虑，只顾个人面子，而且盲目自信，他傲慢地说："过去我担任虎牙将军率兵去镇压翟义叛乱，因为不能生擒，受到皇上指责。现在我统兵百万，遇到一个小城不能将它攻下，又怎么对皇上说呢？如果将它拔掉，我们前歌后舞乘胜前进岂不快哉？"于是立即命令前锋停止前进，将昆阳城四面包围起来，并在其周围列营驻守。后续部队及辎重兵车，源源不断向此驰来，前后相继数百里不绝。他们驻营之后，立即命令各部开展进攻，又准备架云车以观察城中动向，并令人设计挖掘地道和用撞车冲撞城门。一时杀声震天，飞箭如雨，钲鼓之声数十里外都能听到。整个昆阳城外，旌旗蔽野，尘埃漫天，被搅得一片天昏地暗。

在这危急关头，昆阳城内的绿林军官兵，大都感到异常惶恐。他们忧心忡忡，怀念妻儿，很想分散逃走，以避锋芒。当时昆阳城中起义军仅八九千人，而城外的官军，其先头部队就有10万人。面对如此强大凶猛的敌人，王凤、王常和诸将商量对策，一时大家也计无所出，有些将领甚至提出分兵突围散归各城的意见。这时刘秀冷静分析了当时的形势，看出敌军虽多而统帅实无战略眼光的弱点，便提出与众不同的建议。他说："现在我们在这里军队和粮食都比敌人少得多，外面的敌人又十分强大，如果大家同心协力共同对敌，凭着坚固的城池，还有希望战胜敌人；假如大家只想分散逃走，那么势必不能俱全。而且现在宛城还未攻下，主力起义军不能前来支援，如果昆阳一旦被敌乘机攻破，那就不过几天工夫，其他各部也将全部被消灭。现在大家不考虑同心共胆共举功名，反而忧愁能否保住妻子财物，这怎么行呢？”原来提出突围散走的将领听了这话，十分恼火，发怒道：“刘将军怎敢这样耻笑我们？”刘秀笑着要走，正好这时探子来报，说又有大批敌军将到城北，列队数百里，一直看不到尽头。诸将才着急起来，赶忙向刘秀道歉，请他提出对策。于是刘秀为大家分析形势，提出了破敌方略。这时大家一致表示同意刘秀的如下的决策：城内由成国上公王凤和廷尉、大将军王常领导，负责坚守抵抗；另外由刘秀和大将军宗佻、五威将军李轶等13骑，乘夜幕降临，敌军尚处于混乱之际，从南门偷越出城，到外面原来所占领的各县去召集援兵。这时王莽军在城下已聚集10万余人，将领刘秀等13人，全靠伪装蒙混才穿过几层防线得以走出。

刘秀等人偷出重围到各县后，王莽的后续部队相继汹涌而来，以40余万之众将昆阳城包围了数十层，诸部列营以百数，每日向城中发动猛烈进攻，由高处向城内射箭，密如雨注，城内军民到井边提水，必须背顶门板，才不致被箭射死。昆阳城的防守形势异常危险，城中主将王凤等人，这时对坚守前途也已动摇，开始向敌乞降，只是由于王寻、王邑认为破城只在旦夕，不许受降，才仍在坚持抵抗。

在这起义军生死存亡的关键时刻，六月己卯这一天，刘秀等人经过昆阳周邻的郾城、定陵等地，向当地起义军反复说明形势，对比利害之后，终于说服了他们来驰救昆阳，并由他率领数千援军日夜兼程赶到了昆阳城外。刘秀以大无畏的精神亲率千余人作为先锋，走在援军的最前面，他将队伍在距离王寻大军四五里的地方停下，迅速布好阵势。寻、邑得知有起义军来援，虽甚轻视，也立即派了数千敌军迎战。这时，刘秀以他的卓越的军事才华，瞅准敌军尚未列好阵势的战机首先突然发起猛攻，打了敌人一个措手不及。他身先士卒与身边亲兵亲冒矢石猛勇冲杀，很快斩敌数十

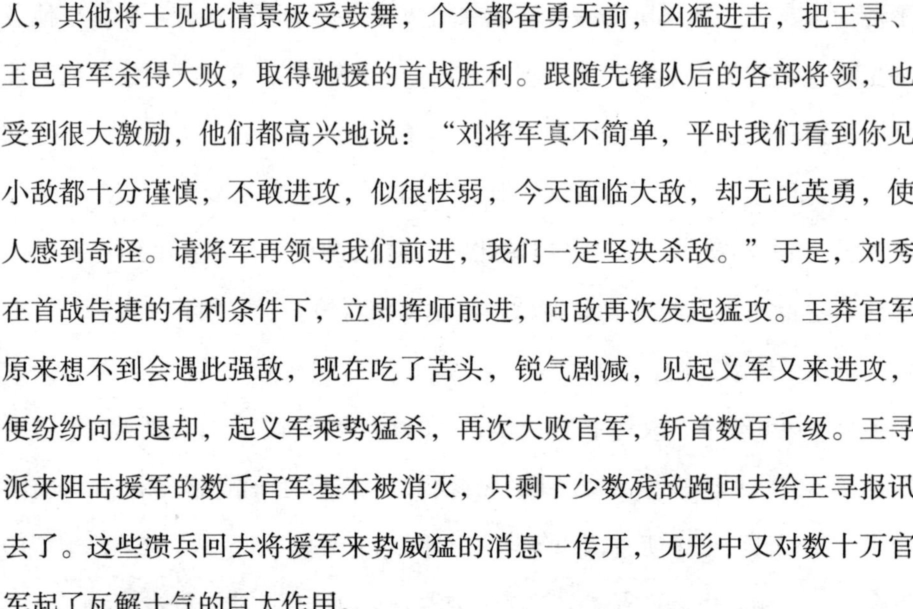

人，其他将士见此情景极受鼓舞，个个都奋勇无前，凶猛进击，把王寻、王邑官军杀得大败，取得驰援的首战胜利。跟随先锋队后的各部将领，也受到很大激励，他们都高兴地说：“刘将军真不简单，平时我们看到你见小敌都十分谨慎，不敢进攻，似很怯弱，今天面临大敌，却无比英勇，使人感到奇怪。请将军再领导我们前进，我们一定坚决杀敌。”于是，刘秀在首战告捷的有利条件下，立即挥师前进，向敌再次发起猛攻。王莽官军原来想不到会遇此强敌，现在吃了苦头，锐气剧减，见起义军又来进攻，便纷纷向后退却，起义军乘势猛杀，再次大败官军，斩首数百千级。王寻派来阻击援军的数千官军基本被消灭，只剩下少数残敌跑回去给王寻报讯去了。这些溃兵回去将援军来势威猛的消息一传开，无形中又对数十万官军起了瓦解士气的巨大作用。

当刘秀率军乘胜进抵昆阳时，进攻宛城的起义军主力，已攻克宛城三日，可是由于交通阻隔，刘秀等人当时并不知道。尽管如此，刘秀为了打败官军，按照“兵不厌诈”的精神，故意假传捷报，通知城中坚守的起义军王凤等人，说宛城已破，大批援军将接踵而至，要他们誓死坚持抵抗，并有意将这类情报落入官兵手中。结果这一情报不但在官军中暗中传开，严重地破坏了他们的士气，而且报告给王寻、王邑后，他们也顿感沮丧。

而这时刘秀所统率的援军，由于和官军连战连捷，“胆气益壮，无不以一当百，”刘秀抓住这有利时机，决定以智勇破敌。他从援军中挑选了3000精兵组成敢死队，亲自率领，在黎明前利用夜幕从昆阳城西秘密渡过昆水，迂回到王莽军的后侧，在黎明时分出其不意地向王莽官军的中坚（指挥部）猝然发动猛攻。王寻不知起义军从何而来，对于他们突然发动进攻，自恃兵众，仍旧轻敌，令各部不能擅动，由他自率万余人迎战。而官军仓促之间兵荒马乱，经不起刘秀军的猛烈冲杀，阵势迅速溃乱，其他官军又不敢来援。而驰援的起义军却按计乘胜掩杀进来，喊声惊天，官军指挥部很快被摧毁，主帅王寻被杀。这时，城中坚守的义军，自接到宛城已破消息后，早已士气倍增，现在又听到城外援军惊天动地的叫杀声，知道援军已发起总攻，便也打开城门，擂鼓大叫而出，英勇杀向敌阵，与援军进行内外夹击。他们个个龙腾虎跃，如入无人之境，杀得官军血肉横飞，尸横遍地。王莽派来的40多万官军，由于指挥部被摧毁，群龙无首，便全部溃乱。没有被杀而逃走的，为了逃命也你挤我夺互相践踏，从倒下或受伤的官兵身上跑马而过，以致“奔殪百余里”。恰巧这时天空雷电交加，风雨大作。狂风将城内外的房子吹得“屋瓦皆飞”，大雨像瓢泼一样倾注，流经昆阳北面的滍川（今沙河）河水猛涨，阻碍了莽军北逃的去路，官军带来助战的猛兽虎豹等见此情景也吓得颤抖不已。起义军从后追杀过来，溃败的官军到此又争相逃命，冒险渡河，结果溺水而死的多以万计。死尸横积河中，以致水为之不流，其惨败景象实为王莽新朝前所未有。官军没有被歼的高级将领王邑、严尤、陈茂等人，则死里逃生带着少数轻骑踏着死尸渡河逃去。

这样，来势凶猛企图一举歼灭绿林起义军，以期挽救全国战局的数十万王莽官军，竟在一日之间就被刘秀指挥的起义军彻底歼灭。起义军清理战场，尽获其军粮物资辎重，其中车甲珍宝，不可胜数。起义军进行清点运输，一直进行了一个月还没有清理完，有些搬不动也搬不完的东西，为了不为敌用，就只好烧掉了。

在昆阳决战中，刘秀充分显示了他智勇双全的军事才华。在王莽大军压境的危急形势下，他镇定自若，冷静分析，判断形势，安定了守城将士的军心，打消了一些将领打算逃跑避战的情绪。在敌强我弱的情况下，他及时地提出了坚守昆阳，争取外援，内外夹击王莽军的策略。他利用王寻、王邑依仗军势强大、傲慢轻敌的意识，以很少的兵力直接打击敌军的中坚，给敌军造成极大的混乱。诸如此类都反映了刘秀在用兵上的果敢和明智。在同王寻、王邑军的战斗中，刘秀也表现出勇猛善战的气概。他敢于率极少的人马冲出重围，争取救兵。在决战开始时，他能身先士卒勇敢冲杀。在向王寻、王邑军发起最后冲击时，他担负起消灭敌军中坚的责任。

由此可见，刘秀有着大无畏的大将之才。刘秀在昆阳大战中，能够有大智大勇的气度，同他能够纵观全局，正确地认识当时的战略形势，有不可分割的关系。正因为如此，刘秀从被起义军诸将领所轻视的地位，一跃而成为昆阳大战中举足轻重的人物。在这场决战中，刘秀立下了汗马功劳。

事实证明，所有做事果断的人都热衷于冒险。只有勇于冒险，挑战极限，才能从中体验出生命存在的乐趣。当然，在一个人果断做出决策的时候，结果的可能性只有两个：成功或者是失败。如果我们无法有足够的勇气或者是信心承担产生的风险，那么就很难做到果断下决定。

俗话说“失败乃成功之母”。在失败的同时也孕育了很多的机遇。当然，风险也是有自身魅力的。在旅游过程中，我们最喜欢欣赏的就是那些险峰，因为那里有最美的风光。如果没有风险，就不会有波澜壮阔的人生，更不会产生绚丽的人生风景。虽然我们无法延长生命的长度，但是我们可以通过自己的努力来拓展它的宽度，通过冒险让自己的人生变得更加丰富多彩。

生命就是一次冒险旅行，如果你想要成为时代的弄潮儿，就需要挑战很多带有风险的事情。只有坚持“不入虎穴，焉得虎子”的精神，整个人生才会充满了意外。

虽然，很多人对于冒险抱有一种敬畏态度，但是如果真正实践下去，它是一件非常有意义的事情。在勇冒风险的过程中，我们就能使自己的平淡生活变成激动人心的探险经历，而在这种经历中我们会面临更多的挑战，而且也会有更多的收获作为回报。

香港商人陈玉书在他的自传《商旅生涯不是梦》里曾经指出："致富秘诀在于大胆创新，眼光独到。譬如说，地产市场我看好，别人看坏，事实证明是好，我能获利颇丰；反之，我看好，别人看坏，事实证明是坏，我便要受大损失，甚至破产；如果大家都看好，我也看好，事实证明是对了，则也仅仅能糊口而已。"

通常一个精明的人，可以通过各方面的情况，来推算出冒险的可能性有多大。与此同时，他们也会做好充足的准备来迎接风险，胜算也就成为必然之事。事实证明，成功往往是属于那些敢于抓住时机，适度冒险的人。虽然有些人看似比较聪明，但是无法估量风险的可能性，更不可能果断冒险，最终只能是碌碌无为，过着平淡的生活。如果能够把握风险的发生或者是对其做好的充足的准备，所有的风险都不可怕。

人生就是一个充满风险的过程，如果你不主动地迎接风险的挑战，那么只有被动地等待风险的降临。

当然承担风险只有两种结果：成功或者是失败。一旦我们成功了，我们就会提升至新领域，这是一个成长的过程；如果我们失败了，也能了解失败的原因，在以后的生活过程中吸取经验教训，如果再碰到相同的事情，一定会懂得如何做。从某个方面来说，这也是成长的一种形式。

事实证明，鼓励尝试风险的社会环境，对于培养人的勇敢进取的精神是非常有利的。一位日本专家曾经这样说："人类在长期的历史过程中，学到了很多智慧，也拥有了很多智慧，这能给人以更大冒险的可能性。但是，即使有可能性，也不能断定所有的人都敢于冒险。"

因此，在现实生活中一定要敢于尝试冒险，只有这样，才能遇到和把握更多的机会。只有在尝试和冒险的过程中，一个人的人生才会变得更加多姿多彩。

面对失败不认输

人生往往不会一帆风顺。真正的成功者是那些在跌倒后能“倔强”地一次一次爬起，在苦难中毫不退缩、不言放弃的人。这种“倔强”的精神不仅能发泄出你所有的苦闷，而且还能巧妙地将这些苦闷转化为成功的动力。不倒翁并非不倒，只是它在倒了之后能重新站立。刘秀能够在群雄割据的乱世之中脱颖而出，和他愈挫愈勇、不惧失败的性格是有很大关系的。

刘秀的一生中，经历过无数次的战斗，他的天下，是他自己一刀一枪拼出来的。然而战场上不可能总是一方完胜的场景，刘秀也经历过惨痛的失败。这就像我们现在的社会竞争一样，总会有一些失败给我们以惨痛的打击。在这时候，我们关注的不应该是我们失去了什么，我们要做的是正视失败，在失败中学习，在失败中再次崛起，继续追求胜利。

刘秀曾一度依附于更始政权，之后借着更始政权的名义经略河北。这段时期，刘秀不断扩充自己的实力，不断与地方割据势力进行战斗，并经历了一次惨痛的失败。

当时河北战局纷乱，刘秀面临的情况还不错。弘农战场方面，樊崇率领赤眉出师遇挫，守城待命，暂时没有大的动作，给河北汉军留下后线作战的时间。孟津战场，冯异将大营守得固若金汤，且粮饷充实，又给自己解了后顾之忧。刘秀原先悬着的心大为放宽，率汉军意气风发，日夜兼程向北挺进。所到之处，各处叛贼无不闻风丧胆，弃甲而逃，一路杀来颇为顺利。最后在元伐、北平一带大破尤来、五幡各部。尤来这棵大树一倒，猕猴皆散，散兵们或降或逃，很大一部分归于刘秀部下。

为斩草除根，彻底肃清向北溃逃的尤来兵马，刘秀亲自带领精锐突骑，不顾当时风雪交加，马不停蹄追击而去。严冬腊月，刺骨的寒风像刀割一样打在将士们的脸上。手已经渐渐麻木，刀枪都抓不住，只能横在马鞍上。两天下来，好多人的脚冻得红肿，手上也生出冻疮。

刘秀见此情形，命部下弄来冻伤药，用酒和了给士兵们敷上，每个军营都视察一遍，仔细询问情况，和颜悦色中透着对将士们的关爱。士兵看到刘秀自己也是冻得满脸通红，却毫不在意，亲自蹲下来抓住许多人的手察看，都十分感动，有想提出干脆撤回去的人，也不好意思再说出口。

大军日夜不停，穷追不舍。天黑路滑，行军速度很慢，东方微亮，刘秀与耿弇率数千轻骑追至顺水河边。河面早已封冰覆雪，和原野连成一体，耿弇下马向刘秀请命说："明公，我军已冒雪迎风，马不停蹄地追赶了一天一宿，战士们早已人困马乏。是否在此稍作休息，抖擞精神再前行追赶？"

刘秀也深知战士们劳苦，何况自己也南征北战，感到再拼命追下去，确实吃不消。他略作斟酌，眯起眼睛望着一望无际的雪原，好像自言自语："伯昭，你看看，这里方圆千里都是荒无人烟的雪原，敌军如无充足的粮草供应，也应该早已疲惫不堪了，比我们更疲惫。不如我们一鼓作气，追过河去，将敌人一举歼灭后再作休息，如何？"

耿弇也不便说什么，只得遵命，鼓动数千骑兵，亲自带头率兵踏上冰面，追过河去。刚到河对岸，没等脚底站稳，便听嗖的一声口哨尖厉鸣响，伏兵四起。大事不好，中了埋伏！耿弇刚闪过这个念头，就见尤来、五幡等大批兵马从半人多高的灌木丛中呼叫杀来。汉军兵马猝不及防，又

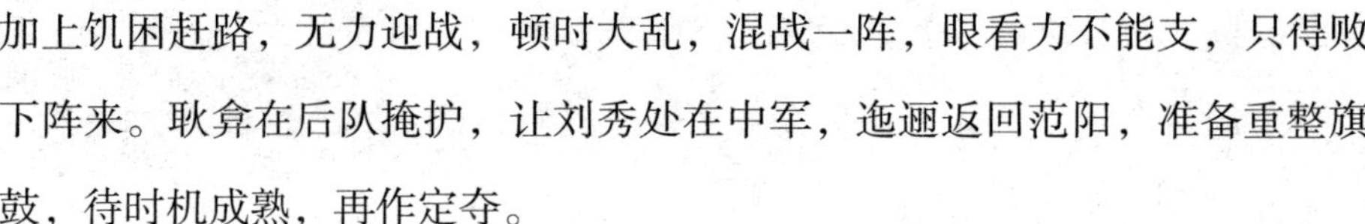

加上饥困赶路，无力迎战，顿时大乱，混战一阵，眼看力不能支，只得败下阵来。耿弇在后队掩护，让刘秀处在中军，迤逦返回范阳，准备重整旗鼓，待时机成熟，再作定夺。

在这场和伏兵作战中，刘秀身受重伤，右臂被一支毒箭击中，再加上路途连受风寒，勉强支撑到范阳，便一头倒下发起高烧，额头滚烫，迷迷糊糊躺了一天一夜才苏醒过来。

醒来后的刘秀直着眼睛呆愣一会儿，理了理纷乱的思绪，良久方明白过来，回味着梦中的情景，仿佛自己刚才还在挥刀杀敌。他忍着剧痛，挣扎着坐起，拉起耿弇等人的手，低沉地说："刘某急于平灭贼寇，急功近利，悔不该不听伯昭之言，率自涉险，军马伤亡不计其数，惨败呀！"说着痛心地摇摇头，欲言又止。

耿弇端着姜汤，勉强地一笑，安慰道："明公不必自责，久在河边走，哪有不湿鞋的？经常打仗，有胜必然有败，再自然不过。也怪我等没有考虑周全，没能阻拦大军过河追敌，罪责难逃。况且胜败乃兵家常事，明公大可不必扼腕叹息。您带兵杀敌受了重伤，眼前最要紧的是先把伤养好，再作打算。塞翁失马，焉知非福。一败之后，大家往后行事，都增了几分谨慎，未尝不是好事。我看，只要上下一心，平灭贼寇只是早晚的事。明公静心养伤，别考虑那么多。"

"是呀，明公重伤在床，兵士们也忧心忡忡，无心作战。只要明公身强力壮，留着青山在，岂怕没柴烧？明公不必多虑。"马武也上前劝慰。

刘秀知道大家都在宽慰他，仍旧叹息道："傲严寒冒风雪，真难为大家了，可所得结果却是损兵折将，怎么能不痛心？军中多少士兵为此枉送性命，谁不是父母身边的娇儿，谁不是妻子儿女跟前的顶梁柱？可一战失利，就有多少人家要遭遇丧子丧夫之痛，这是我决策失误，连累将士们，我之罪也！传令下去，伤残兵员一律优厚抚恤，这几天伙食费用提高一些，给将士们补补。”

耿弇等人深受感动：“明公受如此重伤，心里还惦记着兵卒。明公不必操心，我们这就遵旨下令，为士兵们添些鲜菜。”

刘秀点点头，想一想低声问耿弇：“这次咱们损失多少兵马？伯昭如实相告。”耿弇知道此事不好隐瞒，只好照实禀报：“数千突骑几乎损失殆尽，逃回的近千人马也病的病，伤的伤，受创不小。”刘秀听后脸色阴云密布，半晌低头不语。

马武见刘秀沮丧的样子，上前安慰说：“明公切不可过度伤心，不能为这点小事乱大谋，要实现恢复高祖旧业的宏伟志向，必定会有失败和流血，这早在意料之中。明公以前说过一句话，我现在还记得，人不劝不善，钟不打不鸣，路不行不到，事不为不成。现在这话正派上用场，要行路要做事，哪能没个坎儿的？只要我们总结经验，还是胜算在握的。”

刘秀被他们一片苦心深深打动了。转过头，闭上眼睛，努力让自己平静下心来，当初和大哥舂陵起兵的情景历历在目，昔日的誓言在耳旁似乎铮铮作响，被一仗打败，难道整个人都败到爬不起来了吗？比起昆阳大战，比起在宛城和洛阳受的委屈，这点挫败算什么呢？

再转过脸来时，刘秀已经脸色平静，目光恢复了以往的威严，清清嗓子对众人说：“你们放心，刚才有些失态，不用告诉任何人。即便你们不说，汉军自然也不会一蹶不振。这点小挫折，只能让汉军更奇勇，哪怕屡战屡败，汉军也会屡败屡战。当初高祖和项羽争夺天下，高祖十战就有九次败北，但高祖不弃不馁，最终一战而彻底胜利。有高祖在前，咱们还有什么可说的？一日不平灭贼寇，一天不安定河北，我决不罢休！”

听刘秀这样说，大家很受鼓舞，不由更加佩服刘秀的气概。刘秀稍顿一顿，放缓了语气说：“诸位也饱受困顿，又守了我一天一夜，身心疲惫。我这里很好，不必挂念，各自都回营好好歇息吧。”

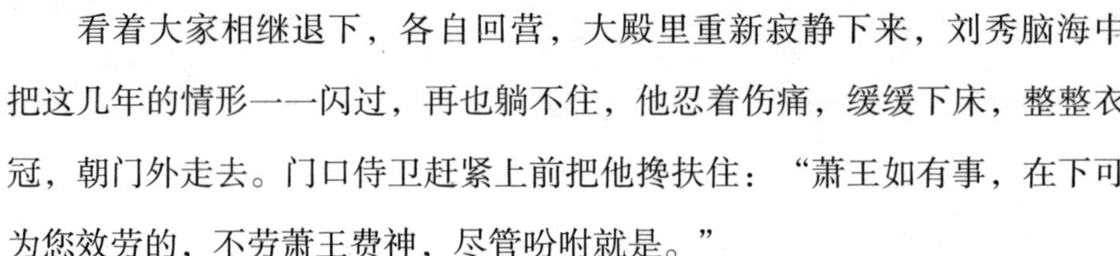

看着大家相继退下，各自回营，大殿里重新寂静下来，刘秀脑海中把这几年的情形一一闪过，再也躺不住，他忍着伤痛，缓缓下床，整整衣冠，朝门外走去。门口侍卫赶紧上前把他搀扶住："萧王如有事，在下可为您效劳的，不劳萧王费神，尽管吩咐就是。"

刘秀微微一笑："那你就陪我到军营里走一趟吧，我要亲自巡营，慰问伤残病号。"

刚出殿门，不想耿弇和马武等将并没有回营歇着，他们都在门外静静地守候，见刘秀出来，他们先是一愣，继而早有预料地哑然失笑。刘秀高兴地说："既然诸将都在，不如随我一道巡营，让兵将看看咱们依然强健，还能带他们冲锋陷阵，再展雄风！"

耿弇和马武一左一右，搀扶着刘秀走在前面，其余诸将都尾随其后。刘秀胳臂上缠着素白绷带，殷红的血从里面渗透出来，染红了一大片。但刘秀一直红光满面，带着粲然的微笑，逐营巡视，对战士问寒问暖，询问兵情，安慰他们静心养伤。并一再交代军医，一定全力救死扶伤，想尽办法让兵将们摆脱病痛之苦。军医见萧王如此关爱士卒，自然不遗余力，悉心照料受伤士兵。士兵们见主帅带着重伤，尚且惦记自己安危疾苦，心里暖暖的，更加拥戴刘秀，都私下议论着说："萧王对咱们关怀备至，咱们生在这个世道，天生就是打仗的命。不过打仗也要打得痛快，投奔萧王这样的明主，拼命一回也算值得！"

刘秀回到营帐，顾不得休息，忙召集诸将商讨重整军队、抚恤将士等事情。大家聚在一起，尚未得出具体方案之际，忽有探马来报，说是大将军吴汉率大军赶到。刘秀忙命部下大开辕门，迎接他们进来。原来吴汉带兵巡查，在顺水河看到战场残迹，看情形汉军吃了败仗，而且败得相当惨，顿时吃惊不小，一路打探着追至范阳，看到刘秀健在，才把心放宽，大家又宽慰着互相鼓励。

转眼冬去春来，休养生息了一个冬天的汉军也加紧操练起来。

一连几天，都有军情来报："尤来、五幡、上江、青犊、五校等部众在顺水伏击侥幸得胜后，更加肆无忌惮，所到之处野蛮抢掠军粮，强行抓壮丁充兵，百姓们恨得咬牙切齿，又不敢抵抗，只得四散逃难。看情形，他们想尽快聚敛物资，加紧作好和我军对峙的准备。"

刘秀为谨慎起见，先派出久经沙场、英勇善战的几员心腹将领，率兵小规模攻打五校、大彤。一经接触才知道，五校、大彤实质上不过是一群乌合之众，加之平日忙于抢劫怠于训练，真正到了战场真刀真枪拼打起来，哪里敌得过汉军精锐之师，汉军所到之处真正是战无不胜，攻无不克，打得五校、大彤节节败退，仓皇而逃。

小规模较量虽然很顺利，但吸取上次顺水河失利的教训，刘秀决定在范阳一带稍作歇息，待河北南部稳定下来后，再率兵北上，将五幡、尤来一伙彻底消灭。

经过一段时间的经营，局面渐渐稳定下来，刘秀正是凭着面对失败不认输的精神，收拾残局，重新再来，稳扎稳打，在步步为营中养精蓄锐，为将来的反败为胜积聚实力。

而生活在今天的我们，失败的时候，与他人相比，自身还有很多缺点，在这种情况下，就应该低头认输吗？这些失败"阴影"会一直留在你的脑海中吗？你会因为它从此一蹶不振吗？

当然不能！命运是由自己把握的，即使有再多的失败或者是缺点，我们也不能向它投降，而应该昂首挺胸地勇往直前，要有不服输的精神。

1994年2月25日，挪威，利勒哈默尔海盗船速滑馆正在进行女子1000米的比赛。

当时女子速滑世界冠军叶乔波静静地站在起跑线上。她的左膝关节疼痛难忍，她的膝盖两侧韧带和膑骨早已断裂，碎骨在腔内四处游离。

其实在两年前的夏季训练时她已经感到不适了，后来经过检查才发现，她的左膝半月板由于超负荷的运动和训练被压破断裂，滑落下来的软骨在她的膝关节的骨缝里成为游离物体，经常卡住关节，造成“绞锁”。很多优秀运动员都是因为“绞锁”才退役的，可见它是运动员的致命伤。

虽然这种疼痛是钻心的疼，但是也只能忍着，因为叶乔波明白，现在国人的眼睛都在看着她呢。曾经，她是奖牌的宠儿，但是也承受了常人难以承受之苦。如今，她要继续忍受这种痛苦才能争取奖牌。虽然医生已经告诉她，她的情况已经不适合比赛，但是她仍然坚持。在这次冬奥会上，她要为还没有在冬奥会升国旗和奏国歌的中国赢回尊严。

开赛前，她对记者说：“我不能再想任何事情了，既然来了，就只能全力去拼，一拼到底！结果如何，我不知道，但不论情况如何，我都会做出最大的努力！”

奥斯特洛夫斯基也曾经这样说道：“人在追求一种美好的理想时所付出的代价是巨大的，有时甚至是青春和生命，但这一切，又都是值得的！”

这个时候的叶乔波期待自己在接下来的时间里能够用自己的青春和身体承受住暴风雨的来袭。

当发令枪打响之后，叶乔波冲出了起跑线。

之前，叶乔波最擅长的就是起跑，这是她的强项。但是现在由于左膝较为疼痛，起跑反倒成为她的短处。

在前200米，叶乔波只滑出18秒48。

此时，所有对叶乔波充满关心的人都站了起来，在坐台上拼命高喊：“加油！”

看到叶乔波是如此努力，中国代表团的其他团员哭了。她的家人眼中也含满了泪水。

在250米到800米的滑行中，叶乔波持续加速，用那条不太听话的那受伤的左腿使劲地蹬着冰。在最后400米的时候，叶乔波拼命加快频率，奋力向前冲去。瞬间，记分牌上打出了一行字：叶乔波，1分20秒22。

多少年的梦想终于在此时实现。叶乔波再也压抑不住自己了，在滑出场外之后，她扑向教练肖汉章的怀中，放声大哭。即使是铁汉子的肖汉章此时也忍不住掉下眼泪。

历史在这一刻定格了。1994年2月25日，叶乔波用自己青春和努力为中国的本届冬奥会的赛场上第一次升起了五星红旗。

正是这种“倔强”的精神才使得叶乔波不轻易认输，并最后取得了胜利。她的顽强拼搏精神值得大家共同学习。

处变不惊显从容

处变不惊就是要在面对变化的时候，能够沉着冷静，镇定自若。只有沉着冷静、处变不惊，才能够在突发事件来临时保持一种清醒状态，能够积极地运用自己的能力对变化所产生的问题加以解决。刘秀一生中遇到过很多次惊险万分的局面，但是每一次刘秀都能表现出自己沉着冷静、处变不惊的一面，从而一次次化险为夷。

王郎之变突发时，刘秀正在前往蓟州的路上。在得知王郎在邯郸称帝的消息后，刘秀认为王郎此时已经控制了冀州，虽然如此，他的势力还没有波及蓟州。所以，刘秀打算继续北上蓟州，这样不仅可以避免与王郎正

面冲突，而且还能在王郎到达之前控制蓟州。

得知刘秀打算北上蓟州占领土地的想法之后，王郎对外宣扬说，如果有谁能够抓住刘秀，带着他的人头前来拜见，就悬赏十万户。在刘秀到达蓟州的时候，他并不知道他的脑袋上挂着十万户的奖金，因此为了能壮大自己的军事力量，他派王霸到市中心招兵。然而，当王霸到市中心招兵的时候，很多市民都在嘲笑说："连命都快没有的人居然还敢公然招兵。"听到大家都这样说，王霸悻悻地走了。当时追随刘秀的人特别多，但是随着刘秀处境越来越不好，很多人都离刘秀远去。

或许是王郎已经了解了刘秀的行程，在刘秀到达蓟州不久后，民间就有王郎从邯郸征发的军队已经进入了蓟州的传闻。当然，刘秀听到这种说法之后的第一反应就是王郎的势力已经扩张到蓟州，所以他马上给大家开了个会，商量下面应该怎么办。跟随刘秀的人大多都是荆州人，在他们看来，此时最好的办法就是离开河北，南下洛阳求援。但是这种提议遭到了耿弇的反对，他对刘秀说："如果南下到洛阳，一定会经过冀州，而王郎一定在沿途安排了部队，如此一来，回到洛阳比留在河北还要危险。如今在蓟州，渔阳郡太守彭宠是明公的同乡，上谷郡太守是我的父亲，而且渔阳、上谷的骑兵是天下精兵。如果明公留在河北，控制两郡，征用上万的骑兵，一定能打败王郎。"但是他的提议也遭到了其他人的反对，他们说："身为南方人，宁可死在南行的路上，也不应该向北走。"其实，刘秀对任何人都是没有偏见的，只是觉得耿弇的见解更为高明，所以就对其他人说："耿弇就是我们北上的向导。"

真是福无双至、祸不单行，正当刘秀征兵失败之时，在蓟州的广阳王之子刘接又起兵响应王郎。刹那间，刘接的军队四处捕捉刘秀，蓟州城混乱不堪，而且人们又传言王郎的使者已经进入蓟州，太守级和以下的官员都将出城迎接。刘秀接到消息后急忙带着手下出城。当时街道上堆满了出来观看邯郸使者的百姓，刘秀一行被堵在城里，于是铫期骑着马，挥舞着戟，瞪着眼睛大叫："退开！"百姓这才给刘秀一行让出道路。可是等刘秀来到南城门的时候，已有士兵把守城门，刘秀等只得用武力攻破城门才逃出城去。但是在混乱中，耿弇却失踪了。

在刘秀等人南下的过程中只能是风餐露宿，不敢轻易进城。当时正值冬天，野外没有什么食物供他们食用。在到达芜蒌亭的时候，他们已经饥寒交迫，寸步难行了。没想到冯异却找来了豆粥，大家喝过之后感觉舒服多了。次日，他们打起精神，继续前进。然而，当到达饶阳县的时候，他们就非常饿了。为了先填饱大家的肚子，刘秀找了间传舍休息一下。所谓传舍就是官府建设的酒店，凡是在那里工作的人都是官府的差人。那时的刘秀是王郎的通缉犯，竟敢还能在官舍中出现，可见他真是饥饿难忍。当然，刘秀并没有冒失地去传舍吃饭，在对传舍说过自己是王郎使者之后才被放了进去。因为遭受饥饿的时间太久了，所以当饭菜被端上来之后，刘秀等人都扑上去争抢起来，一顿狼吞虎咽。看到这种情形，站在一旁的传舍的官吏就起了疑心：为什么王郎的使者跟逃犯似的呢？为了弄清刘秀的身份，传舍官吏就敲打起门口的钟鼓，并大呼："王郎将军来了！"当然，他们这样做的目的就是看看刘秀到底是不是王郎的使者。

当时的刘秀初涉江湖，所以在短时间内并没有识破传舍官吏的阴谋，在听到王郎的将军要来的通报之后，他打算跑出传舍，坐车逃跑。但是他马上又意识到，如果真的是将军，他们是跑不掉的。所以，他回到传舍里，稳稳地坐下来说道："请邯郸将军进来。"之后又有条不紊地吃饭。当传舍官吏看到没有什么异常之后也就不再说什么。等到彻底吃饱之后，刘秀等人就离开了。在他们离开之后，传舍官吏还是不放心，于是就派人给沿途的门吏捎了封信，让他务必拦住刘秀等人，并且要求他们一定要查明身份。没想到门吏接到信后，马上就扔掉了，还说："天下尚未定，不

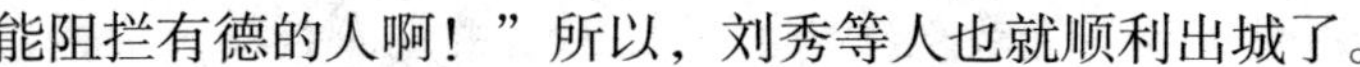

能阻拦有德的人啊！”所以，刘秀等人也就顺利出城了。

当刘秀等人快马加鞭，赶往了曲阳的时候，有人向他报告，说王郎的百万大军正在身后穷追不舍。刘秀等人赶紧风雨兼程，一直来到滹沱河岸边。没想到，前去探路的探子又回来报告，说滹沱河的冰面已然融化，想找船又没有去处，所以渡河无门。当时的情况是前不能过河、后又有追兵，刘秀的属下都胆量尽失。所以，刘秀只能派亲信王霸前去探路。王霸赶往滹沱河，发现探子回来的报告一点不假，根本没办法顺利过河。可是，王霸不想军心受扰，所以，他回去之后，对众人报告，说河面上的冰厚实无比，想过河没问题。将士们一听王霸这么说，都立感轻松，刘秀也说：“这么看来，先前那个探子果然是在危言耸听。”天公作美，当刘秀率领将士到达滹沱河岸边的时候，河上结上了薄薄一层冰。在王霸的监督和刘秀的命令下，众人开始有条不紊地过河。大部分将士都顺利地渡过了滹沱河之后，河面上的冰层突然断裂，汹涌的河水吞没了好几辆马车。看到这样的一幕，刘秀方才恍然大悟，知道了王霸的用意，他说：“我们今日能顺利过河，全都是靠你的聪明才智，你居功至伟。”王霸谦虚地说：“大家今天能渡河，主要是因为河水薄薄地封冻，这些全是拜明公您的恩德感动了神灵，得到了上天的保佑。”之后，王霸被嘉奖，封为军正、关内侯。

过河之后，刘秀一行人终于到达了终点南宫，当时的天气是风雨交加。刘秀找了个房子遮风避雨，并让众将士来生火做饭。冯异抱来一堆柴火，邓禹把湿的衣服在火上烘干，冯异又找来了一些食物，让将士们饱餐了一顿。待到天气转晴之后，他们继续赶路，但是，却迷失了前进的方向。当刘秀来到下博（今河北深县西南）之后，他们已经完全失去了前进的目标。就在走投无路的时候，大家看到路边站了一个白衣老人，手指一个方向，对所有人说：“大家继续这个方向再往下80里就是信都郡，那里的太守对刘玄的大汉家族忠心不已，你们可以前去投奔他。”刘秀等人顺着老人所指的方向，终于来到了他的第一个根据地——信都（今河北省冀州市）。到达信都之后，受到了信都守将的接待，并从这里起步，一步一步地开始收复河北地区。

在王郎之变中，刘秀可以说做到了沉着冷静，处变不惊。在那么危险的境地中，刘秀一行屡屡涉险，除了靠运气和实力之外，就是刘秀这种冷静沉着的心态，和处变不惊的气度。

遇事沉着冷静是一种良好的心理素质，正所谓“泰山崩于前而色不改，麋鹿兴与左而目不瞬。”沉着冷静，正是一种大家风范。在危机到来时，只有让自己保持一颗冷静的头脑，才能在危险来临时看到对手的破绽，就好像刘秀在驿馆中诈称是王郎使者骗取食物时，传舍官吏谎称大将军到来试探刘秀一行，多亏刘秀的沉着冷静才识破了传舍官吏的阴谋，而使自己一行化险为夷。

一个人不会料事如神、未卜先知，在遇到突如其来的变故时，常因未做心理准备而慌乱不堪。所以，我们应首先在心理上做好准备，遇到异常情况也就不会六神无主，束手无策了。

段秀实是唐代郭子仪之后的名将。字成公，陕西千阳人。幼读经史，稍长习武，言辞谦恭，朴实稳重。先后任安西府别将、陇州大堆府果毅、绥德府折冲都尉等职。安史之乱时，授泾州刺史，封爵张掖郡王。公元766年后，任泾州刺史兼御史大夫，四镇北庭行军泾原郑颍节度使，总揽西北军政四年致使吐蕃不敢犯境，百姓安居乐业。公元780年，加封检效礼部尚书，不久因杨炎进谗贬司农卿，调回长安。公元783年，泾原兵在长安拥朱泚为大秦皇帝，他当庭勃然而起，以笏板击朱泚，旋被杀。朝野赞叹：“自古殁身以卫社稷者，无有如秀实之贤。”

段秀实在泾州任刺史的时候，平定安史之乱的功臣郭子仪是天下兵

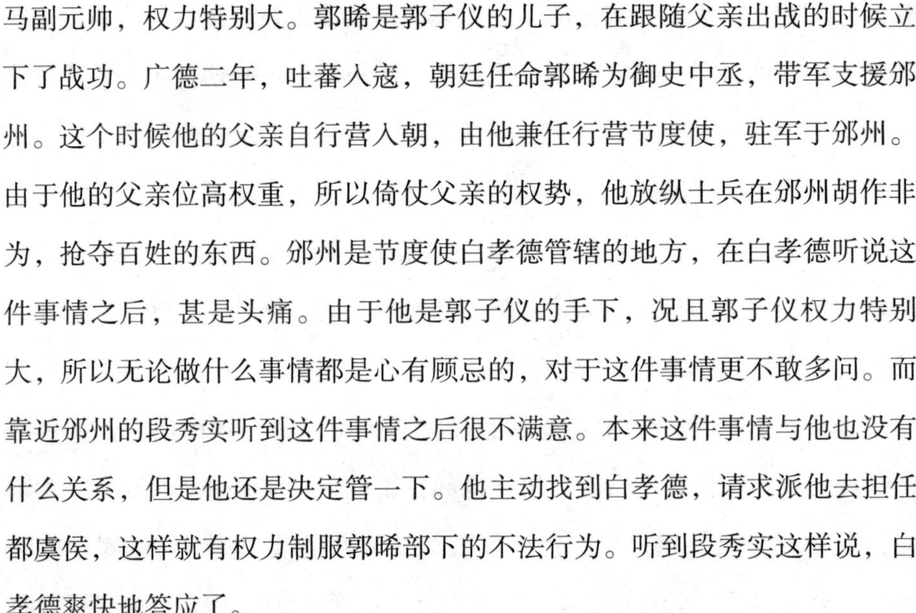

马副元帅，权力特别大。郭晞是郭子仪的儿子，在跟随父亲出战的时候立下了战功。广德二年，吐蕃入寇，朝廷任命郭晞为御史中丞，带军支援邠州。这个时候他的父亲自行营入朝，由他兼任行营节度使，驻军于邠州。由于他的父亲位高权重，所以倚仗父亲的权势，他放纵士兵在邠州胡作非为，抢夺百姓的东西。邠州是节度使白孝德管辖的地方，在白孝德听说这件事情之后，甚是头痛。由于他是郭子仪的手下，况且郭子仪权力特别大，所以无论做什么事情都是心有顾忌的，对于这件事情更不敢多问。而靠近邠州的段秀实听到这件事情之后很不满意。本来这件事情与他也没有什么关系，但是他还是决定管一下。他主动找到白孝德，请求派他去担任都虞侯，这样就有权力制服郭晞部下的不法行为。听到段秀实这样说，白孝德爽快地答应了。

在段秀实担任都虞侯不久，郭晞部下的士兵上街捣毁了一家酒家的酒器，还杀死了酿酒的技工。在段秀实知道这件事情之后，立即下令逮捕了这些犯案士兵，而且还斩首示众，真是大快人心。

然而，这件事情却一石激起千层浪，郭晞军中士兵听说自己的同伴被杀死了，都特别生气，他们披上铠甲，企图向段秀实报复。此时的形势真是剑拔弩张、千钧一发，一场流血冲突即将爆发。

听到这个消息之后，白孝德特别害怕，连忙召见段秀实问："我们究竟应该怎么做呢？"没想到段秀实镇定自若，打算亲自到郭晞营中处理此事。可是白孝德还是特别不放心，想要让几十名士兵陪他同去，但是他却拒绝了，只是让一个既老且跛的士卒随他同行。

来到郭晞营前，很多披甲执锐的士兵已经出来。看到这种情形，段秀实笑着说："杀一老卒何需这么多甲兵？我戴着我的头来了。"听到段秀实这样说，没想到其他士兵都不说话了。然后，他让士兵请郭晞出来说话。等到郭晞出来，段秀实说道："副元帅功勋盖世，当善始善终。今天，阁下却放纵手下，恣意作恶，这样做势必引起混乱，影响国家安定。皇上追究下来，降罪及副元帅，乱皆起因于阁下，人们会说阁下依仗副元帅不守法。这样，令尊大人的一世英名将毁于一旦，恐祸将至。”刚刚说完，郭晞立刻向段秀实拱手致谢，说道：“幸亏您及时赐教，恩甚大，我愿听先生的。”随后，他就向士兵呵斥道：“解甲归营，有敢乱来者死。”为了考验郭晞是否真的改过自新了，段秀实决定留下来吃饭并且还在他的营中过夜。因为害怕段秀实出什么意外，所以郭晞一直陪在他的身边。在第二天早晨，二人一同到白孝德处，郭晞向孝德谢罪，希望能给他改正的机会。从此以后，邠州一派和平安定的景象。

段秀实敢于顶住压力惩罚郭晞部下的士兵，不畏强暴，为民请命，显示了他的疾恶如仇；而后独闯军营，言笑自如，不惧怒火冲天、剑拔弩张的郭晞，慷慨陈词，剖析利害，说服了想要报仇的士兵们，进退之间，消弭祸事，显示了其高超的处事智慧。非大勇不能舍生赴死，非大智不能平息敌怒，如此名将风采不单是战无不胜的功劳积聚，更缘于这种为人处世中进退适宜的秉性。

在危难时刻做到处变不惊是一种气概。当然，这与人的经验、学识和修养都是有关系的。如果想要做到处变不惊，就要从自身做起，严格要求自己，不断丰富学识，树立正确的人生观，勇于接受困难的挑战，在实践中培养自己，做到危难面前镇定自若。

现代人生活中也会发生很多的突发事件，对此，我们也要沉着冷静，才能够化险为夷。沉着使人沉静，冷静使人理智，只有在处变不惊的情况下，才能把事情处理好，从而取得满意的效果。

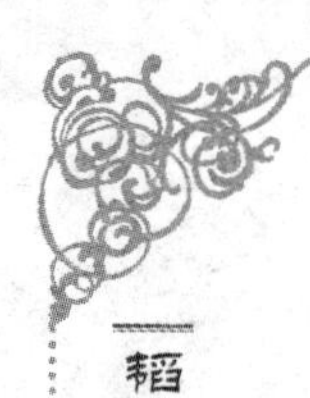

躬行节俭寡物欲

崇俭是中华民族的传统美德。俭，需要从两个方面进行：一方面要从日常生活中注意培养，在衣食住行上处处都要注意艰苦朴素，“以俭养志”；另一方面，更重要的是注意提高思想觉悟，树立雄心壮志，把自己的思想和精力用在事业上，“俭以养德”。古代帝王崇尚“普天之下，莫非王土；率土之滨，莫非王臣”，将整个国家看作自己的私有产品，所以日常生活也是极度的奢靡浪费。光武帝刘秀能够一改帝王奢靡之风，崇尚勤俭治国，是很值得后人称赞的。

刘秀本人在生活方面非常节俭，而且他在治理国家方面也同样如此。当然这同刘秀的生活经历，“长于民间，颇达情伪，见稼穑艰难，百姓病害”，有直接关系的。

史载，刘秀“身衣大练，色无重彩，耳不听郑卫之音，手不持珠玉之玩”。所谓“大练”，指的是一种粗帛；“郑卫之音”本是春秋战国时郑、卫两国的俗乐，后被附会、演化，通指淫荡的歌乐。这就是说，刘秀衣着朴素，生活检点。建武十三年（37年）正月，刘秀下诏，严禁“郡国献异味”。在这以前朝廷就曾敕令郡国，不让敬献“异味”，即地方特产珍奇美味。可是地方官员都把这看成是巴结朝廷的大好机会，所以并没有管这个令，依然照献不误。其结果严重劳民伤财，造成巨大浪费。刘秀因此诏令严禁，无非是要节省民力。

同年，外国贡献来日行千里的名马，还有价值百金的宝剑。刘秀认为这些好东西应该让它们物尽其用，故而下令："马驾鼓车，剑赐骑士。"一个政权建立之后，不刻意追求排场，不过分讲究形式，在当时的封建社会是难能可贵的，值得肯定。史称："时兵革既息，天下少事，文书调役，务从简寡，至乃十存一焉。"像刘秀这样简寡治政，在历史上的君王中实不多见。当时刘秀赐给方国的手迹，"皆一札十行，细书成文"，从这样的一件小事中，都体现出节俭的精神，以小见大，不难想象刘秀的节俭程度。

刘秀的恭从俭约，更集中反映在他力主薄葬的言行上。建武七年（31年）正月，刘秀颁布诏令说："世以厚葬为德，薄终为鄙，至于富者奢僭，贫者单财，法令不能禁，礼义不能止，仓卒乃知其咎。其布告天下，令知忠臣、孝子、慈兄、悌弟薄葬送终之义。"大意讲，世俗重厚葬轻薄葬，造成富人奢侈僭越，穷人财产锐减，法令、礼义都不能禁止，只有丧乱之世那些厚葬的坟墓被发掘时才知道厚葬的弊病。现布告天下，让大家明白薄葬的意义，从而实行薄葬。

后来到了临终的时候，刘秀怕儿子出于孝道，会给自己过度厚葬，所以他特意再次下遗诏强调："我在世时没有为天下百姓做什么，死后也不应该大肆铺张。入葬应像文帝那样以瓦器陪葬，不要用金、银、铜、锡等贵重物品。不要为此营建高大的坟堆，依山势建陵墓就可以了。同时各地官吏不要为此丢掉手中的工作来京奔丧，要忠于职守，也不要派人递送吊唁奏章。"但汉明帝刘庄是个孝而不顺的儿子，没有执行先父遗训。刘庄觉得父亲戎马一生，建立如此大的基业，身为一代帝王怎么能如此草草安葬，岂不是很失皇家的体面？所以刘庄还是给父亲随葬了大批的宝物。刘秀死后，他还经常带着文武百官浩浩荡荡地前去祭拜。这些宝物终于被后来的董卓盯上，进而挖开了刘秀位于黄河滩边邙山旁的原陵。这一切是刘

秀始料未及的。不管如何，刘秀提倡俭丧，这对一个封建帝王来说，是很难得的，大多数帝王富有天下之后都是想着与世长存。

正是由于刘秀的身体力行，他的后妃和大臣，也都很注意节俭。刘秀的皇后阴丽华出身南阳阴氏这个名门望族，却非常节俭，从不爱好娱乐。刘秀的后宫除了皇后外，只有少得可怜的妃子和宫女，而且待遇又很低，所以花费非常少。

东汉的首任御史中丞宣秉，政治地位很高，甚至有着在殿上可以与皇帝并席而坐的特权。但他在生活上却非常节俭，在自己家中都穿着极普通的常服，每天的饭菜也是尽可能简单，大多是蔬菜很少见肉食，连盛饭菜的器皿也都是粗陋的瓦器，丝毫没有达官显贵的骄奢。

担任大司徒司直的王良，本是闻名天下的一个道德高士，被应召为官后，也是恭谨节俭。他的妻子甚至一直都没有随他住在官府，而是自己在乡下打理田地。有一次王良的属下鲍恢因为公差路过王良的家，前去拜望一下，鲍恢远远看见一个女子穿着布裙拉着柴，从田中归来，他以为是王良家的婢女，结果竟然是大司徒王良的夫人。鲍恢对大司徒夫妻都如此贤德深深感叹。

正是由于刘秀从自身要求，真正做到了节俭生活，才会上行下效，在朝堂上下乃至全国范围内兴起一场节俭风。刘秀作为一国之君能做到勤俭持家，不搞奢靡浮夸之风，是很值得后人敬仰和学习的。

俭朴的人，生活单纯，懂得无欲则刚的道理。俭朴使一个人能集合心力和财力，去创造更多有益于社会大众的事业。无论是企业家或慈善家，都深谙此道。作为一个普通的人，俭朴更是知足喜乐之道。所以勤俭是我们中国人一向重视的生活智慧。

俭朴的生活方式，会使一个人内心感到充实。我们常说知足常乐，有恬淡修养的人，他在物质的需求上永远会满足；而物欲越多，想要享受和占有的也越多，他的内心会感到越空虚。一个内心有空虚感的人，就是一个贫穷的人。所以富有或贫穷，并不是看他拥有多少财富，而在于是否有节俭的习惯。一个节俭的人，他是富有的；一个浪费的人，他永远不富有，而且会慢慢走向贫穷，内心常有贫穷匮乏的感觉。

今天，在新的形势下，我们应该让自己更勤奋。不仅要努力劳动，更要在科技上去发挥才智；不仅要回到田里去工作，而且要在多元化的社会中，在各自工作岗位上努力奋斗；不只是像过去那样，单打独斗的“打拼”，更要群策群力的合作；不只是在科技硬件上建设，更要在软件、文化上下工夫；我们不只是寻回过去的朴实之风，更要有博雅的风气。总之，不只是要恢复节俭的习惯，更要赋予节俭新的价值观念。

然而守住一颗平常心，谈何容易！

人生最大的苦恼，不在于自己拥有的太少，而在于自己向往的太多。向往本不是坏事，但向往的太多，而自己能力又不能达到，则会造成长久的失望与不满。在对环境、对自己都长久感到失望与不满的情形之下，就产生了自卑、疑惧和对环境的戒备及内心的紧张。

在现实生活中，有很多人太过于急功近利了，这样的人应该学会“心灵上的舒展”。只有做到心灵上的舒展，他们才能够看淡一些事情，对什么事情都能够以平常心对待。对自己抱有期望，但是不会过于苛刻，这样的生活才能是平淡中充满乐趣，否则会感觉特别紧张，压力过大，不利于身心健康。如果一个人能看开所有的事情，那么他不需要别人的肯定就可以成长，不需要很多物质的陪伴，他生活得就特别快乐。例如，一个节俭的人把对物质、自然资源的消耗降到最低点，他从来不奢求从别人那里获得什么东西，然而却可以做到无私奉献，所以生活中充满了活力和自由。

五代后周太祖郭威登上皇位之后，他提倡节俭，反对奢侈，如果发现了有贪污的官员一定要严惩。他把自己称为“俭约天子”。在清朝的时

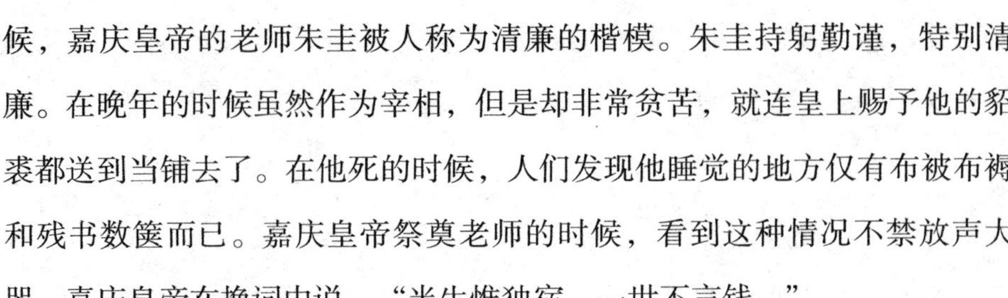

候，嘉庆皇帝的老师朱圭被人称为清廉的楷模。朱圭持躬勤谨，特别清廉。在晚年的时候虽然作为宰相，但是却非常贫苦，就连皇上赐予他的貂裘都送到当铺去了。在他死的时候，人们发现他睡觉的地方仅有布被布褥和残书数箧而已。嘉庆皇帝祭奠老师的时候，看到这种情况不禁放声大哭。嘉庆皇帝在挽词中说："半生惟独宿，一世不言钱。"

俭的对立面是享乐。享乐对于人生来说，是最危险的东西。虽然，它没有牙齿，但可以吃掉你的理想；它没有双脚，但可以勾引你走向歧途；它没有烟味，但可以熏黑体内的灵魂。享乐的生活犹如醋酸，能腐蚀灵魂的钙质，使人坠入深渊。

"历览前贤国与家，成由勤俭败由奢。"这是唐代诗人李商隐对历史经验教训的概括。古时，商纣王的叔父箕子就纣王做象牙筷子一事的分析和推断，令人深省。

箕子认为，纣王用的象牙筷子跟泥碗是不能相配的，一定要使用犀角美玉制成的杯碗；使用象牙筷子、玉制杯碗，必然不肯食用粗劣的食物，那就要用杯碗盛上豹胎这类精美高级的食物；必然不能穿着粗布衣服住在茅草棚下面，那就一定要换上一套高贵的衣服，住上高楼大厦。纣王的行为印证了箕子的预言。五年以后，纣王修造肉林，设置炮烙的酷刑，登上酒糟堆成的山丘，在酒池旁宴饮。就这样，由于纣王的暴虐昏庸、挥霍无度，商王朝很快就走向灭亡。

腐蚀，是一种常见的自然现象。好端端的一块铁，日晒雨淋，要不了多久，光泽渐消；再过些时候，表面就出现大小不一的锈斑；时日渐移，腐蚀渐深，经年累月，整整一块铁就变成了一堆锈疙瘩。

人要拒腐就要从俭。一位革命者在《殉道者的记述》中写道：我毫不稀罕那华丽的大厦，却宁愿居住在卑陋潮湿的茅棚；不稀罕美味的西餐大菜，宁愿吞嚼刺口的苞粟和菜根；不稀罕舒服柔软的钢丝床，宁愿睡在猪栏狗窝似的住所；不稀罕阔逸，宁愿一天做16个小时的工作；不稀罕富裕，宁愿困穷；不怕饥饿，不怕寒冷，不怕危险，不怕困难。一切难以忍受的生活，我都能忍受下去！这些都不能丝毫动摇我的决心，相反地，是更加磨炼我的意志！

不稀罕，表现了人类先进分子拒腐蚀于千里之外的轩昂气魄。

提倡克勤克俭、艰苦奋斗，千方百计节约人力、物力、财力，不是为别的，是为了进一步发扬我国劳动人民勤劳勇敢的美德。

一般说来，节俭两个字的解释，似乎是“省钱的方法”。一般人往往把节俭与吝啬看作一对双生子，这真是一个很大的误会，其实节俭的意义是：当用则用，当省则省；换句话说，是用得适当，吝啬的意义却是：当用的不用，不当省的也节省。

节约是穷人的财富，富人的智慧。

不施皇威厚诗人

仁慈宽厚、与人为善是做人的一种美德。这种美德可以为自己创造一个宽松和谐的人际环境，使自己有一个发展个性和创造力的自由天地，并享受到一种施惠与人的快乐。

但是宽厚对普通人来说是一种美德，对帝王来说却是一种奢侈，甚至是一种危险。因为大部分帝王处于政治旋涡最危险的位置，一个不小心恐怕就性命不保，只有依赖帝王权术才能成就霸业。而刘秀这样宽厚温和的开国帝王无疑是个特例。

他不愿强求别人，即使身为九五之尊，也不会以权势达到自己的目的。他为自己的姐姐湖阳公主求婚一事被传为美谈。

湖阳公主刘黄是刘秀的长姐，由于父亲早亡，刘秀是在母亲和姐姐的照顾下成长起来的。而且二姐刘元在兵败小长安时惨死，让刘秀痛心之余，决心要好好照顾剩下的亲人。为报答姐姐的抚养之恩，登基后刘秀封刘黄为湖阳公主，还把洛阳城最好的地方狄泉赐给湖阳公主，并在里边修建了一个花园，楼台亭阁极其精美，还养了不少珍禽异兽。

湖阳公主还有什么不称心的呢？她寡居狄泉，看见弟弟、妹妹成双成对地出入掖庭，哪里能乐起来？毕竟富贵代替不了感情。光武帝看姐姐孤寂落寞，希望能为她找到一个满意的丈夫。所以，刘秀就和姐姐刘黄谈论朝臣的优劣，借此看看姐姐对谁比较欣赏，自己好为她做媒。湖阳公主多少明白弟弟的用意，她思索了一会儿说："大司空宋公相貌堂堂，言行品德，群臣中没有人能和他相比的。"湖阳公主口中的宋公即当时的大司空宋弘。宋弘确实是人品出众，是人才更是道德高士。只是事情有些麻烦，一是宋弘早已娶妻生子，二是宋弘为人耿直，经常直言劝谏刘秀，刘秀对他甚至有些畏惧。

宋弘是京兆长安人，哀帝、平帝时曾担任侍中。后来赤眉军入关，也想征宋弘做官，甚至以威逼的方式。但宋弘看不起赤眉军的强盗行径，宁愿到渭桥投水自尽，也不愿做赤眉军的官。幸好家人及时发现，才把宋弘救了起来。赤眉军以为他真的投水死了，也就没再来逼迫他。直到刘秀称帝后，广纳天下贤才，听说宋弘才德兼备，便拜他为太中大夫，后来又拜为三公之一的大司空。宋弘一举一动都严格地恪守着君子的要求，非常注重自己的仪容和言行。他的性情耿直，不畏权贵，刘秀稍有不妥，宋弘立刻严厉地指出，要求刘秀改正，一点面子都不给。

宋弘为人如此，刘秀知道婚事不一定能顺利地办妥，他决定找机会试探一下。一天散朝，光武帝单独留下大司徒蔡茂。蔡茂与宋弘的私交甚厚，他由广汉太守来京就职，就是宋弘的举荐。光武帝同蔡茂谈了几句朝事，问："大司徒，卿可知大司空与夫人的感情如何？"蔡茂听了这话，一时摸不着头脑，只好如实地回答道："臣没有听说大司空与夫人不和的事。"刘秀听了，知道从蔡茂这也探听不出什么，这事还是找宋弘本人问更合适。

过了几日，刘秀让姐姐湖阳公主躲在屏风后面，自己单独在宫里召见宋弘。刘秀觉得劝人夫妻分离这事总是不太好，他实在是没法直接开口说，就绕着弯子问道："宋卿，朕听说过一句谚语叫做'贵易友，富易妻'，这也算是人之常情吧？"宋弘未必知道刘秀问这话的真实用意，但是他做事一向堂堂正正，所以毫不思索地回答道："陛下，臣也听说过一句古话，'贫贱之交不可忘，糟糠之妻不下堂'。"刘秀听了，不知道如何回答了，他尴尬地笑笑，也没有再说什么。让宋弘退下后，刘秀转到屏风后面，对湖阳公主说道："大姐，这事恐怕是办不成了！"湖阳公主见此情景，长叹一声，此事也就作罢了。也许是"曾经沧海难为水，除去巫山不是云"的缘故，湖阳公主此后再也没有考虑嫁人的问题，孑然一身孤独终老。

刘秀姐弟谁也没有动用皇家的权威去强迫别人，宋弘因为此事成就了千古美名。古代的君王都是讲究"一言九鼎，言出法随"，所以被臣子拒绝会被认作是一件有辱帝王尊严的事情，一定会狠狠地责罚那个冒犯自己的臣子。然而刘秀却能够做到，宽厚待人，不强人所难，对于古代的君王和现代人来说都是值得学习的。

在现实生活中，总是有这样一些人，他们并不讨人喜欢，有时候还可能遭遇四面楚歌的情况。其实并不是大家故意跟他过不去，而是他在与别人相处的时候总是表现出自以为是的样子，对别人有着苛刻的要求，而且

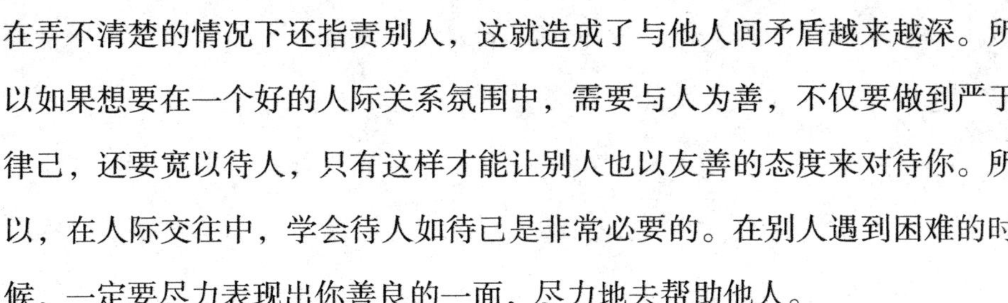

在弄不清楚的情况下还指责别人，这就造成了与他人间矛盾越来越深。所以如果想要在一个好的人际关系氛围中，需要与人为善，不仅要做到严于律己，还要宽以待人，只有这样才能让别人也以友善的态度来对待你。所以，在人际交往中，学会待人如待己是非常必要的。在别人遇到困难的时候，一定要尽力表现出你善良的一面，尽力地去帮助他人。

当然，与人为善并不是为了让别人回报自己，而是为了让自己活得更加快乐。其实，与人为善并不是一件困难的事情，只需要你正常对待就可以了。如今的社会是一个需要合作的社会，只有处理好人与人之间的关系，善待他人，才能创造和谐的氛围，提高自己学习和工作的效率，体验其中的快乐。孟子曾经说过："君子莫大乎与人为善。"事实证明，那些愿意出手帮助别人并且不图回报的人更容易获得成功。

除此之外，在现实生活中，我们还应该学会宽恕而不怨愤，这是一种品德和修养。如果对于他人的怨愤常常积累在内心之中，必然会使自己每天心情都不好，严重影响自己生活、学习或者工作，也无法处理好与他人的关系。

大肚能容听人谏

一个人无论多么优秀都有犯错误的时候，这不足为怪。但是在犯了错误之后能够听取别人的建议，积极改正则是难能可贵的。而古代的帝王一向刚愎自用，认为自己所说的是"金玉良言"，所以很少有接受臣子纳谏的，然而作为东汉开国帝王的刘秀便是其中的凤毛麟角。

宋弘，东汉初大臣。字仲子，京兆长安（今陕西西安）人。西汉哀帝、平帝时任侍中，王莽新朝时任共工（王莽改少府为共工）。光武帝刘秀建立政权后，征宋弘为太中大夫，位至大司空。宋弘为人正直，做官清廉，对皇上直言敢谏，曾先后为朝廷推荐和选拔贤能之士30多人，有的官至相位。光武帝对他甚为信任和器重，封他为宣平侯。

宋弘的父亲宋尚，西汉成帝时官至少府，汉哀帝即位后，宋尚因不依附于大司马董贤，违忤获罪。

宋弘年少时性情温顺。西汉哀帝、平帝年间（前6～5年）作侍中，王莽称帝时，任共工。赤眉军进入长安后，派使者征宋弘欲授官职。宋弘不愿替赤眉军效力，无奈之下，他来到长安郊外的渭桥上，投河自尽，幸亏被家人救出，因此他佯死获免。

光武帝即位后，征拜宋弘为太中大夫。建武二年（26年），宋弘代王梁为大司空，被封为栒邑侯。宋弘为政清廉，所得租俸分给九族，家无资产，以清廉著称。宋弘后徙封宣平侯。

光武帝曾召见宋弘，希望他荐举通博之士。宋弘就推荐沛国人桓谭，说桓谭才学过人，博闻广识，几乎比得上西汉扬雄和刘向父子。于是，光武帝召见桓谭，拜为议郎给事中。

光武帝不用桓谭的才学治理政事，但对他精于弹琴颇感兴趣。每次宴会，光武帝都令桓谭弹琴助兴。宋弘听说后，心中很不高兴。打听到桓谭从宫中出来，宋弘立即穿戴好官服坐在大司空府中，派遣官吏召桓谭来。

桓谭来到之后宋弘不给他赐座位就责备他说："我之所以举荐你，是想让你辅佐君王，让国家昌盛，可你却每天让皇上听你弹琴。你是自己改正过失呢？还是让我依法处罚你呢？"桓谭磕头求饶，过了很久，宋弘才打发他走。

后来光武帝大会群臣，又让桓谭弹琴，桓谭看见宋弘坐在其中，竟

失其常有风度。光帝见桓谭如此，感觉很奇怪，便问他原因。宋弘见此情景，便离开坐席，摘下帽子，谢罪说："臣之所以举荐桓谭，是希望他能用忠心和才学辅助皇上。如今桓谭却令朝廷上下沉湎于靡靡之音，这是臣举荐之罪。"光武帝听后，连忙向宋弘道歉，并让桓谭重新换上朝服，端坐席间，其后便不再让桓谭鼓琴奏乐。

宋弘见光武帝能改过如是，又向光武帝推荐了许多贤士，其中有冯翊、桓梁等名士，共30余人。其中有些人后来相继担任了三公九卿。

有一次，宋弘在宴会时拜见光武帝，当时御座新制的屏风上画着许多美女，光武帝数次回顾目视。宋弘见了，心中对光武帝不满，于是再次正容进谏说："未见好德如好色者。"这话说得很尖刻，但光武帝一听，还是明白了自己的过错，不但没有生气，反而马上令人撤去新屏风，笑着对宋弘说："知错能改，可以吗？"宋弘回答说："陛下进德，臣不胜欣喜。"

正是因为刘秀善于听取臣子的纳谏，才能让能人的才华真正得到施展，也让自己的决策在正确的方向上行进，从而开创了中国历史上著名的"中兴之治"。

兼听则明，偏信则暗，作为领导，也应该向刘秀那样做到"能问于不能"，从谏如流，集思广益，从而建立科学的决策机制。积极听取下属的意见，采纳下属的建议，使下属增强自信心和归属感，从而激发出工作热情，发挥出更大的创造力。

在"全球第一CEO"杰克·韦尔奇看来，通用之所以成功，与通用的用人之道和纳谏制度大有关联。他说："我最大的成就就是发现人才，发现一大批人才！他们比大多数的CEO都要优秀。"

唐太宗李世民在中国历史上是一位不可多得的卓越君王，曾在隋朝时期被封为秦王，他对部下宽厚相待，赏罚分明，对事情明察秋毫，公正无私，处事谨慎，行为廉洁，对旁人恭敬有加，虚心接受别人的批评，把好的观点纳为己用，由此行端无形之中树立威信，为他以后推翻隋朝起到很大作用。李世民是唐朝开国皇帝唐高祖李渊次子，玄武门之变铲除了太子李建成与三弟李元吉，奠定了一统江山的基础。

李世民即位后，认真反省历来帝王将相的功过。秦朝的迅速灭亡在于刚愎自用，残酷暴政，左右于赵高、李斯二个谗臣之间；项羽在鸿门宴上不听范增的劝告而放虎归山；韩信优柔寡断不听蒯通之计，最后落得个“兔死狗烹”的下场。

于是，他以诚待诚，将心比心，广开言路，开创了皇帝从谏如流，大臣直谏成风，君臣共商国家大事的开明风气。他鼓励大家直谏，互相切磋，君臣同心，众臣的积极性被广泛调动起来。在他的倡导下，犯颜直谏、勇进真言，蔚然成风。在敢于直谏的众臣中，最有影响力的就属魏徵。

魏徵，字玄成，馆陶（今属河北省）人，曾跟随李世民的哥哥——太子李建成作为东宫僚属。当时，魏徵看到太子与秦王李世民的冲突日益加深，多次劝建成要先发制人，及早动手。

玄武门之变以后，李世民由于早就器重他的胆识才能，非但没有怪罪于他，而且还把他任为谏官之职，并经常引入内廷，询问政事得失。魏徵喜逢知己之主，竭诚辅佐，知无不言，言无不尽。加之性格耿直，往往据理力争，从不委曲求全。

由于魏徵能够犯颜直谏，即使太宗在大怒之际，他也敢面折廷争，从不退让，所以就连唐太宗有时对他也会产生敬畏之心。有一次，唐太宗想要去秦岭山中打猎取乐，行装都已准备停当，但却迟迟未能成行。后来，魏徵问及此事，太宗笑着答道：“当初确有这个想法，但害怕你又要直言进谏，所以很快又打消了这个念头。”还有一次，太宗得到了一只上好的鹞鹰，把它放在自己的肩膀上，很是得意。当他看见魏徵远远地向他走来

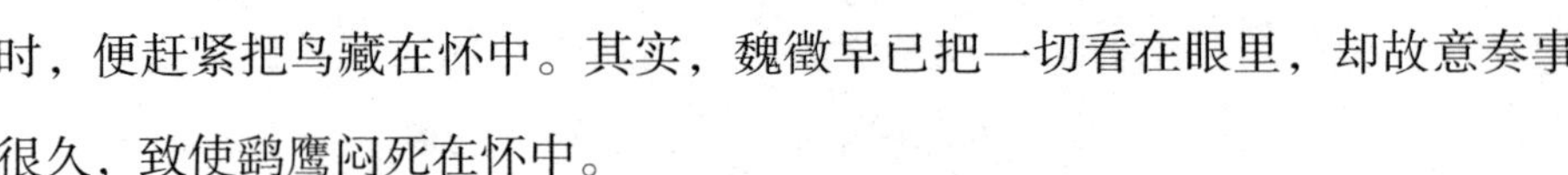

时，便赶紧把鸟藏在怀中。其实，魏徵早已把一切看在眼里，却故意奏事很久，致使鹞鹰闷死在怀中。

贞观十六年（642年），魏徵染病卧床，唐太宗遣臣探视。得知魏徵一生节俭，竟家无正寝，于是唐太宗立即下令把为自己修建小殿的材料，全部为魏徵营构大屋。不久，魏徵病逝家中。太宗亲临吊唁，痛哭失声，并说："夫以铜为镜，可以正衣冠；以古为镜，可以知兴替；以人为镜，可以明得失。朕常保此三镜，以防己过。今魏徵殂逝，遂亡一镜矣。"

唐太宗以魏徵为镜，做到兼听两字。在他的治理之下，政治长期稳定，社会经济自然跟着繁荣，贯通南北的大运河便利了东西南北的交通运输，带动经济，政治效益大大提高，百业兴旺，行行更新，酿造中国经济文化兴隆的黄金时期，造就了著名的"贞观之治"。

丰田公司特别注重广泛听取员工的意见，为了调动下属的积极性，使企业生产和经营保持永远旺盛的生命力，他们采取了一系列的活动，意在调动员工的参与意识，借此产生主人公责任感。

日本汽车巨子，曾任丰田汽车公司总经理和社长一职长达40余年的丰田英二，于1951年在丰田公司实施了"动脑筋创新"建议制度，收到了良好的效果。其具体的做法是建立脑筋创新委员会，决定了建议规章、审查方法、奖金等。车间到处都设有建议箱，不论谁都可以自由地、轻松愉快地提建议。各部门（工厂）也分别设立了建议委员会、事务局，把提建议的方针贯彻到工厂的各个角落。对于机械仪器的发明改进、作业程序的新方法、材料消耗的节减方面，大家都可以提出自己的意见和建议。同时各车间组成了"动脑筋创新"小组，组长以上对提建议的人，一定要有计划地给以协助。为了达到落实建议的目的，还特设有建议商谈室。一个有经验的老工人曾经说过："开始实行动脑筋创新，我们就对车间眼前接触到的所有事情、东西、工作以及机器，总是抱着追求'更好'的态度。不管见到什么，总是在探求有没有更好的方法、更上算的做法、节省时间和工时的方法、消除使用材料等方面的担心和使之更便宜的方法。”

该制度实施不久，1953年2月，根据斋藤尚一的建议，开始在全公司征集最能体现这一制度内在实质的口号，结果“好产品好主意”一举当选。后来，“好产品好主意”逐渐成了“动脑筋创新”建议制度的代名词。

“好产品好主意”一经实施，很快地便深入人心，提建议的人日益增多，而且所提的建议的质量也逐步提高。一方面，通过员工提建议，领导能够听到生产现场生气勃勃的声音，也能了解员工掌握技术能力的程度；而另一方面，又提高了员工的积极性和主动性。两者相互促进，相得益彰，使活动搞得有声有色。大量的建议被采纳和实施后，员工的聪明才智和自我价值在实现的同时，也使得技术层面上不断涌现创新项目，公司的生产不断登上新台阶。

“好产品好主意”的建议制度，它不仅作为一种管理手段可以带来经济效益，更为重要的是它作为一种企业经营文化使得个人对企业的责任心、敬业精神乃至个人能力、才华得到了尽情地展示和发挥，为员工提供一个充分发挥自己能力的机会和场所，进一步密切员工间的关系，增强了企业的凝聚力。

古语说得好：“千人之诺诺，不如一士之谔谔。”有许多人说顺从奉承的话，不如有一个人直言不讳。谔谔之言，就是直言、诤言、谏言。当今，作为企业的各级管理者，都应广纳谔谔之言，从而达到纳谏者受益、直谏者受到激励的双赢局面。

第二章 DI ER ZHANG 处世之道，忍字为先

处世之道是每个人的终生必修课，尤其在当今交往频繁，人际关系复杂的社会里更是如此。学好为人处世之道，能够拓宽我们发展的空间，能够让我们在发展之路上如鱼得水，轻松前行。而要学好处世之道，首先要学会一个“忍”字。小不忍，则乱大谋。当敌我纷争局势微弱之时，就需要用忍耐来积蓄能量，这是一种本领，也是一种境界。刘秀可能是中国古代帝王之中最善于忍耐的一个，也是最懂得生存处世之道的智者，从他的经历中我们可以学习到一些为人处世的道理。

实力弱时结人脉

社会就像一张网，我们每个人只不过是其中的一个结，你和越多的结建立了有效的联系，那么你做事的时候就能四通八达、顺心顺意。所以，要成就大事，就要会创建有利于自己发展的人脉关系网。汉朝的开国之君刘邦虽然年少无为，但是却善于结交各种各样的朋友，从而构建起了属于自己的一个人际关系圈，为今后的争夺天下奠定了人才基础。而刘邦的九世之孙显然也深得其老祖宗的真传，利用年少在太学读书的机会，努力结交朋友，而这些人很多都成为后来刘秀逐鹿天下的左膀右臂。从中我们也可以看出构建属于自己的人际关系网是多么得重要。

刘秀的家里共兄弟姐妹五人。大姐刘黄，二姐刘元，妹妹刘伯姬；大哥刘縯，二哥刘仲。在兄弟当中，他排行最小。在刘氏兄弟中，刘秀和刘縯最为有出息，但这一母同胞的哥儿俩脾气秉性却截然不同。刘縯“好侠养士”，刚毅慷慨而比较外向；刘秀“性勤于稼穑”，谨厚而比较内向。刘縯经常笑话刘秀整日只知埋头干田间的农活，“比之高祖兄仲”。原来汉高祖刘邦的哥哥刘仲擅长治理家治产业，刘邦的父亲总是因此数落刘邦无赖，不能治产业，不像刘仲那样勤力。到了后来刘邦做了皇帝，一次在给老父亲祝寿的时候，刘邦想起以前的事就问道：“今某之业所就孰与仲多？”这句话给了老父亲一个很大的难堪。当时“殿上群臣皆称万岁，大笑为乐”。说起这位刘仲，对于政治则是一窍不通。刘邦封他为代王，有一次匈奴进犯，他竟然吓得弃官逃跑，因此被削夺了爵位。刘縯把刘秀比作刘仲，意思是说他和刘仲一样，也是个窝囊废。刘秀对于哥哥的嘲笑并不在意。刘秀在萧县叔父那里受完初等教育之后，决心走出家乡，去京师长安的太学继续深造学习，亲眼看一看外面精彩的世界。所谓“太学”是古代的一种政治大学。

刘秀从一个小县城来到当时最大的城市长安，见识的东西多了，眼界自然比以前开阔多了。当时他跟随一位名叫许子威的先生学习《尚书》。许先生是庐江（今属安徽）人，后曾官拜中大夫。

《尚书》就是我们平常所说的《书经》，是古代政治文献如记事文告、命令、讲话记录等的汇编，据说经由孔子删定。

史载刘秀学习《尚书》“大义略举”之后，便“因学世事”；由于他聪颖勤奋，故“朝政每下，必先闻知”，而且“具为同舍解说”，即把自己所“闻知”的“朝政”“解说”给同宿舍的人听。应该说，在长安这种学习经历，对于刘秀的成长是很有好处的。

当时与刘秀一块儿来京城太学学习的还有族兄刘嘉。刘秀这位族兄也是自幼父母双亡，由刘秀的父亲刘钦收养。刘嘉因为性情仁厚，刘钦所以对待刘嘉养视如子。由于这兄弟俩自小一起长大，如今又同来太学学习，所以倒是很好的一对伙伴。刘嘉除了学习《尚书》外，还学习《春秋》。不过比较来看，刘秀却是一个更为活跃并很有胆气的人物。

那时南阳上层人士往来长安，刘秀与这些人保持着经常的联系，并为之效力。这时，刘秀为人的聪慧、勤奋就渐渐显现出来了，他超越常人的政治见解显露无遗。在太学上课的期间，他结识了一大批同在京城学习、工作的南阳人士，与此同时，也经常交往一些来京城做事的南阳老乡。作为皇室的后裔，他也同样注重和皇室亲戚之间来往。

这段时间里，这些亲戚、朋友、同学，渐渐和他相知相熟，成了好朋

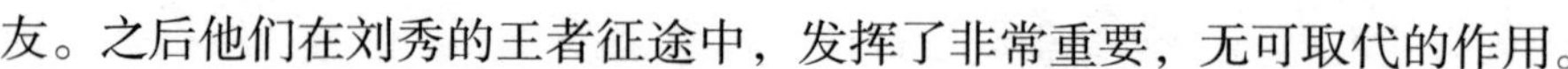

友。之后他们在刘秀的王者征途中，发挥了非常重要，无可取代的作用。

例如，和刘秀同在太学中求学的堂兄刘嘉、表兄来歙，老乡邓禹等人，都成了他的左膀右臂。每当官场有重大变故、或是出台重大政策的时候，刘秀总是第一个知道，然后到宿舍里和同学们讨论国情。

其实，刘秀不仅是个称职的农民，还是个勤劳的学生，同时还很擅长经商。比如，之前他在老家耕作时，就常常会将多余的粮食积寄来，卖掉赚一些零花钱。那时候的他，才是十几岁的小孩。

现在他已经是一名太学生了，本来就不富足的家庭无力供养他，他又是食宿自理的特殊学生，只有勤工俭学才能维持生计。

太学生中，有一些由太常选拔的正式生，这些人有限制的名额，他们多是高干子弟，可以一边上学，一边领取俸禄。

而刘秀当然不属于这些人中的一员，他是由地方选送的“好文学，敬长上，肃政教，顺乡里，出入不悖”的特别生源，这些人没有名额的限制，但需要交付学费。在同一个班里一起上学的太学生们，有着很大的差距。有些从地方上选来的特别生，家境十分贫寒，自己还必须想办法解决昂贵的学费和支付自己的生活费。

比如，同学中有一个叫倪宽的，就靠帮大户人家做饭来维持生计。

另外，翟方进同学的家中也不富裕，母亲只能跟来京城，用织布做鞋后卖的一些银两，来供他读书。

刘秀和这些人不同，他打算自给自足。他和一个宿舍的韩子同学凑钱，一起买了一头驴，租给别人搞运输，靠收取的租金度日。

刘秀的能力就在此处体现，他的过人之处不仅是之后建立了一个兴旺发达的朝代，因为这种开国明君历史上简直数不胜数。他的过人之处在于，不论处于何种境地，他都能顽强地生存下来。在乡间，他能当一个好农民，把粮食种得比其他人好，经常有富足的余粮。进城镇，他能边读书边经商，自己养活自己，还能一边锻炼自己的从政能力。

不管在哪儿，他都不会让自己挨饿，还能一边发展自己的兴趣爱好。无论在何时何地，他都可以准确地把握环境、抓住时机，千方百计谋求生存、获取发展。

这种素质看似简单，实际却是很难得的，这是一种能让人在所有环境里都能存活下来的素质。刘秀能够在社会的最下阶层起事，历尽种种磨难之后成就大事，就是依靠了这种难得的品质。

今后大家就会发现，其实这种品质不仅帮刘秀实现了自己一个接一个的伟大目标，让他不论是为人还是处世，不论在治国还是理家方面，都使得普通人难以和他比肩。

那时，来京城太学学习的南阳人并非只有刘秀一人，还有邓禹、朱祐等一众同学，他们被刘秀的为人所吸引，在后来的岁月里跟随刘秀出生入死，打下了后汉王朝的江山，这些人也被刘秀纷纷封侯拜将。

广泛结识朋友，积累形形色色的人脉，和各式各样的不同人交往，这些让刘秀马上就历练成了人际关系上的行家高手。刘秀在此时是一个聪明活泼、勤奋大胆，经营人际关系和管理人员才干都很在行的政治行家。此时他已经20出头，这个年龄在古代不算大，但也绝对不算小。很多青年人在他的这个年龄早都娶妻成家，生子成事了。这里就能看出刘秀是一个很有想法的青年，他想的是扩充自己的势力，脚踏实地地向自己的梦想奋斗。

刘秀一直在默默地强大自己，他不像哥哥一样霸气外露，相反他默默地接受自己已有的条件，并在这种条件下做到最好。即使是从事农业生产，刘秀也在让自己做到最好，在别人地里都没有收成的时候，刘秀的土地却可以获得丰收。在太学学习同样是刘秀充实自己，强大自己的途径。在太学学习期间刘秀关心政事，努力学习知识，博览群书，领悟治国之道。最关键的是刘秀并不拘泥于书籍，他懂得整体地把握书中的思想，同

时也能用于实践。刘秀还不断地结识人脉，在别人不经意的时候，刘秀一直在默默地强大自己，为自己的将来打下了基础。

事实证明，生活中的很多事情是我们无法独自完成的，它需要别人的帮助。所以，为了能更好地学习、工作或者是生活，我们应该与他人建立良好的关系网。俗话说“朋友多了路好走”，的确，多个朋友就相当于多了条路。朋友是人生的一笔财富，在生活中我们应该广交朋友，在别人遇到困难的时候尽力帮助别人，这样也就保证了在自己遇到困难的时候也会有人帮忙。

当你看到一个身处困境的穷人时候，可能你只是给了他一个铜板，帮助他解除饥饿，在消除饥饿之后，他可能通过自己的努力成就一番大的事业。对于一个执迷不悟的浪子，你的一次简单谈心可能就会使其改过自新，然后找到适合自己发展的领域，成为战场上的一匹黑马。

或许你对陌生人一次简单的帮助，就可以帮助他们渡过难关或者是走上成功之路。当然，在你身处险境的时候，相信也一定会有人帮助你。

其实，在人的一生中不仅需要别人帮助，而且也要帮助别人。从这个方面来说，“积德行善”是帮助他人的目的也是无可厚非的。或许对他人的善举更能体现出一个人所拥有的宽广的胸怀或者是非凡的气度。当看到一个人失意的时候，你的一句话或许就可以温暖他冰冷的心；当看到有人跌倒的时候，你的搀扶会让他重新站立起来……在这个过程中，你没有失去什么，但是对于他们来说却是一次莫大的帮助。相反，如果你不肯帮助人，总是患得患失，那么在别人眼中，你总是充满了麻木的眼神，感觉你这个人并不怎么阳光。当别人有困难的时候，这种麻木之人就会得以起来；在别人遭受失败痛苦的时候则把它作为自己开心的原因……总之，这种人就是没有同情心，自私自利之人。

除此之外，也有一种人在帮助别人之后有一种非常强烈的优越感。他们认为自己就是救世主，但是这种态度是非常不可取的，否则会引起不堪设想的后果。

同时，有些人坚持“有事有人，无事无人”的态度，在自己遭遇困难的时候就会找朋友帮忙，在渡过难关之后就扔掉，就是我们日常所说的“过河拆桥”的做法。这样的人在现实生活中也不会有真正的朋友。无论是在学习、工作或者是生活中，每个人都不可能孤立地完成某些事情，需要大家同舟共济，互相支持、互相帮助、互相关照，特别是在困难的环境中，合作显得尤为重要。在同甘共苦的时候所建立的友情是经得起现实的考验的。

当然，对于那些身处困境中的人仅仅是有同情心也是不够的，需要他人具体的帮助。例如，一个人做生意失败了，欠了很多债，在向很多朋友都借不到钱的时候，一位平时交往不多的朋友借给了他，他不仅非常感动，而且还决定以后一定要报答他。

事实证明，凡是需要帮助的人真的是处于困境中了，他的朋友一定会站出来帮助他。困难过后，他也一定会做到知恩图报。每个人内心都是存有需要的，无论是紧迫的还是不重要的，只要在需要帮助的时候别人帮助了自己，一定会感激涕零的。

我们为人做事，要懂得在日常生活和工作中多留人情，多站在别人的立场上考虑，尤其在别人有难时，要勇于出手相助。只有这样，当自己遇到困难的时候才会有人来雪中送炭。

人脉是很奇妙的，它能让人与人之间产生沟通和交流。如果两者之间都互相喜欢，那么必然会结出甜美的果实，建立深厚的友谊。同时，也会为人生提供更多的机会，更容易走向成功。

要想生存需合作

一个人的能力再强，也是有限的，独行侠的时代早已结束。大凡成就丰功伟绩的人都懂得团队的巨大力量。正所谓：众人之智，可以测天。只有懂得优势互补，携手奋斗的人才能在竞争中取得胜利。刘縯和刘秀兄弟在实力不足之时，就是依靠与其他的起义军合作，才避免了被新军消灭的结果。

小长安战役之后，新军动员了10万精兵南渡潢淳水（李贤注引冰经渤言潢淳水在湖阳县境）和沘水之间为营，并“绝后桥示无还”，决心把绿林军消灭。

面对眼前严峻的形势，新市、平林、春陵联军内部出现了动摇，“各欲解去”。反莽联合再次面临考验。当时刘縯心急如焚，可就是想不出什么解救危机的好办法。正在此生死存亡的紧急关头，下江兵5千余人来到宜秋聚（今河南唐河西），从而给反莽力量带来了转危为安的新契机。

刘縯看见形势严重，一方面安稳军心，另一方面决定派人与当时已经进入到平氏县宜秋（今河南唐河东南）活动的下江兵联合。当时下江兵由王常、成丹、张印领导，王常是绿林军中初起时首领，不屈不挠，一直打得很勇敢，在进军宜秋前，就曾在上唐乡（春陵西南，今湖北随州北）打败荆州牧的军队，士气正锐。刘縯亲率刘秀、李通到下汀兵驻地。

当时为与春陵兵代表进行会晤，下江兵首领成丹、张印等共同推举王常出面。这位王常，字颜卿，颍川舞阳（今河南舞阳西）人。新莽末，为弟报仇，亡命江夏（郡治西陵，今湖北新洲）。后来，他与王凤、王匡等组织农民起义，建立绿林军。当绿林军遭“疾疫”不得不分散后，他同成丹、张印进入南郡蓝口聚，是为下江兵。

王常虽然也是农民军的一位首领，但头脑中的皇权主义思想比较浓厚，总盼望能够辅佐所谓的“真主”，以此来成就一番事业。刘縯与王常相见之后，舂陵刘氏兄弟及李通遂向对方展开游说，“说以合从（纵）之利”，即大讲双方实现联合的好处。

没有想到这一席“游说”的话，不仅没有引起王常的反感，相反倒使他得以大彻大悟。他颇为感慨地说道：“王莽篡弑，残虐天下，百姓思汉，故豪杰并起。今刘氏复兴，即真主也。诚思出身为用，辅成大功。”刘縯听罢这话，在心中暗自高兴，于是向王常表示：“如事成，岂敢独飨之哉！”意思是说，将来取得江山，要与打天下的各位英雄豪杰共享荣华富贵。就这样，双方谈得十分融洽，刘氏兄弟与王常“深相结而去”。

经过这次谈判后，王常即带兵与绿林其他各部复合。下江兵与绿林各部的复合，在当时来说有极为重要的战略意义。这是因为新市、平林、舂陵初败，士气不振，由于有了下江兵的加入，无异新增了一支生力军，起着鼓舞士气的作用。史称这次联合后，“诸部齐心同力，锐气益壮”。刘縯乘势部署，“大飨军士，设盟约，休卒三日，分为六部”，很快把新旧各部统一编制起来。除此之外，下江兵的联合对整个战局还有个有利之处，即王常所部长期活动在平氏宜秋一带，对这一带地形比较熟悉，有利于对设置在这附近印阳蓝乡的甄阜、梁丘赐军需辎重进行的袭击。王莽地皇三年（23年）除夕夜里，刘縯部署的各部首先袭取了蓝乡，取得了首捷，获得了大批军备。

这个时候已是十二月的最后一天，马上就要过年了。驻蓝乡的莽军做梦也没有想到除夕夜义军会来进攻，稀里糊涂地就成了俘虏，他们守护的辎重也都为义军“尽获”。正月初一，义军乘胜进攻，一大早联军就开始向“阻两川问为营”的莽军发起了总攻。“汉军（即春陵军）自西南攻甄阜，下江兵自东南攻梁丘赐。至食时，赐陈溃，阜军望见散走，汉兵急迫之，溇迫黄淳水，斩首溺死者二万余人，遂斩阜、赐”，这就是历史上著名的沘水大捷。此战获胜的基础在于反莽武装力量的大联合。

这些从前面发生的事情就可以清楚地看到，如果没有下江兵与春陵、新市、平林军的联合，也就不可能有沘水之战的胜利。从这场战役中我们可以看到与人合作的力量，其实我们现代人无论是在学习生活或者工作之中也要学会与人合作，做起事来才能事半功倍。

石油大王保罗·盖蒂曾经说过：“一个人永远不要花百分之百的力量，而要靠一百个人花每个人的百分之一的力量。”意思就是说要学会借用团队的力量，而不能靠单打独斗。

现实中总会有那么一些人，他们自以为实力强大，便以为凭借个人的能力完全胜任一切，连上司的意见也置若罔闻。殊不知这种心态是最不可取的，简直就是不自量力，因为任何事都不可能仅仅靠自己就能做成。

动物中相信团队力量的不只有狒狒，还有蚂蚁、狼等，它们虽是低等动物，但无一不在教育人类——孤掌难鸣，携手才有力量。它们用团队精神，创造了一个个神话。

蚂蚁是地球上最古老的物种之一，和恐龙几乎是同一个时代的。人类曾在有1亿多年历史的琥珀中发现过它们。但统治地球1.6亿年的恐龙灭绝了，小得可怜的蚂蚁却奇迹般地存活了下来。这是为什么呢？下面的例子可以做出解答。

在洪水暴虐的时候，聚在堤坝上的人们凝望着凶猛的波涛。突然，有人惊呼：“看，那是什么？”一个像人头的黑点顺着波浪漂了过来，大家正准备在他靠近时营救。

一位老人说："那是蚁球。蚂蚁这东西，很有灵性。有一年发大水，我也见过一个蚁球，有篮球那么大。洪水到来时，蚂蚁迅速抱成团，随波漂流。蚁球外层的蚂蚁，有些会被波浪打落水中。但只要蚁球靠岸，或能碰到一个大的漂流物，蚂蚁就得救了。"果然，没过多长时间，蚁球靠岸了，蚁群如同登陆的战士，层层打开，以较快的速度井然有序地冲上堤岸。

让我们再了解一下狼和乌鸦携手捕猎的故事吧。

众所周知，狼是一种懂得合作的动物，它们不仅相互合作，而且还与其他动物和谐地共同合作。当然，之所以能够与其他动物的合作是因为都能达成自己所需。

其中较为突出的是狼族与大乌鸦之间的合作。在高空搜索方面，大乌鸦有着特殊的本领，当它发现受伤或死亡猎物的时候，它会通知大乌鸦群与狼群，然后带它们到这里来。此时，野狼会用自己强壮的爪子为大乌鸦撕开猎物的躯体，它们共同食用。

狼族和大乌鸦都有自己的角色。狼族为大乌鸦扮演着剖开猎物的刺刀角色，大乌鸦则为狼族扮演清理食物残渣的角色。它们不仅在大自然中共存，而且还经常合作。当然，这种合作关系在自然界中也是不常见的。

作为动物，它们都能如此重视团队合作，更何况是人呢？

亚里士多德曾经说："人类是天生社会性的动物。"的确，人生活在社会中必须要突破各种障碍来进行合作，否则是无法生存的。

比尔·盖茨曾说："我之所以成功，是因为有更多的成功人士在为我工作。"牛顿也承认他之所以看得比别人远，是因为他站在巨人的肩膀上。这些成功的人从来不认为自己的成功是靠"单打独斗"得来的。

木秀于林风摧之

聪明不是一件坏事，但是表现得比别人聪明，有时就变成了一件坏事。因为人人都有妒贤嫉能的毛病，很难容忍比自己优秀的人，所以表现优秀的人往往会受到人们的排挤甚至是迫害。刘縯、刘秀二兄弟就是因为表现不凡，才被联军的其他统领所排挤。

农民起义军取得沘水、淯阳大捷后，形势发展对他们很有利，起义军的队伍也获得了很大的扩充。几乎每天都有百姓来投奔起义军，起义军很快就发展到了十余万。由于起义队伍的扩大和斗争形势的发展，迫切需要改变过去那种暂时联合作战的状况，建立一个能够统一指挥全军的政权，以便结束以前那种政令不统一的状态。

因此，许多起义军高级将领纷纷提出迅速立皇帝的要求，认为只有这样才能号令全局，并且都认为应该立一位汉朝宗室皇帝，重新举起汉朝的旗帜。因为只要立了汉朝宗室，王莽新朝的合法性就不复存在，这将对以后的斗争产生重大而有利的政治影响。

无论是舂陵刘氏家族还是绿林军，在这一点上都是一致的，但是在选谁做皇帝这一点上，双方的意见分歧很大。当时有两个人是立皇帝的人选，即刘縯和刘玄。从刘縯的情况来看，他本人具有军事政治才能，这一点在对王莽新军的作战中已经充分表现了出来。并且，刘縯还受到起义军中内外豪强的支持。在确定人选时，舂陵刘氏家族和王常推选刘縯，理由为："这次起义能够取得成功，伯升应该拿头功，而且他为人豪勇有气略，有勇有谋，天下谁人不知？谁人不晓？立伯升为帝，谁人不服？"而王匡和王凤等农民起义军将领则坚决反对，他们主张立刘玄为帝。虽然春陵刘氏家族极力抗争，但无奈势单力孤，处于弱势，最终还是以起义农民为主干的绿林军的意见占了上风，决定立刘玄为皇帝。

刘玄是何许人也？如果从刘氏宗室世系上来说，刘玄还是刘縯未出五服的堂兄，他们同出于长沙王刘发这一世系，世系图为：汉景帝，而后是刘发、刘买，再而后是刘熊渠、刘利、刘子张、刘玄；汉景帝，而后是刘发、刘买，再而后是刘外、刘回、刘钦、刘縯。

刘玄除了是汉朝宗室这一特殊身份外，在当皇帝之前几乎没做过什么可称道的事情。刘玄的父亲刘子张因为王莽篡汉后剥夺了他家的田产，一怒之下，杀死了主管侦察和地方治安的蔡阳国釜侯亭长。几年后，亭长的儿子为了给父亲报仇，又把刘玄的弟弟刘骞杀死了。没等刘玄准备好为弟弟报仇，他的两个堂兄刘显和刘赐就提前下手，把亭长的儿子杀死了。随后案发，刘显被捕并被处死，刘赐和刘显的儿子刘信再次进行报复，将亭长的老婆和几个儿女全都杀了，并把亭长的家烧了，然后逃到春陵，参加了刘縯的起义军。

刘玄事先是知道刘显和刘赐闯下的这场大祸的，但他不敢声张，因为这是要杀头的大罪。当负责治安的游徼带着衙役来刘玄家巡察的时候，刘玄正在和几个朋友喝酒。游徼和衙役突然闯进来，把刘玄吓了一跳。虽说以汉朝法律，三人以上无故聚饮也是违法行为，要处罚金四两，但刘玄更担心的是刘显的案子。刘玄强作镇定地请游徼和衙役坐下来喝酒。不料游徼和衙役刚刚坐下，席间，刘玄的朋友突然唱道："今日清晨运气好，刚刚煮了两都尉！大人您是后来客，是否尝尝人肉味？"游徼一听"刚刚煮了两都尉"，倏然变色，让衙役将那几个人摁倒在地上，一顿暴打。打完

之后，衙役把那几个人押回了衙门。

刘玄知道自己的朋友犯事，自己也要受牵连，所以连夜逃到了平林山（今湖北随州桐柏山）。衙役见拿不到刘玄，就把他的父亲刘子张抓了起来。刘玄知道后，为了救父亲，买了一口棺材，弄来一具死尸装在棺材里，托人四处放话说“刘玄已经死在外边了”。游徼听说刘玄已经死了，也就把他的父亲刘子张放了。

刘玄虽然保住了父亲的性命，但春陵肯定是不能回去了。此后，刘玄再也没有宗室子弟的名分了，有家也不能回，只好四处流浪。为了生存，他东奔西走，东躲西藏，生活得非常艰难。后来刘玄参加了陈牧的平林兵，因为他读过书，所以陈牧让他在平林兵中做了一个安集掾（负责征兵）的小官。后来，陈牧听说刘玄是汉朝宗室，对他另眼看待，并把他封做更始将军。

刘玄的能力实在很一般，根本无法和刘縯、刘秀相比。但这次议立皇帝，王匡和王凤为什么放弃刘縯，而坚持要立刘玄呢？其实这很好理解，刘縯非常有能力、有魄力，性格刚强、做事果断。如果立了刘縯，以刘縯的性格，他们根本不可能控制得了刘縯。刘玄就不一样了，他性格懦弱，能力平庸，农民军将领很容易就能控制得了他。另外，刘玄很早便参加了绿林军的起义，这也是绿林军将领主张立他做皇帝的一个主要原因。其实，在农民起义军中，起义将领的势力很大，所以他们实际掌握了立皇帝的权力。绿林军将领主意打定，他们就一口咬定必须立刘玄，坚决不同意立刘縯。他们冠冕堂皇的理由是：刘玄是长沙王刘发的嫡系子孙，而刘縯只是长沙王的旁系子孙，自然立刘玄更合适，也更能服人。

这样，在对农民军最高领导权的确认上，农民军将领占了绝对的优势，取得了胜利，而地方豪强支持的刘縯则被排除在最高领导权之外。鉴于这种形势，刘縯准备在起义军中采取缓称帝的策略，来改变自己所处的不利地位。

当时，刘縯正在外地领兵，但是王匡和王凤不能绕开刘縯就擅自做主立刘玄做皇帝，只好派人通知他来宛城议事。刘縯到宛城后，听说要立刘玄为皇帝的事情，心中很不是滋味，但他没有正式对抗，委婉地说出了自己的反对意见："诸公准备立刘氏家族的人做皇帝，其德甚厚，其心可嘉。不过以伯升愚见，眼下立皇帝为时尚早。青徐有赤眉军，势力强大，如果知道我们立皇帝，他们也会立一个汉朝宗室做皇帝的。这样，我们与他们之间就会发生冲突，甚至会发生争斗、战争，那不就白白便宜了王莽吗？而且我们可以考察一下历史，先称帝者多不得善终，陈胜、项羽哪一个成功了？他们都没有得到好的下场。最重要的是，宛城只是一个小地方，不宜做都城，不如等我们拿下长安的时候，再议此事。"

大家听了刘縯的话，觉得有理，于是纷纷问刘縯："刘将军，那依你之见，应当如何？"刘縯见大家入了自己的圈套，心中大喜，接着说："称帝为时尚早，不如先选一个宗室立为诸侯王，就像当年高祖之立为汉王一样。"众人鼓掌曰："善！"

本来事情就这样决定了，这时绿林军将领张印跳了出来，坏了刘縯的如意算盘。张印素来看刘縯不顺眼，此时故意要与刘縯作对，他拔剑击地，大声说："今天我们说了算，不能有异议，必须立刘玄，必须马上就立。"众人见张印如此说，立刻转向，表示必须马上立刘玄做皇帝。此时刘縯的实力还远不及绿林军，只好隐忍不发，同意立刘玄。

更始元年（23年）二月，起义军在淯水（今河南省白河）岸边的沙滩上立起一个高坛，由绿林军拥护着，刘玄走上了高坛，接受众人的欢呼，即了皇帝位。这就是历史上著名的"更始皇帝"。

更始政权的建立，使绿林军有了统一的指挥，这自然有利于反抗王莽斗争的发展。然而，就其政权实质来看，是农民和地方豪强共同执政的联合政权。

新皇帝登基后，最重要的一件事自然就是分封群臣。在更始政权的职官设置上，分为三个层次。绿林军将领获得了很多重要的职位，实际上控制了更始政权。其中，王匡为定国上公，王凤为成国上公，这是最高层次；朱鲔为大司马，陈牧为大司空，这是第二层次；剩下的为九卿、将军，为第三层次。至于舂陵刘氏家族方面，族中长辈刘良为国三老，为最高层次；刘縯为大司徒，加封汉信侯，为第二层次；刘赐为光禄勋，封广汉侯；刘祉为太常将军，袭封舂陵侯，为第三层次。至于刘秀，仅封了一个小小的太常、偏将军。

如果按照汉朝官制，国三老虽是最高层次，但没有实际权力，所以刘良只是一个摆设。大司徒是全国最高行政长官，也就是通常所说的宰相，但刘縯只是表面上的宰相，没有什么实际的权力，财、政、军大权都牢牢地掌握在绿林军将领手中，他也只不过是个摆设而已。刘縯当然知道自己险恶的政治处境，但他对此也无能为力。

刘縯的这种处境，自然影响到刘秀在更始政权中的地位。加之，刘秀虽是南阳地方豪强武装反抗王莽的积极组织者和发动者，但是，在同南阳新军的几次作战中，他的政治、军事才华还没有充分地表现出来。由于这些因素的制约，所以刘秀在更始政权中得不到高位、掌不到大权，只能居于九卿之列。太常、偏将军看起来不错，实际上没有什么权力。太常，秦时称奉常，汉景帝中元六年（前144年）更名为太常，王莽时改名秩宗。其主要职责，一是主管祭祀社稷、宗庙和朝会、丧葬等礼仪；二是主管皇帝的寝庙园陵及其所在的县。太常每月要巡视诸帝陵墓一次。不过，刘玄还封了刘祉为太常将军，也让他负责宗庙和礼仪事宜，因为刘祉是舂陵侯嫡系子孙，所以袭封舂陵侯。由此看来，刘秀虽然任职太常，实际上也不是正职，所以他在九卿之中，只是处于下位。偏将军，将军中地位较低者，多由校尉或裨将升迁，连最不入流的“杂牌将军”也不是，和“大将军”“骠骑将军”“车骑将军”等这些有实权的将军根本没法比，简直就是天壤之别，更不可同日而语。因为更始政权刚刚建立，刘秀连个印信都没有，只好将前武定侯家丞的印信佩在身上充数，算是太常、偏将军的印信。

由于刘縯兄弟能力太出众，所以就成了绿林军将领的嫉恨对象，而刘玄出于私心，对刘縯兄弟也防备甚严。所以刘縯、刘秀在更始政权中的处境很不妙。从中我们可以看出，一个人若是太过优秀往往会遭受其他人的嫉妒甚至是排挤，所以这就要求我们无论在什么时候都不能表现得太过优秀。木秀于林，风必摧之，讲的就是这个道理。

苏轼主张“大勇若怯，大智若愚”，就是说本来有大勇，却装出怯懦的样子；本来很聪明，硬装作很愚拙的样子，如此可以保全自己的人格，同时也可以做到不随波逐流。大肆张扬的人，徒有其表，往往缺乏实力。

大文豪萧伯纳从小就很聪明，且言语幽默，但是年轻时的他特别喜欢崭露锋芒，说话也尖酸刻薄，谁要是被他评价一句话，便会有体无完肤之感。后来，一位老朋友私下对他说：“你现在常常出语幽默，非常风趣可喜，但是大家都觉得，如果你不在场，他们会更快乐，因为他们比不上你，有你在，大家便不敢开口了。你的才干确实比他们略胜一筹，但这么一来，朋友将逐渐离开你，这对你又有什么益处呢？”老朋友的这番话使萧伯纳如梦初醒，他感到如果不收敛锋芒，彻底改过，社会将不再接纳他，又何止是失去朋友呢？所以他暗下决心，从此以后，再也不讲尖酸的话了，要把天才发挥在文学上，这一转变造就了他后来在文坛上的地位。

平时锋芒毕露会使我们众叛亲离，走进死胡同，而适当地收敛锋芒，将才华用在有用的大事上，积蓄力量，必然能有光辉的前途。

曹爽、司马懿曾经共同辅佐魏帝曹芳。曹爽要大权独揽，排挤司马

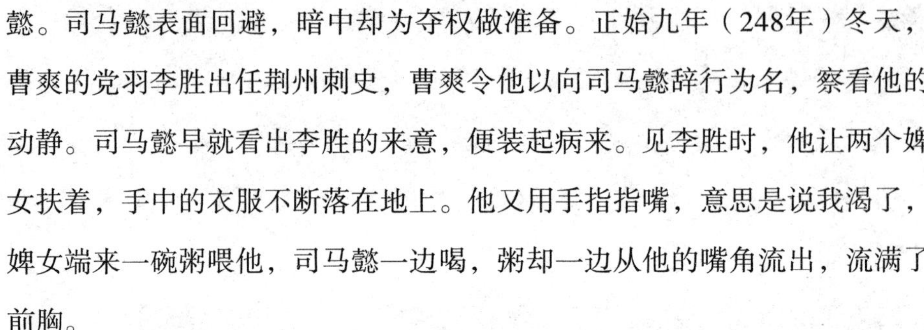

懿。司马懿表面回避，暗中却为夺权做准备。正始九年（248年）冬天，曹爽的党羽李胜出任荆州刺史，曹爽令他以向司马懿辞行为名，察看他的动静。司马懿早就看出李胜的来意，便装起病来。见李胜时，他让两个婢女扶着，手中的衣服不断落在地上。他又用手指指嘴，意思是说我渴了，婢女端来一碗粥喂他，司马懿一边喝，粥却一边从他的嘴角流出，流满了前胸。

李胜见到这种情况，不禁生出怜悯之心，说："听说您旧风疾复发，没想到病成这个样子！"司马懿听李胜如此说，越发显示出自己的气弱，他说话必须缓慢才能接得上气，他说："听说你要到并州为官，那里接近胡人，你要好自为之。"李胜说："我不是要去并州，而是去荆州。"司马懿又装作没听清，胡乱打岔，李胜一再大声解释，司马懿才听明白。他说："你要到荆州作刺史，我料想快不行了，这可能是与你的最后一面，我们今天是生死之别，我要让我的儿子司马师、司马昭与你结为朋友，你不要抛弃他们。"说完这话便流泪哽咽，样子十分凄惨。李胜回去后，向曹爽汇报了司马懿的样子，曹爽便放松了对司马懿的警惕。后来司马懿乘曹爽不备，发动政变，夺得大权。

司马懿是能够忍耐之人，在局势对自己不利的情况下，他极力压抑自己的锋芒，甚至不惜做出临终死别的样子，迷惑了气势逼人、锋芒毕露的曹爽。一忍，一不忍，截然不同的处事方法导致结果也泾渭分明。

在这个世界上，无论你怎样标榜自己，充其量都是个普通人，今天所拥有的一切都是因为自己过去的奋斗，这里面有着别人的不少心血。因此，名人和别人的差距不在于他是一个名人，而在于他们知道人这一辈子都不容易，得活自己的，更要尊重别人的。正如《菜根谭》所说：

"冷眼观人，冷耳听语，冷情当感，冷心思理。"因为"性躁心粗者一事无成，心平气和者百福自集。"

但是依然有一些人因为自己暂时处于风头，或者是知道了别人都不晓得的事，就会产生一种优越感，忍不住四处炫耀，结果往往适得其反，很多人成名之后昙花一现也跟不能承受这种优越感有关。

《易经》上说："君子藏器于身，待时而动。"无此器最难，有此器不患于此时。英国19世纪政治家查士德斐尔爵士曾对他的儿子做过这样的教导："要比别人聪明，但不要告诉人家你比他更聪明。"

掩饰锋芒是一种道德选择，因为这不仅代表着你的清醒，还代表着你对以往朋友帮助的感谢。如果你是一个忘恩负义的人，必然把尾巴翘得高高的。抑制不良的欲望，就要保持一颗平常之心，赶走狂妄的情绪。趾高气扬的人要获得人生的增长点，就应该向一切尊重人类生命的道德力量鞠躬，不要担心自己表现出愚蠢的样子，人应该全面地发展，就得质朴谨慎求实。有一点需要特别指出：尾巴绝不是旗帜。

我们衡量一个人有多么成功，从来不看它的尾巴有多么高，要看的是他脚踏实地的能量。而且，以另一个角度考虑，他只要投入，就很难有翘尾巴的时间。翘尾巴是闲人的专利，因为他们"无事"，所以总想表露自我，从而生出些"非"来。聪明的人会从另一个角度思考问题，他们考虑的是如何更上一层楼，因此他们选择忍耐，冷静地面对自己的风光。

锋芒毕露惹杀身

做人应该有锐气，但锐气不代表锋芒。锐气可以展现自我的内心，但锋芒却给别人以压力。所以锋芒毕露之人往往会成为其他人的攻击对

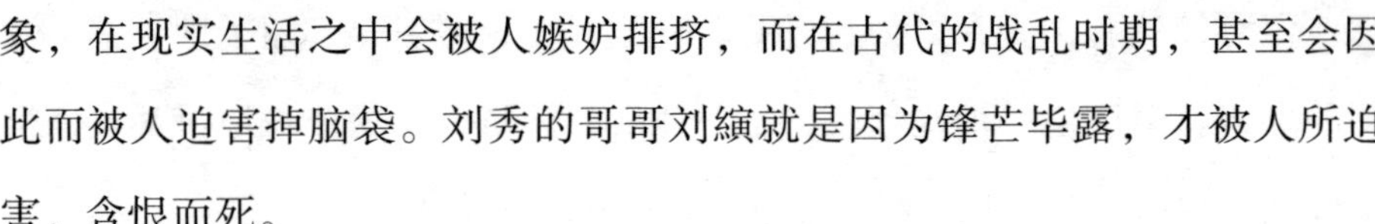

象，在现实生活之中会被人嫉妒排挤，而在古代的战乱时期，甚至会因此而被人迫害掉脑袋。刘秀的哥哥刘縯就是因为锋芒毕露，才被人所迫害，含恨而死。

地皇三年（22年）十月，刘縯在舂陵与刘秀以及宛县（今河南南阳）人李轶在宛县同时起兵反莽。为了壮大起义军的力量，刘縯派其族兄刘嘉去见平林、新市兵首领陈牧、王匡，建议绿林军和舂陵军合兵一处，得到了绿林军的赞同。联合新市、平林兵后，刘縯率三支起义军先攻下长聚（今河南南阳境内），后夺取唐子乡，接着又杀湖阳（今河南）县尉，进占湖阳县（今河南泚原南）。

接着，刘縯率军又攻下了棘阳（今河南新境内）。至此，起义军攻城略地，初战告捷。初战告捷后，刘縯率军进入小长安（在宛县南37里），准备进攻宛县。没想到在小长安与王莽的部将甄阜、梁丘赐率领的大军相遇。其时大雾弥漫，起义军惨遭失败。刘縯的二弟刘仲、姐姐刘元以及族人几十人都死于乱军之中。兵败小长安后，刘縯收拾残军，退守棘阳。这时甄阜、梁丘赐将辎重留在蓝乡（在今河南新野东），引精兵10万，渡过黄淳水（在湖阳县境内），在黄淳水与泚水（在今河南泚阳境内）之间扎营布防，又命人破坏掉来时经过的桥梁，以示不打胜仗不回头。

新市兵、平林兵看到汉军遭到挫败，而甄阜、梁丘赐的军队要大举进攻，纷纷打算逃走，刘縯忧心如焚。正在这时，出绿林山后西入南郡的下江兵又向北折回到达宜秋（今河南唐县西）。刘縯当即决定与下江兵“合纵”，以应付眼前的危局。刘縯带着刘秀等赶到宜秋，要求与下江兵的“贤将军”议大事。下江兵公推王常会见刘縯。尽管成丹等下江兵将领不愿与刘縯合纵，但刘縯说服了王常。下江兵素来敬重王常，便听从其言。于是，刘縯与下江兵将士订立盟约。从此，绿林军的三支武装——平林、新市、下江兵与刘縯兄弟的地主武装春陵军就混合在一起。

合纵下江兵后，刘縯将起义军分为六部，大飨士卒，让士兵休息三天。王莽地皇三年（22）十二月三十日，对绩率起义军夜袭蓝乡，全歼守军，将甄阜留在蓝乡的辎重全部搬到棘阳。第二天，起义军渡过沘水，春陵兵自西南攻甄阜，下江兵自东南攻梁丘赐。梁丘赐猝不及防，首先溃败，甄阜军跟着败亡，起义军急追至黄淳水，莽军被斩首和溺水而死的达两万余人，甄阜、梁丘赐两位大将也被斩首。蓝乡大捷后，刘縯又率起义军大败王莽的纳言将军严尤和秩宗将军陈茂，斩首三千余级，严尤、陈茂败走，刘縯率起义军包围了宛县城。此时，刘縯自号“柱天大将军”。

王莽末年的农民起义军虽遍及全国各地，有的人数多至数十万但并无队伍、旌帜、号召，王莽视其为“饥寒群盗”，不以为然。而刘縯起兵后，以复兴汉室为号召，以兵法治理军队，设置将军，纪律严明，不事掳掠，这才引起王莽的重视。及至蓝乡大捷，甄阜、梁丘赐被斩首后，王莽十分恐惧，以封邑五万户、拜上公、赐黄金十万斤悬赏刘縯的头颅，命长安的官署及天下乡亭皆画刘縯像，贴在门侧，每天早上起来射击画像。

更始称帝后，刘玄命刘秀、王凤、王常等将兵攻昆阳，命刘縯继续围攻宛县城。宛县城守将岑彭坚守不降，刘縯围城数月，直到宛县城内粮绝，以人相食，岑彭才献城投降。更始元年（23年）五月，刘縯和更始帝一起进入宛县城，以宛县城为都。.攻拔宛城后，诸将深恨岑彭，要求将其诛杀，刘縯则认为岑彭作为郡之大吏，拒敌守城，是其本职，当今举大事，正需要这样的义士，便请更始帝加封岑彭。更始帝觉得刘縯所说也不无道理，便听从他的话，封岑彭为师德侯，归刘縯指挥。

平林军攻新野，久攻不下。新野太守登城说：“如果有司徒刘公（刘縯）的一封信，我等就愿降。”后来，刘縯引军至新野，守军即开城门出降。就在刘縯拔宛下新野后，更始元年（23年）六月，刘秀取得了昆阳大

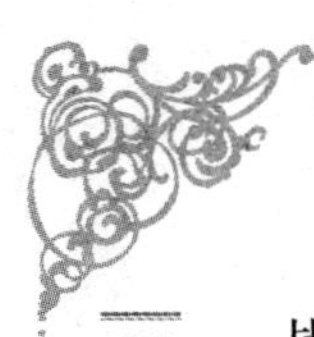

战的胜利。

刘縯兄弟威名日盛，引起了更始君臣的不安。新市、平林诸将秘密建议更始帝除掉他俩。刘秀看出苗头不对，对兄长刘縯说："看情况，更始帝打算跟我们过不去。"劝刘縯多加小心，刘縯一笑了之。李轶原来追随刘縯兄弟，更始称帝后，李轶便追随更始帝及朱鲔等新贵，刘秀提醒刘縯："此人不可再信！"刘縯又不以为然。

不久，更始帝大会诸将，取过刘縯的宝剑观赏，绣衣御史申徒建献玉玦，示意更始帝下令杀刘縯，更始帝怕，未敢发号令。后，刘縯的舅舅樊宏对刘縯说："昔日鸿门上，范增举所佩之玉示项羽，以杀刘邦。日申徒建献玉玦不是有范增之意吗？"这次，刘縯还是不听。

西汉文学家司马相如有一句话："祸患多藏于隐微，而发于人之所忽。"刘縯的疏忽大意，终于酿至杀身之祸。此祸是因刘縯部将刘稷而起。

刘稷也是汉室宗族，此人勇冠三军，数次陷阵溃围。刘玄称帝时，刘稷正带兵进攻鲁阳（今属河南汝州），闻讯大怒："本来起兵图大事的是刘縯兄弟，更始算什么东西？"刘稷的这番话（传到朝廷）自然令更始君臣忌恨。后来，更始帝又任命刘稷为抗威将军，刘稷坚辞不受。更始帝遂与诸将陈兵千人将刘稷拿下，准备以抗命之罪处死。刘縯闻讯，坚决反对。李轶、朱鲔等人趁机建议更始帝说："刘稷抗命乃是刘縯主使的，刘縯也应一同治罪。"于是，更始帝也将刘縯逮捕，并于当天与刘稷一起斩首。

刘秀称帝后，于建武二年（26年），封刘縯长子刘章为太原王，次子刘兴为鲁王。建武十五年（39年），追谥刘縯为齐武王。

所谓"木秀于林，风必摧之"。刘縯就是因为锋芒毕露，才让起义军中其余的统领感到了威胁，从而将其除掉，这不能不给我们一些启示。其实在现实中像刘縯这样的人也有很多，虽说其能力、才学令人钦佩，但就是不怎么受欢迎，不仅得不到老板的赏识和喜欢，同事们也觉得难以相处。这类人总觉得自己高人一等，拒绝他人意见，人际关系淡漠。其实真正的人才除了在业务上出类拔萃之外，还应该有良好的团结协作精神和与人为善的品格。如果不这样，即使他有再大本领，老板也不会赏识他。

一个人有才能，非常难得。但是，有才之人必须自爱，然后人才爱之。有些人往往认为有才就值得骄傲，常常自我感觉良好，趾高气扬，目无上司和同事。他们蔑视同事，对领导的决策不是善意地提出意见和建议，而是不分场合地加以评论，吹毛求疵，以显示自己的高明。殊不知世界上有才而又谦虚的人多得很，而且根本没有离了谁地球就不转的事。所以，这种恃才傲物的人必然是处处碰壁。

因此，在名誉、利益面前，尽量不要表现得过于热衷，以避免成为众人嫉妒、排挤的对象。即使有所追求，也应该在表面上含而不露，通过为人与处世的技巧去赢得大家和领导的认同。要知道，很多事情的成功，正如战场上作战一样，迂回战术要比正面直接进攻有效得多。

在这个社会上，有些人总喜欢炫耀自己，往往认为自己的学识、兴趣高人一等。每遇亲朋好友，就迫不及待地大肆吹嘘自己的心得、经验，却不知这样常令一旁的好友不知所措。

有一次，一位先生约了几个朋友来家里吃饭，这些朋友彼此都是熟识的。他们聚拢来主要是想借着热闹的气氛，让一位目前身陷低谷的朋友心情好一些。

这位朋友不久前因经营不善，关闭了公司，妻子也因为不堪生活的压力，正与他谈离婚的事，内外交迫，他实在痛苦之至。

来吃饭的朋友都知道这位朋友目前的遭遇，大家都避免去谈与事业有关的事，可是其中一位朋友因为目前赚了很多钱，酒一下肚，忍不住就开始谈他的赚钱本领和花钱工夫，那种得意的神情，在场的人看了都有些不

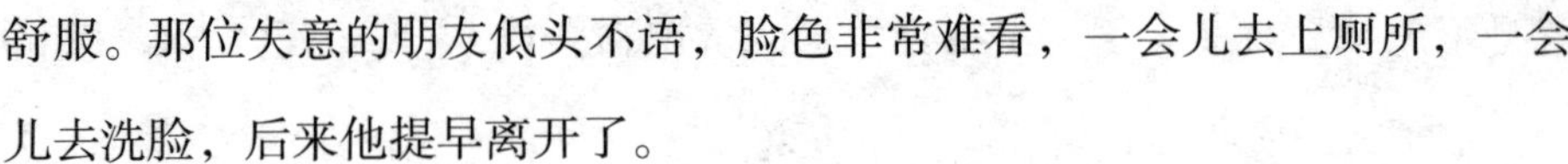

舒服。那位失意的朋友低头不语，脸色非常难看，一会儿去上厕所，一会儿去洗脸，后来他提早离开了。

一出门，他愤愤地说:“他会赚钱也不必在我面前说得那么神气。”

在一生中，每个人都会有处于低谷或者是不如意的时候。因此，当别人失意的时候一定不要在其面前夸夸其谈，否则会让别人伤心欲绝，不仅对自己没有什么好处，更糟的是伤害了别人。

所以在这里特别强调一下，在与人相处的过程中，如果别人正在处于失意状态，千万不能体现出自己的得意。

在生活中有这样一些人，他们干练、敏锐、工作能力强、个人素质也比较高，可称得起为人中骄子。所以，在做事情的时候他们喜欢强势压人，情理当中能办的事办得游刃有余，原则上不能办的事也办得有声有色，所以，凡是可以办得到的，他们都办得到了。但是他们这种做法被很多人所讨厌，所以无形中也带来了很多麻烦。

或许你会问“采用这样的办法不是永远无人知道吗”？事实上，生活中存在很多让人表现的机会，如果自己真有本事，一定要找机会来表现，如果没有什么本领，就要赶快为将来的表现做好准备工作。《易经》上说：“君子藏器于身，待时而动。”无此器最难，有此器不患无此时。锋芒对于你，只有害处，不会有益处。额上生角，必触伤别人，你自己不把角磨平，别人必将力折你的角，角一旦被折，其伤害更多，而锋芒就是人额头上的角啊！

锋芒是刺激别人有所察觉的最有效的方法。然而，从古至今，凡成大事者，个个深藏不露，好像他们都是庸才，其实他们的才能远在你之上，颇有雄才大略却愿意久居人之下，而他们的功业却久立于不败之地。因为他们懂得，一露锋芒，便要得罪旁人，被得罪了的人便成了他的阻力，成为他的绊脚石。四周都是阻力或破坏者，自己就难以立足，哪里还能实现

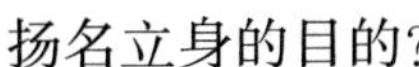

扬名立身的目的?

心理学家告诫：作为一个人，尤其是作为一个有才华和抱负的人，一定要做到不露锋芒，这样既可以有效地保护自我，又能充分发挥自己的才华；不仅要战胜盲目骄傲自大的病态心理，凡事不要太张狂，更要养成忍人让人的美德。

因此，想要在事业上一展才华的人，可以用一点心机巧妙展露，但如果时机没成熟之前千万别锋芒太露。

所谓“花要半开，酒要半醉”，凡是鲜花盛开娇艳的时候，不是立即被人采摘而去，也是衰败的开始。人生也是这样，当你志得意满的时候，切不可趾高气扬、目空一切、不可一世，这样只会给别人以可乘之机。

尺蠖之曲求其伸

当一个人处于实力微弱、处境艰难的时候，也就是受到打击和欺侮最多的时候。这时，忍耐和取信于对方是很有效的办法，这样做可以让对手放松警惕，从而取胜。只有忍常人所不能忍，才有机会得常人所不能得。我们前面讲到了刘縯因为锋芒毕露，而被人迫害致死。而刘秀听到自己的哥哥被害死之后，虽然心中愤恨万分，但是却因为实力不足忍了下来，为自己开脱了罪名，保全了实力，为今后的逐鹿天下奠定了基础，其善于忍耐的能力可见一斑。

刘縯的惨死令多数英雄一掬同情之泪。这位叱咤风云的英雄在他事业的顶峰，死于同一阵营中人的暗害，而他本可以成就更大的事业，并有希

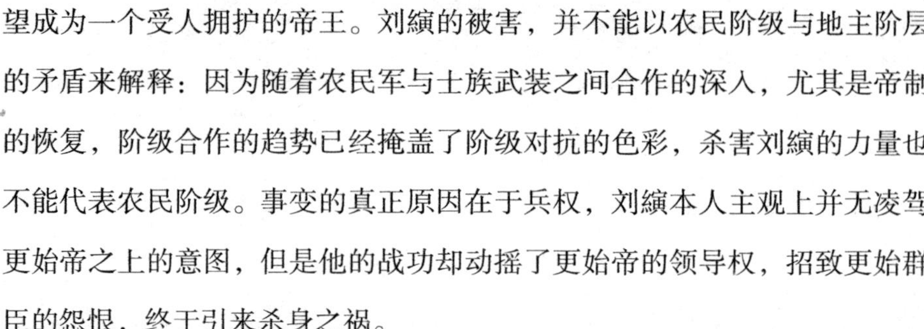

望成为一个受人拥护的帝王。刘縯的被害，并不能以农民阶级与地主阶层的矛盾来解释：因为随着农民军与士族武装之间合作的深入，尤其是帝制的恢复，阶级合作的趋势已经掩盖了阶级对抗的色彩，杀害刘縯的力量也不能代表农民阶级。事变的真正原因在于兵权，刘縯本人主观上并无凌驾更始帝之上的意图，但是他的战功却动摇了更始帝的领导权，招致更始群臣的怨恨，终于引来杀身之祸。

人们也不必回避这样一个史实，即秦汉以来在多次农民战争中，担任首领的多为平民野心家和流氓无产者，他们在历史动乱的大潮中沉渣泛起，利用下层民众的忠厚朴实，掌握了农民武装的领导权。而农民阶级却由于天然的局限，很少能贡献出优秀的领导者来领导民众挣脱枷锁，这是中国农民的历史局限。历次农民起义中内部残杀、自我消耗的悲剧一再地显示了这一致命的弱点。

刘秀听说长兄被杀，陷入了极度的悲伤和痛苦之中。但刘秀在血腥的事实面前没有失去理智，他深知自己面临的危境。更始帝的锋芒已直指向他，而刘秀所掌握的兵力根本无力抗衡。左右思量之后，刘秀终于强忍心中的悲愤，带领几个随从急驰宛城，向更始帝请罪。

到达宛城之后，刘縯的部属纷纷向刘秀吊唁。但刘秀不与一人私下交谈，也不提自己在昆阳大战中的功劳，更不为刘縯服丧，饮食言笑一如往常，不露悲戚之色。他以惊人的毅力和隐忍稳住了更始君臣，逃过了对方的刀斧。他的从容让更始帝也感到惭愧，面对引咎自责、态度谦恭的刘秀，刘玄只得任命他为破虏大将军，封武信侯。

一年之内，刘秀失去了四位亲人，母亲娴都在子女起兵之初病逝故乡，宗亲代为收殓，子女忙于军旅，无以尽孝；二哥、二姐在小长安的战斗中俱赴黄泉；如今长兄又冤死于同一阵营的阴谋。刘秀遭受了常人无法忍受的痛苦，悲不自胜。

刘秀利用惊人的毅力，暗藏了人所不知的志向。在他的心里，与更始君臣早已势如水火，他要寻找机会独树一帜。但大谋需要大忍，他还需要长时间的忍耐。

在刘縯被刘玄杀害时，刘秀正率军在颍阳作战。他对兄长刘縯被杀害，悲痛万分。《东观汉记·光武皇帝纪》说：刘秀“每独居，辄不御酒肉，枕席有涕泣处。”刘縯的死，无疑对刘秀的打击是沉重的。刘秀不仅是刘縯的亲兄弟，也是南阳豪强集团的中坚之一。在更始政权内部，两大集团的斗争已公开化的情况下，刘秀该如何决定他的下一步骤，确实关系到刘秀将来的发展。在更始政权内部复杂的斗争中，刘秀又进一步表现出他遇到大事沉着冷静的气度。他在充分考虑到他自己在更始政权中的处境后，采取了忍让和韬晦的策略。

首先，刘秀尽力隐藏他内心的哀痛。他在接到刘縯被害的消息后，就从他的驻地父城赶往宛城，向刘玄谢罪，“不敢显其悲戚。”在司徒府属官慰问刘秀时，刘秀也连称自己的过错，并且不敢为刘縯服丧，“饮食言笑如平常。”一些亲近他的下属，向他表示同情之意，都被他坚决制止。如《后汉书·冯异传》说：“（冯）异诶叩头宽譬哀情。光武止之曰：‘卿勿妄言。’”由于刘秀采取了这些不寻常的做法，就掩饰住了他内心的不满，就连杀害刘縯的更始帝刘玄，也感到惭愧。这样就使刘秀还能够栖身在更始政权中。

其次，刘秀尽力为更始政权服务。他鉴于自己力量的弱小，只好暂时完全服从刘玄的命令。在刘玄和农民将领面前，“未尝自伐昆阳之功”。因而减弱了刘玄对他的戒备之心。不久，刘秀便被刘玄任命为破虏大将军，封为武信侯。随着起义军对王莽作战的节节胜利，更始政权控制的地区不断扩大。更始元帝（23年）九月，“三辅豪杰共诛王莽，传首诣宛。”更始帝刘玄决定迁都洛阳，刘秀又受到刘玄的重用，“以光武行司

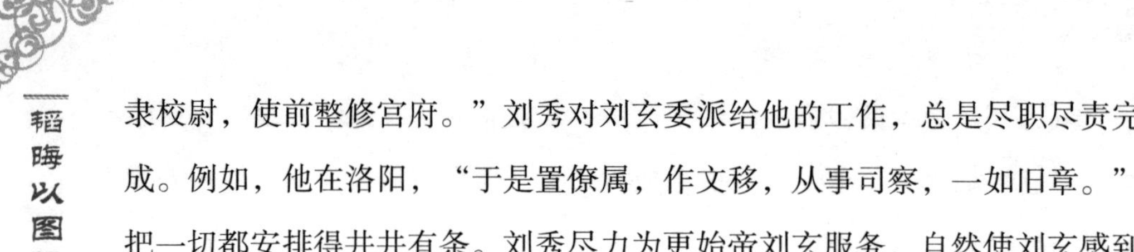

隶校尉，使前整修宫府。”刘秀对刘玄委派给他的工作，总是尽职尽责完成。例如，他在洛阳，“于是置僚属，作文移，从事司察，一如旧章。”把一切都安排得井井有条。刘秀尽力为更始帝刘玄服务，自然使刘玄感到非常满意。

最后，刘秀在暗中则扩大其势力，为摆脱更始政权作准备。他对更始政权的忍让，只是在力量弱小时，为能暂时栖身而采取的掩饰手段。在更始帝刘玄对他放松戒备时，他便在暗中作脱离更始政权的准备。

刘秀遇到机会，便要扩大他的影响。例如，在更始帝刘玄进入洛阳时，《后汉书·光武帝纪上》载：

“时三辅吏士东迎更始，见诸将过，皆冠帻，而服妇人衣，诸于绣镼，莫不笑之，或有畏而走者。及见司隶僚属，皆欢喜不自胜。老吏或垂涕曰：‘不图今日复见汉官威仪！’由是识者皆属心焉。”

刘秀还积极招揽宾客。因为刘秀知道，要成就大业，没有辅佐力量是不行的，所以在他栖身更始政权时，很注意把一些有才能者吸收到自己的周围。《后汉书·冯异传》说：“光武南还宛，更始诸将攻父城者前后十余辈，异坚守不下；及光武为司隶校尉，道经父城，异等即开门奉牛酒迎。光武署异为主薄，苗萌为从事。异因荐邑子铫期、叔寿、段建、左隆等，光武皆以为掾史，从至洛阳。”在这一期间，藏宫“因从光武征战，诸将多称其勇。光武察宫勤力少言，甚亲纳之。”刘秀前往洛阳任司隶校尉，“道过颍阳，（王）霸请其父，愿从。”祭遵“及光武破王寻等，还过颍阳，遵以县吏数进见，光武受其容仪，署为门下史。”这样，在刘秀到达洛阳时，在他的周围已聚集了一些有才干的人。他这样做的目的，正是力图改变他力量孤微的状况。

然而，对刘秀来说，栖身在更始政权中，总不是长久之计。王莽的统治被推翻以后，各地局势混乱，刘秀虽然感到他大显身手的时候到了，可是，他又没有更大的力量，可以公开同更始政权对抗。这样，他便趁更始帝刘玄派官员平定洛阳以外的地区之时，要求前往河北地区。在更始政权中，刘玄虽然对刘秀已没有戒心，可是以朱鲔为首的九位农民将领，始终不放心刘秀。因而当刘赐提议，在诸宗室中刘秀是最合适的人选，并且刘玄也多次打算派刘秀前去河北时，“朱鲔等以为不可。”朱鲔等人反对刘秀前往河北，仍然是他们同南阳豪强集团斗争的继续。他们唯恐刘秀一旦离开洛阳，控制河北，便会成为难以根除的后患。然而更始政权虽然建立不久，但是在刘玄周围，也形成了他自己的亲信集团，他们并不愿意完全受制于农民将领。例如，刘玄的左丞相曹竟和他的儿子曹诩，就甚得刘玄信任，掌握着用人大权。刘秀的亲信冯异劝刘秀“厚结纳之。”因而，尽管朱鲔等农民将领极力反对，可是刘玄听信曹竟父子的建议，还是派遣刘秀“以破虏将军行大司马事”，让他在十月，“持节北渡河，镇慰州郡”。由此可见，刘秀可以前往河北，正是他巧妙地利用更始政权内部错综复杂矛盾的结果。

刘秀以更始政权的名义平定河北，是他发展个人势力之路上迈出的极为重要一步。从此，刘秀便能够根据自己的意志来行动，于是他同更始政权的关系逐渐疏远，这使他逐渐摆脱困境。刘縯被害，刘秀内心十分痛苦，但他也清楚地看到了当时的局势，于是把痛苦埋在心里，选择了暂时隐忍保全自己的性命，为今后自己的雄起做好了准备。

任何人都应当学会“忍”，这是人在生活中必须要学会的一项技能。在任何时候任何人都不可能是一帆风顺的，总是会遇到这样那样的事情，有些事情自己在短时间内解决不了，甚至是需要别人的帮助才能在长时间内加以解决。此时一定要学会忍耐。俗话说“小不忍则乱大谋”，的确那些心高气盛的人，只是逞一时口舌之快，从长远来看，他们失去了很多。在发泄情绪的时候一定会得罪其他的人。如果得罪的人是心胸比较狭隘的

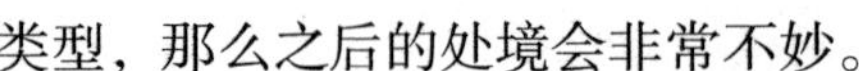

类型，那么之后的处境会非常不妙。

在赞颂西楚霸王项羽的时候，李清照说："生当作人杰，死亦为鬼雄。至今思项羽，不肯过江东。"在这首诗中，虽然饱含豪情，但是给人一种英雄气短的感觉。如果他能够忍受一时之气的话，结局肯定会大为不同的。

而项羽的对手刘邦却把"忍"发挥到了极致。为了将来能够前途似锦，没有什么阻碍，刘邦忍住浮华诱惑，忍住人下之辱，锋芒暂隐，静待转机。或许这就是刘邦取胜，项羽失败的原因吧！

咸阳城内发生的王室之变已经严重影响了秦军的士气。此时正好刘邦招降，众士兵正中下怀，在听说刘邦的军队已经到达武关的时候，项羽心中也是特别着急的。在章邯投降之后，项羽没有任何阻碍，率军火速攻向函谷关。

在十月的时候，刘邦率军已经驻扎在灞上。面对刘邦的进攻，咸阳城内已经没有防卫的能力了。秦王子婴主动投降，这标志着秦王朝正式灭亡。

经过千辛万苦，刘邦终于率领大军进入了咸阳。此时的刘邦对于自身未来的发展充满了信心。当然在突如其来的荣华富贵面前，他特别想享受一番。想起年少时的狂言"大丈夫当如是也"，没想到自己的梦想马上就要实现了。但是，现在还不是享受的时候，因为还有威胁自己的敌人，那就是项羽。在刘邦打算享受的时候，张良等忠臣都竭力劝阻他。

此时咸阳城中遍地都是刘邦的军队，他们打开府库，分金取银。而萧何则带人进入丞相府中，将秦朝的有关档案资料运到军营里。刘邦走进秦王宫中，观赏着富丽堂皇的景象。

咸阳城中的百姓对刘邦和抢钱拿物的将士们自然不会有好的评价。但是对于抢秦朝档案资料的萧何却大为称赞。正是依靠这些档案资料，萧何才掌握了秦朝的法律制度、关口要塞、全国户口、各地经济……这些都为刘邦打败项羽，建立汉朝发挥了重要作用。所以，李贽在《史纲评要》中称萧何是宰相之才。

当然，刘邦听从张良的劝阻还军灞上是非常正确的。翦伯赞《秦汉史》说：“咸阳城里，烧杀淫掠，已经乱作一团，面对这种情况，张良觉得实为不妥，所以才劝刘邦还军灞上。”

此时回到灞上的刘邦已经清醒过来，认识到自己虽然已经具备了在关中称王的实力，但是距离这个理想实现还是有一段距离的。后来事实也证明了，虽然自己有称王的实力，但是缺少应有的支持。对于这种情况，刘邦回到灞上之后，发表了这样一篇讲话，这在《史记·高祖本纪》中都有记载，即“（刘邦）召诸县父老、豪杰，曰：‘父老苦秦苛法久矣’，诽谤者族（灭族），偶语者弃市（杀头）。吾与诸侯约，先入关中者王之，吾当王关中。与父老约法三章耳：杀人者死，伤人及盗抵罪。余悉（全）除去秦法。诸吏人皆案堵（安居）如故。凡吾所以来，为父老除害，非有所侵暴，无恐！且吾所以还军灞上，待诸侯至而定约束耳。”

这段话就是中国历史上著名的约法三章，同时也是刘邦的政治宣言书。这个宣言使刘邦笼络了更多的秦民。刘邦果然大获人心。

正是因为“忍”，刘邦才能够在乱世之中打败项羽。在赢得民心方面，项羽远远比不上刘邦。项羽嗜杀成性，不管对方是否投降，一律斩杀。他曾经在一夜之间就杀害了20万秦军，这件事情使项羽在秦民中臭名昭著。

与项羽做法相反，刘邦与秦地父老约法三章，具体到底是谁对、是谁错，大家都会心知肚明。刘邦轻易就为自己赢得了百姓的信任。虽然项羽比较勇猛，但是说到做一国之君的话，他还是有点欠缺的，因为过于鲁莽，显得不稳重。所以刘邦才能够顺利打败项羽。

刘邦还军灞上是为了向项羽宣布“我刘邦没有做王的野心”。其实

这并不是刘邦自己想出来的，而是身边的谋士们给他出的主意，或许当时并不如自己所愿，但是还是执行了。最初在听从了参谋辕生的建议后，他派了一支小队伍守住函谷关，没有得到他允许任何人不允许进入关内。起初，这件事情并没有被张良和萧何知道，甚至樊哙、周勃、曹参等都不知情。这一步，刘邦走的真是太险了。这种做法加大了刘邦与项羽之间的矛盾冲突，所以才有了历史上著名的鸿门宴。

究竟在这个令人唏嘘不已的鸿门宴上，刘邦是如何脱离危险的呢？项羽心高气傲，是一个最不能“忍”的人，在他得知刘邦进驻关中之后，特别生气和暴躁。他不可能允许刘邦提前抢占先机的，因此项羽在很短的时间内就攻破了刘邦在函谷关设下的兵力，来到关中。

当然，在函谷关这样一个地势险要的地方，如果刘邦打算阻止项羽的军队进入是可以做到的，但是项羽还是入关了。在项羽入关这件事情上，刘邦应该是心有顾忌的。也许他这样做只是表明自己想做君王的心思。然而，他的谋士们认为即使是打算做君王也不能把想法提前展现出来，这是没有好处的。可见刘邦的脾气秉性没有多大的变化。

有了这一次教训，刘邦在“鸿门宴”中彻底采用了“忍”字哲学。这一场心理战，决定了最后的结局。我们看看两人的表现有什么样的不同。刘邦在得知项羽要进攻的时候，镇定地用谎言骗住了项羽，使得项羽留给了刘邦一条生路。而项羽始终是轻敌的，尤其忽视了刘邦这个手下部将。他认为以刘邦的兵力，绝对不是他的对手。但是刘邦不跟他斗勇，他喜欢斗智。

这就注定了项羽的悲剧命运。就勇猛来说，项羽力拔山兮气盖世；就智慧来说，项羽也不乏胆识与聪明；就实力来说，项羽是一代霸王，有过众望所归的气势。然而就是一个不能忍，破坏了全部的计划，影响了最终的结局，可见忍字的力量无穷无尽。

实力不足需妥协

“妥协”是双方或多方在某种条件下达成损益不对等的结果，它是一种暂时性的策略，是一种韬晦之法。在解决问题上，它不是最好的方法，但在更好的方法出现之前，它却是最好的方法。

刘扬是正宗的刘氏宗室，世代经营真定，又手握重兵，被称为“真定王”。在刘秀与王郎的较量中，真定王刘扬无疑起着举足轻重的作用。

刘秀冷静地分析了形势。他认为，必须拿下刘扬，否则讨伐王郎没有多大希望。怎么拿下刘扬，他认为无非上、中、下三策。

下策当然就是硬打死磕，从力量对比来看，要想取胜实在是有些困难。即使讨王军有卓越的统帅和智勇兼备的将士，能制定实施高超的军事谋略，甚至最后能以智取胜，也势必付出极为惨重的代价，不到万不得已不能走这一步，但要做好这样的准备。

中策则是边打边谈，但是这招儿用起来似乎不具备条件。因为刘扬为人极为谨慎多疑，所以在交战的过程之中派人和谈是很难取得效果的。

而所谓的上策就是说降，不战而屈刘扬之兵。不过，这种可能比之中策还要难上很多。

刘秀认真分析了形势和刘扬的为人、处境，觉得刘扬并非完全没有争取的可能，决定派刘植以刘氏本家的名义去真定说降刘扬，先试一试再说。

不料，刘植马到成功，很快回来复命：刘扬对刘秀的德才十分钦佩，答应归顺。但是，刘植也带回来刘扬的唯一条件：刘秀必须娶刘扬的外甥女郭圣通为妻。

刘植还将郭圣通的家庭背景及个人条件也做了详尽的介绍。

郭圣通，藁城（今河北石家庄东南）人，家里世代为当地大姓人家。她的父亲郭昌曾经把价值数百万的田宅财产让给自己的异母弟弟，在当地广受称赞。

郭昌官至郡功曹，娶了真定恭王的女儿为妻，号“郭主”，生了一个女儿就是郭圣通，一个儿子名叫郭况。

这个真定恭王就是刘扬的父亲，刘扬就是郭圣通、郭况的舅舅。

郭昌去世早，郭主就带着女儿、儿子住在娘家。

郭主好礼节俭，有母仪之德，加上她“王家女”的特殊身份，所以既保持了郭家长期兴旺的态势，也把孩子教育得知书达理。

由此可见，郭圣通是个不同凡响的姑娘：家庭背景深厚，也是金枝玉叶；血统高贵，身上流淌着一半前汉皇族的血液；她本人还受过良好的教育。

刘秀内心一定是经过复杂的考虑和激烈的斗争，因为他已经有了妻子，而且还是他的至爱——阴丽华。自公元23年6月结婚以来，他与阴丽华聚少离多，而他对阴丽华的眷恋则始终如一。

但是现在，严酷的政治现实摆在面前，自身优秀的郭圣通就在前面等着，态度强悍的刘扬正等着回话，怎么办?

刘秀犹豫之际，刘植说：“我已经自作主张，代您答应了这门亲事。”

刘植认为，刘秀已经别无选择。刘秀最终也应下了这门婚事。

公元24年3月，春回大地，万物复苏。在真定郭家世代居住的位于漆里豪宅中，里里外外张灯结彩，到处都是喜气洋洋，刘秀与郭圣通在这儿举行了盛大的婚礼。这场婚姻标志着刘秀与刘扬、郭氏两家地方实力派正

式结成联盟。

大婚之日，刘秀、刘扬大摆宴席，款待讨王军诸将士。刘扬极为兴奋，在宴席上亲自奏乐唱歌，表示祝贺。

刘秀很满意，他得到了急需的10多万精兵。这些精兵对他来说，足以让他傲视天下了！刘扬很满意，他为外甥女找了个极其优秀的夫婿，几乎等于自己多了个极其优秀的儿子。

刘扬一手拨开更始，一手拨开王郎，最终挑上了刘秀，这是个搭上所有人性命和前途的大赌博：他无论归顺更始，还是归顺王郎，自己最多是个功臣，弄不好就会一损俱损；如果通过联姻做了刘秀的舅舅，将来刘秀有的一切，自己都会拥有！

刘秀在自己实力不足的时候选择了向刘扬妥协，不仅抱得美人归还多了10万的精兵，从而在与王郎对峙的情形下增加了获胜的筹码，可谓是一举两得。其实暂时的妥协不是懦弱胆怯，而是给自己找个保险的出口，已备后战。在有些时候，奋起抗争不起任何作用，反而会使事情向更不利的方向发展；如果退而选择用百倍的忍耐为既定目标暗中积蓄力量，则会获得更好的效果。妥协是通往成功的曲折道路，是在冷静中窥视时机，然后准确出击。

隋朝的时候，隋炀帝十分残暴，各地农民起义风起云涌，隋朝的许多官员也纷纷倒戈，转向农民起义军。因此隋炀帝的疑心很重，对朝中大臣，尤其是外藩重臣，更是易起疑心。唐国公李渊（即唐太祖）曾多次担任中央和地方官，所到之处，有目的地结纳当地的英雄豪杰，多方树立恩德，因而声望很高，许多人都来归附。这样，大家都替他担心，怕他遭到隋炀帝的猜忌。

正在这时，隋炀帝下诏让李渊到他的行宫去晋见。李渊因病未能前往，隋炀帝很不高兴，顿生疑心。当时，李渊的外甥女王氏是隋炀帝的妃

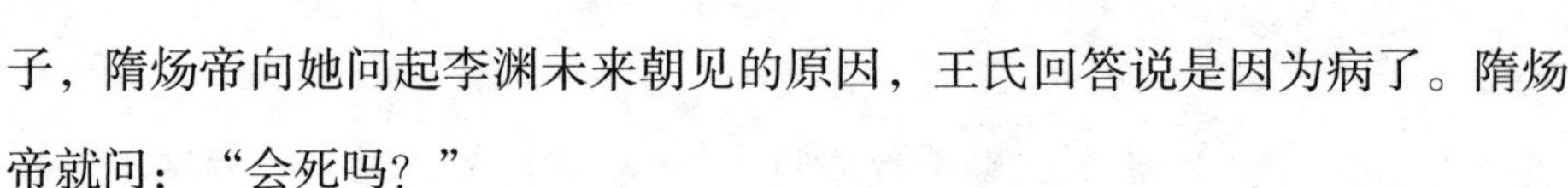

子，隋炀帝向她问起李渊未来朝见的原因，王氏回答说是因为病了。隋炀帝就问："会死吗？"

王氏把这个消息传给了李渊，李渊更加谨慎起来。他知道隋炀帝对自己起疑心了。但过早起事又力量不足，只好低头隐忍，等待时机。于是，他一面向隋炀帝表示忠心臣服之意，一面故意广纳贿赂，败坏自己的名声，整天沉湎于声色犬马之中。此举颇见效果，隋炀帝放松了对他的警惕。

试想，如果当初李渊不主动低头，或者头低得稍微有点勉强，很可能就被正猜疑他的隋炀帝除掉了，哪里还有后来的太原起兵和大唐帝国的建立？

每个人都能准确地回答这些问题：将拳头笔直伸着打人有力呢，还是先将拳头收回来再打出去有力呢？是身体笔直跳得高呢，还是先将身体蹲一下跳得高呢？这是生活常识，没有人会答错。先退后进，以退为进其实也是办事常理，但却不是每个人都能运用自如的。

为什么呢？对别人委曲求全是件很没面子的事。许多人宁可折断腰杆，也不肯让面子稍稍受损。这当然也是一种生活态度，无可厚非。但那些干大事的人却另有选择。

汉高祖刘邦曾率军讨伐匈奴，被打得大败。刘邦死后吕后主政。匈奴冒顿单于想趁机攻打汉朝，只是苦于师出无名，便送来一封信，想激怒吕后挑起战事。信中说要娶吕后为妻，代替刘邦当皇帝。

吕后大怒，想斩掉来使，立即出兵。大将樊哙气愤不平，表示愿领兵10万，"横扫匈奴"。这时，名将季布坚决反对出兵，他的理由是：现在高祖刚去世，国内人心未定，战争的创伤尚未平复，怎么能因一时之辱，置天下安危于不顾呢？

吕后冷静下来，觉得季布的话很有道理，于是就命人写了一封非常谦卑的信：

“大王不忘怀于我，给我来信，想我年老色衰，发齿脱落，行步失度，哪配得上大王您呢？现在奉上我平日乘坐的御车两辆，良马八匹，给大王乘坐。”

冒顿也是一代英雄，见了此信，找不到出兵的借口，只好暂时打消了大举入侵中原的念头。

妥协是在不利形势下所作的明智选择。斗争处于劣势时，对方往往提出无理要求，我们只好暂时让步，满足其要求，以待危机过去再解决。这样不仅给自己赢得了时间做更充分的准备，还能削弱对方的锐气，使得整个形势向自己有利的方向发展。

妥协同样也是要把握火候，适度进行的。只有在采取进攻手段实在不能奏效的时候才能采用的，迟了早了都是有弊端的；而且不能为了妥协而妥协，我们最终是想要成功的，所以只要看准机会就要及时反攻，以取得最后的胜利。

暂时的妥协不是懦弱胆怯，恰恰是自己找个保险的出口，以备后战。

有小舍终有大得

人们常说：有舍才有得，但是现实中却很少有人能够做到这点，很多人为了一点蝇头小利斤斤计较、不依不饶，又何来舍得一说。然而但凡敢于舍得的人，往往会得到更多的收获，敢于舍得是一种胸怀，更是一种智慧。

樊宏的祖先是周朝的仲山甫，仲山甫受封于樊（今陕西长安南），便用樊作姓氏，从此樊家便成为此地一个有名的大家族。

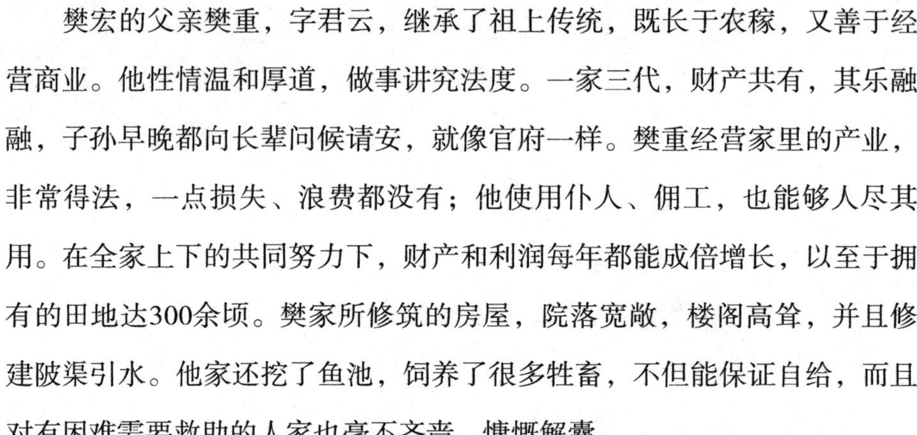

樊宏的父亲樊重，字君云，继承了祖上传统，既长于农稼，又善于经营商业。他性情温和厚道，做事讲究法度。一家三代，财产共有，其乐融融，子孙早晚都向长辈问候请安，就像官府一样。樊重经营家里的产业，非常得法，一点损失、浪费都没有；他使用仆人、佣工，也能够人尽其用。在全家上下的共同努力下，财产和利润每年都能成倍增长，以至于拥有的田地达300余顷。樊家所修筑的房屋，院落宽敞，楼阁高耸，并且修建陂渠引水。他家还挖了鱼池，饲养了很多牲畜，不但能保证自给，而且对有困难需要救助的人家也毫不吝啬，慷慨解囊。

南顿（治今河南项城西南）县令刘钦是西汉王室的后裔，虽然家庭并不富有，但樊重并不在意，仍把自己的女儿嫁给了他。樊氏嫁给刘钦后，生下了三个儿子：刘縯、刘仲、刘秀；三个女儿：刘黄、刘元、刘伯姬。

樊重曾经想制作一些家用器物，便预先种下了梓树和漆树。当时的人们都对他的做法嗤之以鼻。过了几年，梓树、漆树都成了材，便派上了用场。过去那些耻笑他的人，现在都反过来向他借这些东西。樊重家产巨万，但他从不吝啬，经常周济本家同族，施惠于乡里。樊重的外孙何氏，兄弟之间为了一些财产而争斗不已，樊重对他们的行为感到羞耻，索性送给他们两顷田地，从而平息了这场纠纷。本县的人都称道樊重的行为和品德，将他推为三老。

樊重在80多岁的时候去世，他平素借给别人的钱财多达数百万，他在遗嘱中告知子女们，将那些有关借贷的文书契约全部烧掉。向他借贷的那些人听说后，都感到非常惭愧，争先恐后地前去偿还。樊重的孩子们都谨遵父亲的遗嘱，一概不接受。

在其父的影响下，樊宏年轻时便已有远大的志向和优秀的品质。

新莽末年，连年灾荒，各地农民揭竿而起，刘縯、刘秀兄弟也聚众起义。刘縯与族兄刘赐带兵攻打湖阳，县府坚守其城，久攻不下。由于樊宏是刘縯的舅舅，刘赐的妹妹又是樊宏的妻子，湖阳县府此时便把樊宏的妻子和儿女都抓了起来做人质，命令樊宏出城叫刘縯等人退兵。樊宏对新莽的统治早已心生怨恨，于是一出城，他便投靠了刘縯的起义军。负责守备湖阳的统帅见樊宏"背叛"，便要杀樊宏的妻儿，以解心头之恨。但湖阳县府的官吏及长者却不同意，他们认为樊重父子素有德行，对湖阳县百姓有恩，樊宏虽然有罪，但他的妻儿是无辜的，而且此时刘縯兵力日盛，湖阳人心惶惶，如果非要杀他们，那么势必会引起城内百姓的不满。就这样，樊宏的妻儿才免于一死。

更始帝即位后，看在樊宏是刘縯、刘秀舅舅的分上，准备任命樊宏为将军。樊宏觉得官场险恶，不愿深陷其中，便磕头辞谢，说："草民不过一介书生，对军事一窍不通，请陛下收回成命。"更始帝见他去意已决，便同意他回归乡里。

回家后，樊宏将附近乡里百姓1000多家聚集在一起住，并带领大家在周围修筑营垒壕堑，以作自卫。那时候，赤眉军在唐子乡抢掠牲畜，残害百姓。正当他们准备攻打樊家营垒的时候，樊宏派人送去一大批耕牛、酒和米谷，以示慰劳。赤眉军中的长老以前也知道樊宏仁厚，此时便劝赤眉军统领说："樊宏素来行善，而且现在如此待我们，我们怎能忍心再去攻打他呢？"于是引兵而去，樊氏一族这才免于一场寇乱。

光武帝即位后，任命樊宏为光禄大夫，位特进，仅次于三公。建武五年（29年），封他为长罗侯。建武十三年（37年），封樊宏的弟弟樊丹为射阳侯，樊宏兄长之子樊寻为玄乡侯，族兄樊忠为更父侯。建武十五年（39年），又定封樊宏为寿张侯。建武十八年（42年），光武帝南下祭祀章陵，路过湖阳，特意祭奠了樊重墓，并追封爵谥为寿张敬侯，还在湖阳立了樊重庙。由此以后，光武帝每逢车驾南巡，都要参拜樊重墓，并且在此赏赐公卿，大会百官。

樊宏为人谦恭和顺，谨慎行事，从来不以阿谀奉承去谋取功名利禄。他经常告诫子孙：“凡是大富大贵、财禄盈溢的人家，没有几个能保善终的。我也喜欢荣华权势，但是若为了这些不择手段，那么天理难容。以前那些贵戚的下场，就是对我们的告诫啊。只要我们全家老少平平安安，就已经是不幸中的万幸了。”

此外，樊宏对各种事情都很谨慎，不让他人从中抓到一点把柄。每逢朝会，他总是第一个到达，俯伏待事，直到皇上说“众卿平身”，他才敢起来。光武帝知道后，便经常敕令他的随从，在即将上朝时才告诉樊宏上朝的事，而不让他提前到达。樊宏上疏陈述应办的事情及其得失时，总是亲手书写，并将草稿烧掉。遇有朝会咨询，他也从不当众表露意见。家里人受其感染，从没有人犯过法。

光武帝非常尊重樊宏，后来樊宏病重，光武帝亲临问候，并且在樊家留宿，问樊宏还有什么要求。樊宏忙支撑着病体，给光武帝磕头，说：“臣无功而享受皇上的封赏，恐怕子孙不能报答皇上的大恩大德，令臣抱憾九泉。臣恳请皇上收回臣‘张寿’的封号。”光武帝知道此乃樊宏发自肺腑的请求，但终未同意。

建武二十七年（51年），樊宏去世。临终前，他立下遗嘱，要求薄葬，陪葬之物，一概不用。而且他认为棺柩一经埋葬，便不宜让后人看到，若有腐朽，则恐怕会伤了孝子之心，便吩咐与夫人同坟异穴。

光武帝听到樊宏的这般遗嘱，对他大加赞赏，并将遗书传示百官，说：“如今若不遵从樊宏的遗嘱去办，就无法显示他一辈子遵行的仁义之举。在朕百年之后，也要采用这种方法。”于是光武帝赐葬钱千万，布万匹，给樊宏加谥为“恭候”，赐以印绶。光武帝还亲自送葬。其子樊倏嗣爵。

有舍才有得，有小舍有小得，有大舍有大得，樊宏敢于舍得万两金，最终换来万户侯。我们常说，该出手时就出手，这表现了我们的勇气和胆识，然而，该放手时敢放手则是更大的智慧和胆魄。生活中的人往往执着于获得，一旦得到就很难放下，哪怕要为保存所得到的东西付出更大的代价也在所不惜。但事后在大脑清醒的状态下，就会意识到这种获得真的是得不偿失。

一天，一位家庭主妇正在厨房里做饭时，忽然听见从客厅里传来4岁的儿子非常恐慌的呼救声，她赶快跑到客厅，发现原来儿子的手卡在一个花瓶中出不来了，因此痛得哇哇直叫。她想帮儿子将手从花瓶中拉出来，可无论让儿子怎么变换姿势尝试就是不行。

看着儿子脸上挂满了泪水，她只好找来一个锤子，小心翼翼地把花瓶敲破了，儿子的手终于出来了。这时她看到儿子的小手紧紧攥成了一个拳头，怎么也不松开。于是，她将儿子的拳头小心地掰开，发现儿子的小手里紧紧攥着的却是一枚5分钱硬币。这让她哭笑不得，因为刚刚被她敲碎的，是一个价值3万元的古董花瓶。

原来，淘气的儿子不小心将几枚硬币扔进了花瓶，他想把硬币取出来，可由于紧紧攥住硬币的拳头大过了瓶口，于是就怎么也出不来了。她不由问儿子："你怎么不把手松开，放下硬币呢？那样的话你的手很容易就可以出来了！"儿子的回答却是："妈妈，花瓶那么深，我怕一放手，它就跑掉了啊！"

在生活中，我们在处理事务的时候，往往也会像故事中的小男孩一样，紧紧地抓住自己的"硬币"，结果却败坏了大事情，损失了我们的"花瓶"，这是有悖于我们的初衷。然而，当我们面临很多选择的时候，常常是不能够明确孰轻孰重，舍不得放下那一点点的拥有。

其实，我们常常都会犯这样的错误：抓住了什么就不愿意松手，总是紧紧攥住手里的"硬币"。殊不知，很多人正是由于将手中的东西抓得太

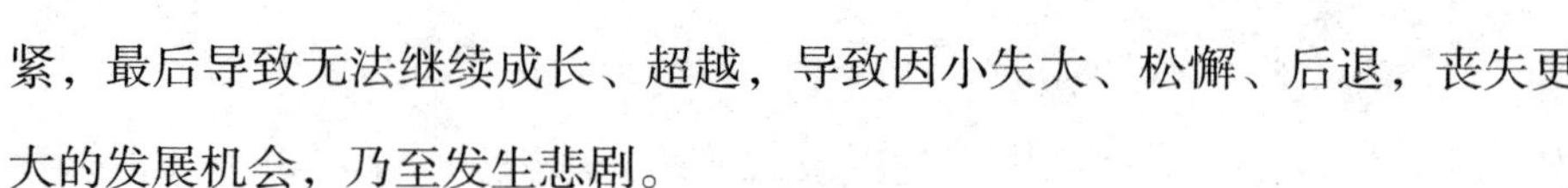

紧，最后导致无法继续成长、超越，导致因小失大、松懈、后退，丧失更大的发展机会，乃至发生悲剧。

在印度的热带丛林里，人们用一种奇特的狩猎方法捕捉猴子：在一个固定的小木盒里面，装上猴子爱吃的坚果，盒子上开一个小口，刚好够猴子的前爪伸进去，猴子一旦抓住坚果，爪子就抽不出来。人们常常用这种方法捉到猴子，因为猴子有一种习性，就是不肯放下已经到手的东西，人们总会嘲笑猴子的愚蠢：为什么不松开爪子放下坚果逃命？

在嘲笑小猴子的同时，我们应该审视一下自己，是否也在犯同猴子一样的错误？因为放不下到手的职务、待遇，有些人整天东奔西跑，耽误了更远大的前途；因为放不下诱人的钱财，有人费尽心思，利用各种机会去大捞一把，结果常常作茧自缚；因为放不下对权力的占有欲，有些人热衷于溜须拍马、行贿受贿，不惜丢掉人格的尊严，一旦事情败露，后悔莫及……

“松开手，你可以拥有更多”，这不仅是能够看清形势的敏锐，而且是能够远观未来的眼光，是分清轻重缓急的策略，也是能够抓大放小的变通。只有适时放下，才能获得更多，或者损失更小，才能清除阻碍自己发展的因素，放下手里的“硬币”不仅十分必要，也是一种大智慧！让我们牢记这个办事规则：适时放手！

在我们日常行事当中的选择也是如此，你必须有所选择，有所取舍，因为你不可能选择所有的东西。有许多时候，一旦你选择某个事物，你就是在同时放弃另一个事物。

许多人都希望用最少的资源做最多的事情。这种想法本身并没有错，而且大多数的组织都是如此的。事实上，我们的确也应该树立远大的目标，因为没有远大目标，是无法取得成功的。但是，我们时刻不要忘记了普希金《渔夫和金鱼的故事》。在现实生活中，还有另外一个事实：我们的资源是有限的，我们的能力是有限的，我们的认识也是有限的，但是我们的欲望是无限的。这必然会导致一个矛盾：无限的欲望和有限的能力之间的矛盾。如何解决这个矛盾呢？唯一的办法就是将有限的能力运用到最值得做的事情当中去，这也就意味着，你必须把无限的欲望限制在有限的范围之内。所以，我们必须学会如何判断取舍，我们一定要知道：只有放弃，我们才能真正得到。

以比尔·盖茨为例，他的实力完全可以做房地产，甚至可以购买纽约，但是，他专注于自己的操作系统、软件开发，而不被别的市场诱惑所吸引。比尔·盖茨最聪明的地方不是他做了什么，而是他没有做什么。也就是说，他的智慧正反映在他所放弃的东西上！

这种智慧并不是每一个人都有的，也许我们看到这个例子，会很轻巧地说："如果我是比尔·盖茨，我也会像他那么做！"但是，事实上，我们大多数人并没有这种智慧，因为我们只有在事后才知道，哪些事情是我们不能做到的，哪些事情是我们能够马上做到的，哪些事情是需要我们经过艰苦的努力才能做到的。我们在做事情的开始阶段，总是觉得所有的事情都是可以做到的，而且所有的事情对我们都有同样的吸引力，我们一个欲望都不舍得放弃，我们想实现所有的理想。

这实际上是一种贪婪，贪婪会使人丧失理智，俗话说"利令智昏"，的确如此。这里的利就是你贪婪的欲望，这种贪婪使你无法冷静地判断形势，最终导致你的失败。毫无疑问，你可以严格地要求自己，你可以尽可能地发挥你的潜力。但是，坦率地讲，如果你总是想做超出自己能力的事情，最后的结果肯定是无法将所有要做的事情完成，甚至是一件事情都做不成。你的要求、你的欲望与你拥有的资源、能力之间如果存在差距，最终你得到的结果，可能会与你的预期目标或欲望有距离。如果仅仅是这样倒也罢了，最为可悲的是，因为你的贪婪，你本来可以轻而易举获得的成功，也可能因你的贪心而失去。道理很简单，因为你的贪婪导致你力量的分散，你本来可以通过集中资源做到的事情，因为分散了力量，最终也做不到，或者做得比原来要差。有一句古老的谚语："要求的越多，得到的越少。"有很多公司，在开始阶段都经营得很好，但是公司的老板被错误的形势所迷惑，一味地扩大规模，最终导致新的业务不能完成，旧的业务也完全失去了。他本来的目的就是多取得，结果却连他所拥有的都失去了。我想，我们在阅读《渔夫与金鱼的故事》时，不要仅仅嘲笑那个妇人的贪婪，我们更应该反思一下自己，我们在日常生活中所做的事情，不是总和那个妇人一样吗？

那么，我们应该怎么做呢？很简单，你时刻不要忘记自己的局限性，应该清楚自己"能做什么"。把做不了的一些事情舍去不做，忘掉那些"不可能"或"不理智"的目标或欲望。

我们习惯性的行为方式往往是，除了正在做的事情外，总是想不断增加一些新的、额外的事情。我们必须记住，这其实是一个陷阱，因为你在扩大自己行事范围的同时也包含着风险。如果你不想错过任何机会，你就可能会错过所有的机会。正确的行动应该是有意识地、系统地纠正这种习惯，反思自己的目标，最后确立自己的目标！

第三章 DI SAN ZHANG 等待时机，厚积薄发

古人云：“取天下与守天下，无机不能。”可见机遇的重要性。机遇是人一生中绝佳的时机和契机，凭借着机遇，就能够改变现状，改变命运。所以想要获得成功，就要善于发现机遇，驾驭机遇，抓住机遇，借着时代的趋势，走向成功。所谓“应运而生”“时势造英雄”，无论是“运”，还是“势”都是“机遇”的另一种符号。成功的人，他的成功之处就在于他能够把握住人生的机遇、时代的脉搏。刘秀在乱世之中脱颖而出，和他善于抓住机遇是分不开的。

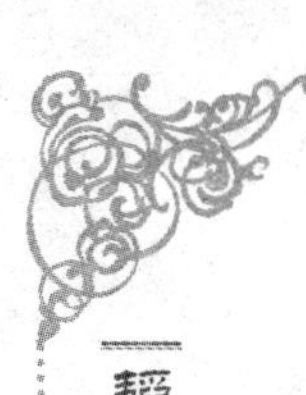

等待时机莫心急

每个人都渴望成功，但是成功的机会却并不多，这就使得机遇愈加显得珍贵。但是我们要明白的是，欲速则不达，心急吃不了热豆腐。机遇固然重要，但是更重要的是要有等待时机的耐心，时机不成熟，很容易造成自己的失败，所以我们在机遇来临之前，一定要耐心等待时机。

刘秀的哥哥刘縯一直就是勇武之人，在新朝建立之后，就一直暗暗地积攒力量，准备反抗新朝的统治。然而刘家毕竟已经没落，刘縯的养士直接的问题就是经济的来源，于是刘縯为首的一群人免不了会做一些劫富济贫，顺便改善一下自己生活的事。常在河边走，哪有不湿鞋，虽然官府并不敢直接治理像刘家这样的豪族，但是也不能太过分。一次事情败露，有人告知了官府，为了息事宁人，官府也要像模像样的张榜缉盗，刘縯决定先出去躲一躲风头，但是家不可一日无主，刘秀就主动出来，顶认了这件事情，并出门潜逃了。

说是潜逃，其实刘秀并没有走远，而是躲到了离家很近的在新野的姐夫邓禹家。在邓禹的眼中，刘秀不仅才学出众，勤劳能干，而且颇有胆识、抱负，还能适应各种环境，为人秉持着不卑不亢的态度，刚柔并济，是个可以值得充分信赖，最终能够成就一番事业的年轻才俊。

有一天，邓禹和刘秀乘同一辆车出游，在路上恰巧碰上了朝廷的使者。按照当朝的交通规矩，他俩理应马上下车，回避让出道路。可是他们没有回避。这个使者恰巧对这些方面非常在意，见状恼羞成怒，咆哮着出言，对他们辱骂不休。

刘秀见状，灵机一动，谎称自己是临近江夏郡的官员，邓禹是一位侯国丞，正在赶往处理紧急公务的路上。

哪知使者却不上当，一口咬定二人冒充了朝廷命官，要把他们抓去治罪。

就在这危急关头，时任新野县宰路过此地。他和邓禹是旧识，就帮二人求情一番，才使他们逢凶化吉。

这件事给邓禹留下的印象非常深。他觉得，刘秀是成大事者，终非池中之物，只在他身边，即使遇上天大的灾难，也总能遇事化吉。

刘秀一直躲在邓禹这里。这时虽然天下大乱，却不是每处都乱，还有一些地方官员在维持自身辖区的秩序。这些有责任心的官员们认为，江山归谁所属是朝廷的事，而无论谁做皇帝，自己只要一天为官，就得将维持秩序作为首要责任。

新野县宰就是这样一位官员。

他当下就下令把抢劫案关系人刘縯的弟弟刘秀捉拿归案。

新野与蔡阳同属一郡，如果刘秀真想逃跑，大可跑到更远一些的地方去。也许是他身正不怕影子斜，他竟待在了新野，不光如此，还公开露面，每天做着生意，并且大肆出入各种公众场合。他这样的表现，似乎是很不把官府放在眼里。

由于当时的治安环境很差，可以说是“寇盗蜂起”，地方当局为了维护治安，不得大肆查办犯罪事件，并且加以严办。捉拿刘秀的主要目的就是为了追拿刘縯。

刘縯一心兴复汉室，并把这作为自己的志向，这时已是南阳乱党中领军头目，自然成为了一些新莽官员的眼中钉、肉中刺。他行侠仗义，不善

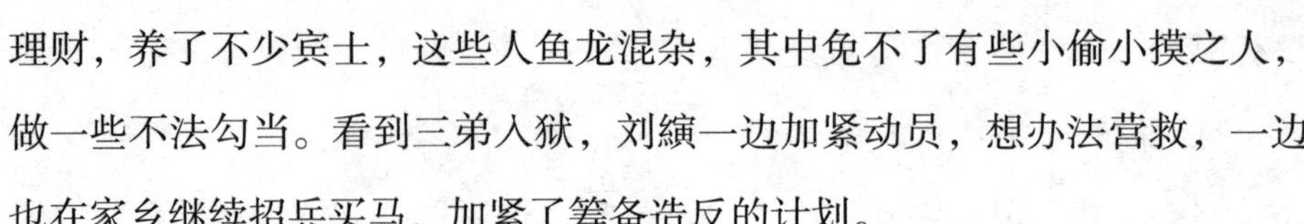

理财，养了不少宾士，这些人鱼龙混杂，其中免不了有些小偷小摸之人，做一些不法勾当。看到三弟入狱，刘縯一边加紧动员，想办法营救，一边也在家乡继续招兵买马，加紧了筹备造反的计划。

邓禹也非常不安，动用了手头力量，去营救刘秀。刘秀在狱中确实吃了不少的苦头。新野县宰想拿刘秀兄弟开刀，杀鸡儆猴，看能不能让其他不安分的人以儆效尤，就吩咐手下：一定要对刘秀动用酷刑。当时，大多衙门都是这样，如果你仅有理、没有钱，打官司是没有胜算的，即使有钱，进了监狱，不分青红皂白，先给你动用一番大刑。

刘秀在狱中被酷刑折磨，还经常没有饭吃，在生死边缘挣扎。此时，新野县衙一个名叫樊晔的机关干部（市吏），在生死关头给了他一丝温暖。樊晔是新野本地人，在县衙任职，在新县尉手下为官。他平日在县中就以公正严谨而闻名。他与刘秀萍水相逢，互相不认识，但却耳闻了刘縯兄弟为人处世的众多事情，对他们的所作所为心生佩服。此时，樊晔看到县尉竟然为了一起单纯的抢劫案，就把刘秀这个无辜者捉拿归案，大刑伺候，心里很不是滋味。

这天，樊晔来到监狱值班。只见刘秀坐在狭窄、阴冷、昏暗、潮湿的牢房里，饿得头昏眼花。

樊晔偷偷靠了过来，他看四下无人，就偷偷地拿出一块饼，塞给刘秀。

俗话说："饿了给一口，强过饱了给一斗。"有的人甚至戏称，这块饼救了当时的刘秀一命。刘秀后来很长的时间里都对这块饼的恩德难以忘怀。

在刘秀历经磨难，最终登基称帝之后，仍对樊晔的一饼之恩念念不忘。为了报答樊晔，刘秀先是封他做侍御史，后来升任河东（今山西夏县西北）郡都尉，之后又提拔重用他做扬州（治今安徽和县）牧、天水（治今甘肃甘谷东）太守，最后官拜封疆大吏。

事实表明，刘秀重用樊晔并没有错。樊晔是一个忠厚老实之人，办事向来公正严明，结识刘秀以后，又深受刘秀影响，做人为官刚正不阿。他治理所属辖区的时候，能将朝廷的条例和当地实情灵活结合运用，整肃法律，让手下官员能给百姓办实事；并且注重经济发展，亲自教导老百姓怎样去耕作，怎样做生意；尽力维护治安，打击了不少豪强士绅，并听取民间讼告，当堂断善恶。他在扬州为官的时候，改善了扬州老百姓的生活条件，人们对他充满了感激之情，对他的称赞声不绝于耳。他在天水做官的时期，史载天水的民风良好，路不拾遗，还有百姓专门创作了《凉州词》，记录了他不俗的政绩。樊晔在天水太守任时逝世，刘秀对他褒奖有加、惋惜不已。多年以后，刘秀的儿子汉明帝还经常想起父亲说的话，追思这位官员治理一方的高尚品格。

刘秀知恩图报，对樊晔委以重任。樊晔投桃报李，将自己的本职工作发挥到极限，成为后汉初期有名的清官。这是中国历史上君臣之间的一段佳话。

当然，这都是史书记载的事情了。那样致使刘秀入狱的抢劫案始终没能被侦破，加上刘秀本来就不是犯罪者，亲朋好友又四处奔走打点，所以他在狱中过了一阵苦日子后，还是被放了。

这个案子本来不难分辨，冤有头、债有主，怎么都算不到刘秀兄弟的头上，可以说稀里糊涂替人背了黑锅，最后又不了了之。刘縯对此很是不满，他的性格本来公私分明、恩怨必报、火暴刚烈，对三弟刘秀被捕一事耿耿于怀，因此也加快了举兵起事的脚步。

这时，全国武装反莽的战火已经愈演愈烈，并不断向四处蔓延。而此时的刘秀好像还是无动于衷。出狱之后，他就好像什么事都没发生一样，每天仍是在悠然自得地倒卖粮食，做着生意。

有一天邓禹对刘秀说："如今王莽实行新政，鱼肉百姓，使得民不聊生，甚至打破了老祖宗定的只有秋冬季节才能执行死刑的规矩，在盛夏季

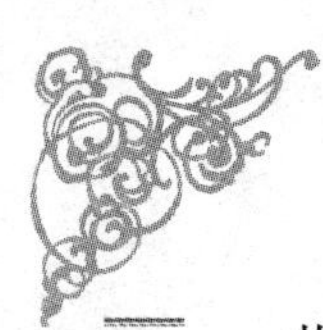

节里还是大肆杀人，这样继续下去就该自取灭亡了！我们上次在宛城蔡少公那里赴宴，席间有人谈到一句谶言‘刘秀当为天子’，这里的刘秀说的难道不该是你吗？”

邓禹原本打算用这一番慷慨激昂的话语，来把刘秀内心的热情给唤醒。没想到刘秀只是对着他笑了一笑，一句话也没有说。

其实刘秀对在新野遭难入狱的这段经历，虽然表面不形于色，实际是很难忘怀的。这从他称帝后对樊晔的报答上就能看出来，然而从刚才他对邓禹的笑而不语中，却丝毫看不出来。

一个受过教育、血气方刚的青年才俊，无缘无故被冤枉下狱，还差点饿死在里面，一般人经历了这些一定会愤愤不平，不是说些过激的话、就是会做出些过激的事情来。

但是，刘秀毕竟不是常人，从表面上看来，他对政事无动于衷，甚至邓禹话中有话地激他表态，他也一笑置之，没有表露出任何心思，其实心里明镜一般。他什么都不肯说的原因，是未到时机。

运筹帷幄，决胜千里。这是普通人达不到的境界水平，也是普通人没有的超强素质。正是这种心理素质，帮助刘秀取得了成功。

刘秀虽然胸怀天下，却没有因为邓禹的几句说辞而扛大旗造反，也没有对那句“刘秀当为天子”而沾沾自喜，只是对此一笑了之。因为他知道现在还不到时候，他所要做的就是等待时机的到来，然后紧紧地抓住。

机遇变幻无常，让人摸不清它出现的时机，只有有心人等待才能碰见。等待需要耐心，而在不知终点的等待途中，有心人会不断积累经验、力量。现代著名画家齐白石直到40岁的年纪才展示出非凡的绘画才华。著名生物学家达尔文在50多岁“高龄”才逐渐得到研究成果，并完成了巨著《物种起源》。摩尔根发表遗传理论时已经是60多岁了。从齐白石、达尔文、摩尔根的身上，我们可以看到等待的力量，他们相信自己的梦想，并为此不断付出、努力、等待，最终在常人认为已经到达后半生的岁月里，披上了成功这件华丽非凡的大衣。

如果我们没有耐心，在时机不成熟的时候就贸然加入，那么可能机遇很好，但是我们却不能获得成功。

一群游客在海边游玩，他们发现了一只小海龟在沙滩的一个小洞穴边露出了脑袋，好心的游客以为它卡住了，就把它拉了出来。这时，惊人的一幕出现了，小海龟身后的洞穴中，许多的小海龟不断地从洞口爬出来，奋力地向大海爬去。与此同时沙滩的上空出现了海鸟的影子，它们落到沙滩上，不断地啄食小海龟，游客慌了神，一边驱赶海鸟，一边尽可能多地捡起小海龟放入海中，但是最终，一大半的小海龟被海鸟吃掉了。

原来，最初的那只小海龟并不是被卡住了，而是在放哨，它在等待海鸟归巢的时机，只有海鸟归巢之后，小海龟才有机会安全地爬向大海。第一只小海龟被游客拉了出来，其他的小海龟以为时机到了，就开始蜂拥着走向自己的家园，但是它们不知道，一位好心的游客给他们带来了错误的消息，它们出来的不是正确的时机。于是许多的小海龟就这样丧生了。

虎行似病，那是在积蓄能量；鹰立如睡，那是在等待出击；茶一定要泡到合适的时间，才能够将精华全部溶于水中，茶香才能弥漫。时机的重要性使得我们对于时机不容错过，但是更不能在时机到来之前就贸然行事。

在动物的世界中，猎豹是跑得最快的动物，但即使是速度最快的猎豹，也从来不倚仗速度猎取食物。它总是潜伏在草丛里，等自己的猎物——羚羊非常靠近自己的时候，才抓住时机一跃而起，以最快的速度追上羚羊，将其捕杀。之所以要耐心等待时机，是因为尽管猎豹100千米的时速已经是速度最快的动物，但是它以这样的速度奔跑最多能坚持10分钟，如果10分钟之内追不上羚羊，它就只能挨饿了，并且很有可能因为连续的捕

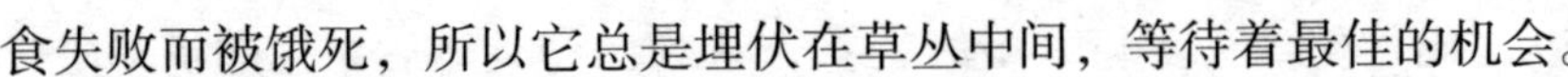

食失败而被饿死，所以它总是埋伏在草丛中间，等待着最佳的机会。

俗话说，“玉在椟中求善价，钗于奁内待时飞。”当我们心中涌动着一个梦想，希望去实现它，然而，如果没有机遇，或者机遇还不成熟，这时候还要坚持贸然行动，那就是莽夫的行为。这时候，我们要停下来，静下心等待时机的到来。最好的时机也需要用最大的耐心去等待。如果我们连自己的本职工作都不能做好，就希望得到别人的承认，肯定不是一个恰当的时机。所以，我们在等待时机的同时，要将自己的工作做到最好，并得到周围的人的承认。

时机成熟莫犹豫

机遇就好像成功路上的捷径，抓住了机遇，就能够更加轻松地获得成功。但是当机遇来敲门的时候，如果你没有反应，那么机遇就会转身去敲别人的门。机遇往往是偶然的，稍纵即逝，这就要我们在机遇来临的时候，能够迅速作出反应，抓住机遇，搭上机遇的顺风车，走向成功。刘秀就是一个善于抓住机会的人，所以他的成功是必然的。

王莽地皇二年（21年）秋，荆州地区的绿林起义军声势日大，农民革命的风暴，从三郡交界的绿林山迅猛地向江夏（今湖北孝感、黄冈地区）、南郡（今湖北荆州地区）和南阳三郡深入发展，王莽政权深为惊惧。这时身居南阳首府宛城的李通看到天下已经大乱，确实是改朝换代的时候了，他再次想起了父亲李守所说的“刘氏复兴，李氏为辅”的谶语，觉得其中似乎在暗示自己应乘运而出，干一番大事业，果能如此，则封侯拜相可指日而待，因此便想乘机起兵反莽。他想这样兴许真的还可以官至卿相。这时他的堂弟李轶，也似乎看到了历史即将大变的契机，跑来找李通商议说："现在四方扰乱，新朝将亡，人心越来越思念过去的汉朝天下，看来汉朝会重新复兴的。听说南阳地区的旧皇族中，要算刘縯、刘秀兄弟才能出众又深得人缘，我们是否可找他们商量夺取天下的大事呀？"李通听了，感到正合心意，便笑着说道："你的话算是说到我心坎上去了。"于是两人便准备去找刘秀商讨。

这时的刘秀，并不在蔡阳春陵老家。因为他的大哥刘縯所养的一些门客、江湖人士，这时乘农民起义蜂起之机，也在频繁活动。他们在县内劫人掠货，干了不少违法案件，正在被官府严厉追缉查办。刘縯和刘秀作为案犯的窝主，因涉嫌也在被通缉的犯人名单中，所以刘秀这时正被迫四处逃匿。开始，他逃到新野他姐夫邓禹家，后来又跑到宛城，以贩粮为掩护藏身于商贾之中。不过，李通几经查访，还是终于打听到了刘秀的具体下落。他便派李轶去请刘秀来自己家中相会，开始，刘秀不明底细，不敢贸然相许，后来，经李轶再三邀请，而且他也初步摸清了李通的本意，便以君子之交"来而不往非礼也"的传统礼貌，到李府去回访。

李通刘秀相见深谈后，两人对政治形势与社会历史的看法十分投机，因而越谈情谊越浓，一直谈到深夜意犹未尽，于是竟成了一见如故的朋友。不过刘秀毕竟是博学多识、胸有城府的人，他虽和李通"共语移日，握手极欢"，他却并没有马上将准备起兵反莽的计划完全向李通倾吐。在这个问题上，他始终采取引而不发的态度，只是用无数事实说明天下已乱王莽必亡，激发李通下决心起来反对王莽政权。后来，李通将他父亲李守所说的谶语直接对刘秀说了，刘秀心中颇自暗喜，但表面上却表示谦逊，说他实在不敢当此大任。李通再三表示要忠心辅汉，刘秀才默认顺从。接着刘秀又说："即使如学长所言，那令尊现在长安，将来又如何脱险

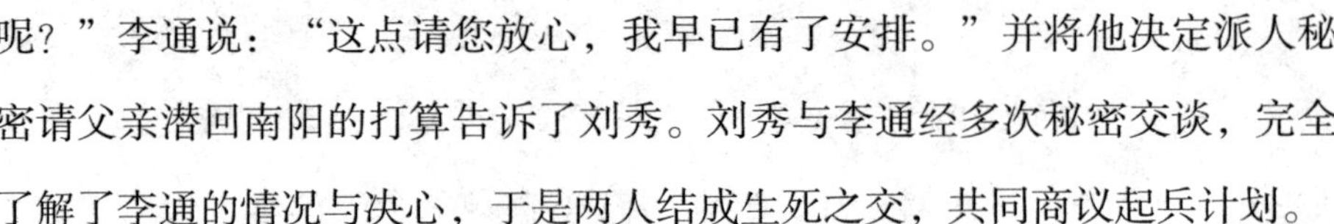

呢？”李通说：“这点请您放心，我早已有了安排。”并将他决定派人秘密请父亲潜回南阳的打算告诉了刘秀。刘秀与李通经多次秘密交谈，完全了解了李通的情况与决心，于是两人结成生死之交，共同商议起兵计划。

他们经过仔细研究，终于定下反莽起兵计划：决定利用九月立秋南阳材官（陆军）都试骑士之日，当郡县长官莅临视察时，组织敢死义士出其不意劫杀前队大夫（郡太守）甄阜和属正（郡都尉）梁丘赐，随即当众宣布起义，号召群众共同起兵反抗王莽的残暴统治。为了使起兵能互相声援并扩大影响，他们还策划在几处同时举事，约定李通在宛城发难，刘秀和李轶回刘秀家乡舂陵举兵响应，另外邀约邓禹在新野也于同一时期起兵。同时，在起兵前夕，派李通堂弟李秀往长安，将情况报告李通父亲李守，劝他相机脱身潜回。

他们商议的这一秘密起兵计划，由刘秀秘密传达给了新野的邓禹。李通则负责宛城工作，并通知李轶共同行动。

然而好事多磨，他们定谋后刚刚开始实行，就遇到了挫折。一是李通在暗中联络同党购置兵器的时候，不幸为官方发觉，所以他们还没有等到约定起兵之日，官府就已派兵来追捕镇压了。李通因事先得到消息，单身逃脱，而李通的家人及兄弟亲族一门64人，全部被逮捕入狱，不久即全部被斩，而且当众焚尸于宛市。二是李通派去送信的李季，出发后不久，不幸在去长安途的中间急病暴亡，李守没有得到家中的讯息而及时逃出长安，结果，当南阳官府将李通谋反的消息驰报长安王莽政权后，他和家人也被株连处死。

刘秀这时还在宛城秘密活动，他得知李通全家遇难和举事失败的消息后，心中十分难过，但他并没有因此而动摇起兵的决心。地皇三年（22年）九十月间，他与李轶在极端危险的条件下，经过周密策划，秘密约集了若干起事骨干分子，购置配备了武器，于十月某日由他统一指挥分别化装成各行各业的人，分散从宛城或其他地方出发，经过新野向蔡阳地区集中。他们几经周折，终于在同年十一月来到了蔡阳县春陵乡附近的一个村庄会合了。他们一行人在这里全部改变了装束，公开打出了反莽起义的红旗，组成正式的起义队伍。刘秀本人则穿上只有将军才穿的绛衣（红色官服）大冠、（将军帽），走在队伍中间，率领起义军气宇轩昂地向春陵乡进发。他们这支队伍，人数虽不多，却显得非常威武精悍。当时，刘秀年纪刚28岁。

这时，刘秀的大哥刘縯，已在家乡汇集了几千宗族青年、家丁、门客和联络的江湖义士公开起兵反莽。整个春陵乡以至蔡阳县内，都被闹得沸沸扬扬不可终日，向来过惯了安定平静生活的淳朴老实的农民，见此情况都诚惶诚恐生怕灾难临头，许多人甚至逃避躲藏起来。那些老年人更是心急如焚，认为现在春陵乡带头造反，大家就要遭灭族屠村之祸了。他们认为这些都是那个好惹是生非的刘縯闹出来的，因此公开埋怨愤骂说："伯升，你这叛逆的人，现在是拿刀在杀我们呀！"可是，这些惊魂未定的父老乡民，当他们看到刘秀这时也居然穿戴着红衣大冠并带领着一支造反队伍从外地回来，一时就都惊呆了，大家诧异不知所云。他们觉得既费解，又十分新奇，都说："怪啦！原来一直是很谨慎又忠厚温和的刘秀，为什么现在也起来造反了？看来这世道真该改朝换代啦！"于是乡中父老的心情也随之逐渐稳定下来，不少敦厚的青年人，竟大胆地参加到反莽起事的队伍中来。

如果说刘秀在深思熟虑之后同意李通的起义计划，就已经担当了很大的风险，那么当血腥的大屠杀已实际发生之时，刘秀的处变不惊和从容不迫，则显示了他的胆魄。

刘秀的叔叔刘良听说小侄子也参加造反，十分痛心，责备刘秀道："你与伯升志向不同，今天家欲危亡，你却成了他的同谋！"但刘秀主意

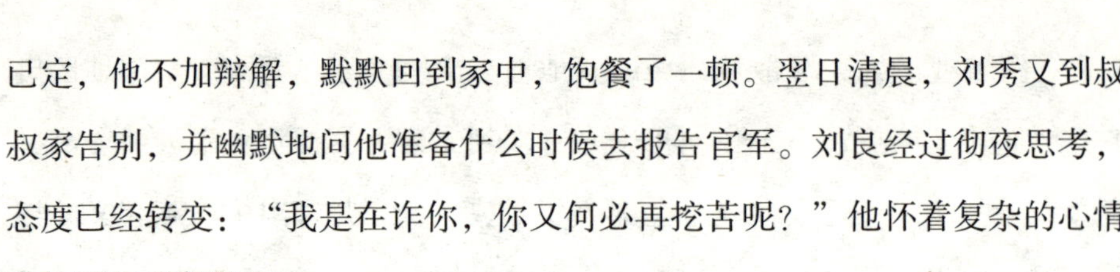

已定，他不加辩解，默默回到家中，饱餐了一顿。翌日清晨，刘秀又到叔叔家告别，并幽默地问他准备什么时候去报告官军。刘良经过彻夜思考，态度已经转变："我是在诈你，你又何必再挖苦呢？"他怀着复杂的心情参加了起义部队。

在极其不利的情况下，刘家兄弟指挥若定，激励人心，力挽狂澜，完成了起义的各种准备。

义旗既举，刘縯部署宾客，自称柱天都部，组织起一支以宗室子弟为主的七八千人的队伍，史称舂陵兵，又称汉兵。舂陵的起义终于成功。

在对子弟兵进行初步的编队之后，刘縯令宗室成员刘嘉前往新市、平林兵驻地，向王匡、陈牧等将转述合兵的意图。大敌当前，两部农民军首领当即表示赞同，于是三支部队顺利地会合在一起。

这一联兵之举，显示了宗室武装与农民军的互补性。南阳宗室具有较高的文化素质和组织才能，熟悉政治风云的变幻，具备治国的能力，但宗室子弟纨绔者多，娴习军旅者寡。而农民军却有顽强的战斗力，意志比较坚决，其薄弱之处在于缺乏深远的战略眼光和用兵谋略。双方合作的基础在于民心思汉，南阳宗室故能应运而生。刘秀也因为抓住了机遇，最后走向了成功。

在瞬息万变的商业社会里，我们也应该向光武帝刘秀学习一二，把握时机，当机立断是奠定制胜基础的重要法宝，这种做法比那些崇尚空谈、迟迟不决要强百倍。

在做生意的时候如果过于谨慎，很有可能会丧失很多好的机会。虽然，在做生意的时候应该保持谨慎，但是它也可能会阻碍成功。在制订计划的时候，只要符合自己的标准了就要勇敢去做，如果凡事要追求完美，就有可能会导致很多事情不好着手。

在现在社会中，很多创业者只是空想，总是"夜里想了千条路，白天还照老路行”。而那些成功的人往往会说：“你现在已经有了一个好的创意了吗？如果有，现在就去做！”

的确，创意对成功是非常重要的。但是仅仅有创意是不行的，需要真正付诸行动，只有这样才能显示出创意的价值来。

其实，在日常生活中，很多人都会把自己辛苦得来的新构想轻易地取消或埋葬掉，因为他们只是敢想，但是不敢去做。

在拿破仑看来，天下最悲哀的一句话就是：“我当时真应该那么做却没有那么做。”经常可以听到有人说：“如果我1952年就开始那笔生意，早就发财啦”或“我早就料到了，我好后悔当时没有做”。一个好创意如果胎死腹中，真的会叫人叹息不已，永远不能忘怀。

如果做出决定了，那么就踏实去做吧。只有在真正的实践中，我们才可能将理想变为现实。

要为时机做准备

古语说得好：凡事预则立，不预则废。做事之前的准备工作是至关重要的，它就像一本蓝图，指导着事情的发展步骤。做事之前没有计划，匆忙上阵，很容易手忙脚乱，把事情搞糟。有心计的人做事之前都会把事情发展的轮廓梳理一下，找出该准备的东西，如果遇到困难该怎么应对。只有这样才可做到“胸有成竹”。但是倘若我们在时机来临之前不好好做准备，要么就会错失良机，要么便会因为准备不足而失败，光武帝刘秀就曾因为准备不足而含恨惨败。

刘縯、刘秀等人在举兵之初，力量还是很弱小的，他们的武装力量主要由宗族和宾客组成。即使会合了李通、邓禹的力量，人数估计也只有万余人左右。仅凭这点力量，刘縯、刘秀想在南阳郡站稳脚跟、打开局面，是非常困难的。于是，他们想到了一个策略，那就是联合绿林军等农民起义军。恰在此时，王凤等领导的农民起义军来到南阳郡，刘縯立刻派宗室刘嘉前去与他们接头。由于在反抗王莽残暴统治这一点上，刘縯、刘秀和农民起义军有着共同的目标，所以他们一拍即合，很快实现了合作，于是两军便联合在了一起。

两军联合之后，战斗力大增，声势更为浩大，前锋直指西长聚。刘縯的战略是：迅速北上，先取西长聚，再取湖阳，然后“进拔棘阳，因欲攻宛”，以迅雷不及掩耳之势奇袭宛城（今河南南阳市宛城区一带），试图进一步扩大战果，在南阳郡站稳脚跟，打开局面。

宛城是南阳郡首府、中原重镇，刘縯认为只要拿下宛城，在有条件的时候就可以传檄天下，北伐洛阳。纵然不利，也可以割据一方，以图后举。这一战略无疑是非常正确的，因为它可攻可守，进退自如。如果谨慎地执行此战略，刘縯、刘秀就可以立于不败之地。

西长聚（汉时城郭周围的乡村，大的叫“乡”，小的叫“聚”）是舂陵北面的一个小城（故址在今湖北省枣阳市寺庄乡），农民起义军和刘縯、刘秀的联合武装很快就把它攻克了。接着，他们开始进攻湖阳。湖阳县尉听到这个消息，立刻带着本县新军南下。两军在唐子城相遇，起义军虽然豪情万丈，但无奈很多人没有经过正规的军事训练，纪律性不强，武器装备也比较差，因为马比较少，刘秀甚至是骑着牛作战的。双方打了一场，起义军很快就不行了，只好退进唐子乡，新军随后就把唐子乡包围了。

就在这千钧一发之际，刘秀的同宗刘终想出一个办法。听后，刘秀大喜，在得到了刘縯的同意后，就让刘终按计行事。

刘终和几个士兵穿上王莽新朝的官服，带着一些粮食和酒肉，从店子乡后面出来，来到新军的军营。卫兵问他们是哪部分的，刘终赔笑说："我是江夏郡掾吏刘终，严尤将军听说你们在此剿贼，特命下官携酒肉犒赏你们！"湖阳和江夏距离好几百里路，县尉也不认识刘终，不过看他穿着王莽新朝的官服，就信以为真了，把他们放了进来，招呼新军士兵开始大吃大喝起来。等他们喝得烂醉如泥的时候，突然从军营外面杀进一支队伍，领头的就是刘秀，还没等县尉反应过来，就被刘秀砍死了。刘秀杀死了县尉，县尉的坐骑自然就成了刘秀的战利品，这也是刘秀平生得到的第一匹战马，从此告别了骑牛作战的时代。

初次打仗就取得了胜利，起义军士气大振，一鼓作气杀进了湖阳。由于纪律性差，刚进城绿林军就开始了烧杀抢掠。不过湖阳是个小城，没有多少财物可抢，于是一些人就很不满，四处造谣说财宝早就被刘縯、刘秀抢走了。绿林军听到后，怒火万丈，准备反攻刘縯、刘秀。刘縯听说有此事，非常生气，但也很着急。最后刘秀只得把自己族人得到的一部分财物分给绿林军，才使军心稳定下来，免了一场自相残杀的大祸。

随后起义军开进了棘阳（今河南新野县高庙乡）城，县令岑彭听到消息后逃之大吉。正当起义军在城中休整之时，很久没有消息的李通突然出现在城外。原来李通为避杀头大祸，和李松藏在了民间，后来听说起义军攻下棘阳，急忙来找刘秀。与此同时，刘秀的姐夫邓禹也带着家小赶到棘阳。刘縯听说后，心情大悦，于是便下令道："全军北上，攻击小长安，直取宛城！"

可是起义军有一个致命的弱点，就是携带家小，这是极其危险的。两军作战，刀枪无眼，而没有作战能力的家小极易成为战争的牺牲品。

一天，刘縯率着农民起义军来到了小长安城外的一个村子。小长安

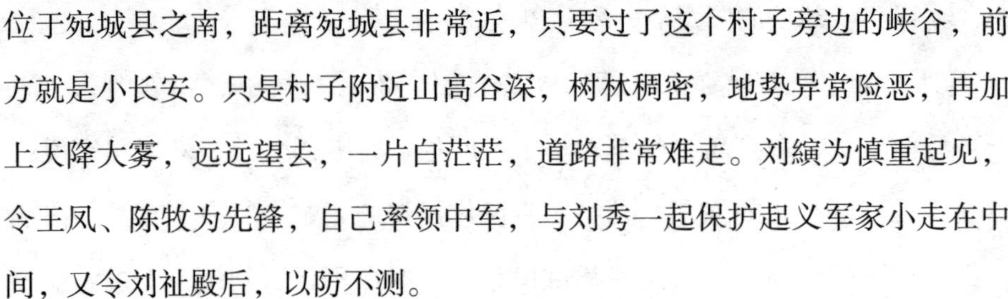

位于宛城县之南，距离宛城县非常近，只要过了这个村子旁边的峡谷，前方就是小长安。只是村子附近山高谷深，树林稠密，地势异常险恶，再加上天降大雾，远远望去，一片白茫茫，道路非常难走。刘縯为慎重起见，令王凤、陈牧为先锋，自己率领中军，与刘秀一起保护起义军家小走在中间，又令刘祉殿后，以防不测。

起义军刚走进山谷，就听见山顶上一阵梆子响，从山上射下无数支飞箭。起义军中了新军的埋伏！

其实，甄阜和梁丘赐也是会用兵的，他们料到起义军如果进攻宛城，一定会走这条小道，就在这里埋伏了一支军队。新军见起义军果然中了埋伏，心中大喜，先是放一通乱射，然后手握大刀大喊着冲下山来。起义军没有任何的准备，被新军杀了个落花流水，死伤惨重，遭到了重创。

这时大雾正浓，无法看清新军到底有多少人，刘縯见起义军伤亡惨重，自己也逃走了。而那些不会打仗的家眷们，他们的前途将是怎样呢？或许等待他们的只有死路一条。大雾中的刘秀发现了正在呼喊的三妹刘伯姬，立刻将她抱上马，往南逃去。后面的新军紧追不舍，兄妹二人吓得魂不附体，没命似地向前狂奔。

大雾散去的时候，男人们大多都逃回了棘阳，而老幼妇女大都做了俘虏。还没等他们喘口气，甄阜就押着被俘虏的老幼妇女来到棘阳城下，得意地朝城上喊话，劝起义军投降。可是等待他们的不是起义军投降的好消息，而是一通愤怒的乱箭。

甄阜差点没被射死，他火冒三丈，愤怒地下令将春陵的老幼妇女数百人，统统在城下处死。起义军眼睁睁地看着自己的亲人惨死在甄阜的屠刀之下，号啕大哭，发誓要报仇雪恨，把甄阜剁成肉酱。可是发誓归发誓，此时此刻他们的心情却是非常悲痛，城上城下一片惨淡的景象。

智者千虑必有一失，刘秀兄弟二人，正是因为在战争之前没有好好准备，才被新军打得大败，这为刘秀今后逐鹿天下树立了一个反面的教训。实际上不只是刘秀，现实之中也有很多人，事先没有做好充分准备，而待需要的时候却临时急抓，不只多费力气，而且也并不见得能做好，更多的只会延误时间，误事误人。而提前做好准备之后，你再做起事来就会感觉轻松很多。

1984年，东京国际马拉松邀请赛中，原本名不见经传的日本选手山田本一，在众人的意料之外夺得了世界冠军。当记者问他是如何自我锻炼时，他只说了一句话："我是用智慧战胜对手的。"当时很多人都认为山田本一是在故弄玄虚，毕竟马拉松是凭借体力和耐力的运动，只要选手的身体素质好，耐力够，就有成为冠军的希望，而智慧对马拉松来说会有什么帮助？这个说法实在有些勉强。

两年后，意大利国际马拉松邀请赛在意大利的北部城市米兰举行。山田本一再度获得了世界冠军。面对山田本一时，记者们再度问到了获胜的关键。性情木讷的山田本一原来就不善言辞，所以这次的回答还是和上次一样，"用智慧战胜对手"。

不过，这次记者们并没有在报纸上挖苦他，只是仍然对他所谓智慧的说法一头雾水。

十年后，山田本一在他的自传中，明白地解释了他的"智慧"："每次比赛前，我都会先把比赛的路线仔细地看一遍，并且把沿途比较醒目的标志记下来。比如第一个标志是银行，第二个标志是一棵大树，第三个标志是一座红房子……就这样一直记到赛程的终点。等到真正比赛时，我会奋力地向第一个目标冲刺，等到达第一个目标后，再用同样的速度跑向第二个目标。这样一来，不管多远的赛程，只要分解成几个小目标，我就可以轻松地跑完全程了。刚开始时我不明白这个道理，只会把目标定在终点线，结果跑不到十几公里便疲惫不堪，被前面遥远的路程给吓倒了。"计

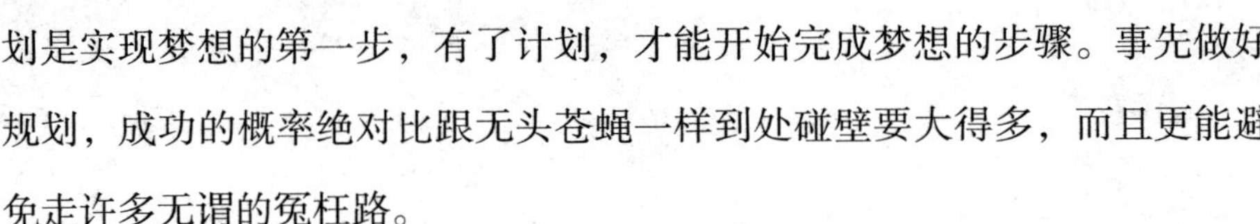

划是实现梦想的第一步，有了计划，才能开始完成梦想的步骤。事先做好规划，成功的概率绝对比跟无头苍蝇一样到处碰壁要大得多，而且更能避免走许多无谓的冤枉路。

其实这个故事就是想说，我们做事情千万不要用而不备，只能是备而不用。“机会垂青于有准备的头脑”这句话是毋庸置疑的。所以，在机会还没有来的时候，我们应当时刻努力准备着它的到来。一旦它如期而至，我们就能迅速抓住它。

或许大家都有过这样的经历：在考试的时候，发现试卷上的问题在哪里见过，而且特别熟悉，但是就是答不上来；看到阴天但是抱有侥幸而不带雨伞，最后被大雨浇在半路……这种例子不在少数。因此，未雨绸缪是非常重要的，它会使我们减少忧患。

俗语说“一年之计在于春，一日之计在于晨。”只有在春天播种，夏天耕耘，秋天才可能有收获。所以我们活在这个世界上不应该只考虑今天，而是要为之后的生活做打算，并且做好充足的准备。其实，凡是能够成功的人都是会做准备的人。如果是今天必须完成的事情，千万不要拖到明天。

只有做到有备才会无患。在做任何事情之前一定要有所准备，凡是事前做好准备的，一般都不会太糟；相反，如果做事情过于仓促就会出现各种各样的问题。千万不要在问题出现的时候再来利用理智，平时就应当用理智来预测尚未降临的困难。我们准备得越充分，事情就做得越好。所以，做任何事情一定要懂得准备的重要性，做到未雨绸缪。

关键时刻露锋芒

很多人都曾抱怨自己空有一身的才华，却无人赏识无处施展，这时候就需要我们在关键时刻能够展示自己，让别人看到自己身上的闪光点，才能遇到识人的伯乐，为自己今后的成功创造更多的机会。我们一直很欣赏刘秀的韬光养晦、善于隐忍的品质，但是他在关键时刻也是善于表现自己的。

王莽为了一举平灭更始政权，去掉心腹大患，用尽了浑身解数。他几乎动员了所有精锐部队，指挥全军的是老谋深算的王莽政府的“三公”中的王邑、王寻。王寻当时官为大司徒，在山东赤眉起义时，曾将军10余万，屯洛阳以备战。王邑官至大司空，被王莽任为步兵将军，也曾经率军镇压了翟义、刘信的起义，破翟义军于圉。与王邑、王寻配合作战的严尤、陈茂，也因为多年与绿林军周旋，积累了很多与起义军作战的丰富经验。王莽兵多势众，号称“百万”。史称王莽这支号称“虎牙五威兵”的大军，“旌旗辎重，千里不绝”，当王邑到洛阳时，诸郡又应命“各选精兵，牧守自将定会者”，达42万人，尚有“余在道不绝”者无数。因此班固称说这次王莽的出兵之盛：“自古出师，未尝有也。”这支大军在王邑率领由公元23年4月从洛阳出发，5月到达颍川，与严尤陈牧守军会合，向昆阳方向挺进。

此时更始军的主力正围攻宛城，另一支在汝南沛郡一带略地由王常

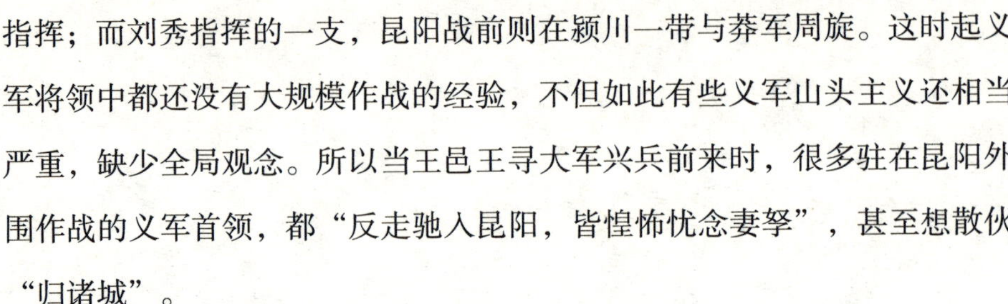

指挥；而刘秀指挥的一支，昆阳战前则在颍川一带与莽军周旋。这时起义军将领中都还没有大规模作战的经验，不但如此有些义军山头主义还相当严重，缺少全局观念。所以当王邑王寻大军兴兵前来时，很多驻在昆阳外围作战的义军首领，都“反走驰入昆阳，皆惶怖忧念妻孥”，甚至想散伙“归诸城”。

有的从城中偷偷逃出投降莽军的人对纳言将军严尤讲，刘秀“不取财物，但会兵计策”。严尤听了以后笑着说：“是美须眉者邪？何为乃如是！”这里的“美须眉者”即指刘秀。这是因为当年刘秀在太学求学时曾前往严尤那里为季父诉讼逃租，严对他漂亮的须眉和出色的才干都留有深刻的印象，故而当听到刘秀的名字时，才有上面的问话。然而这次刘、严已成为势不两立的政敌。

莽军“云车十余丈，瞰临城中，旗帜蔽野，埃尘连天，钲鼓之声闻数百里；或为地道，冲𫐐撞城；积弩乱发，矢下如雨，城中负户而汲”。在这种情况下，“王凤等乞降，不许”。王邑、王寻扬扬自得，“以为功在漏刻，意气甚逸”。这时严尤又进言道：“《兵法》‘围城为之阙’，宜使得逸出以怖宛下。”意思是围城应留一个缺口，有意让逃出部分人去散布城内可怕的消息，以造成攻宛部队的恐慌，动摇其军心。结果亦被王邑以为胜利就在眼前而拒绝。

刘秀等13骑冲出重围后，快马加鞭，赶到郾和定陵，要求两地的全部军队火速驰援昆阳。没有想到的是两地驻军将领“贪惜财货，欲分兵守之”。刘秀便耐心劝导说：“今若破敌，珍宝万倍，大功可成；如为所败，首领无余，何财物之有！”诸将思索刘秀的话，觉得所言有理，于是“乃悉发之”。即把郾城、定陵的兵力，全部调发援救昆阳。应该说，刘秀等突围求救，已经拉开了昆阳之战的序幕。

昆阳战前王莽的备战情况，举全军之力，孤注一掷。从这种意义上来看，昆阳之战也可以说是王莽政权与新生更始政权间的一场大决战。其结果，以王莽40多万大军的彻底覆灭而告结束。这样一来，王莽政权再也没有军事力量去镇压更始政权了。所以当从昆阳侥幸逃出的士卒“各还其郡”，王邑带着残兵败将回归洛阳之后，“关中闻之震恐，于是海内豪杰翕然响应，皆杀其牧守，自称将军，用汉年号以待诏命；旬月之间，遍于天下”，王莽的最后灭亡也只是个时间问题了。刘秀在昆阳被围之机，身先士卒突围而出，不仅请到了救兵，而且很好地展示了自己的才能和勇气，在起义军心中留下了一个英勇的形象。

金子虽好但是如果被一层黑铁包裹着，别人就永远看不到它的光芒，也永远不会了解它的价值。如果刘秀一直韬光养晦，隐藏自己的光芒，恐怕永远也不会有出头之日，正是昆阳突围让他一展锋芒，拢得人心，为今后的争霸天下打了基础。

“千里马常有，而伯乐不常有”，如果一辈子遇不到一个伯乐，不是一辈子没有出人头地的机会吗？所以，在这个人人争夺生存空间的社会，你不要指望别人给你机会，要主动站到台前亮相，把自己最闪光的地方展现出来，然后你才有成功的机会。

韩信初为刘邦做事时，只是一个不起眼的小官。他志存高远，总希望上面有人发现自己的才干，但是他从没考虑如何表现自己，结果一直怀才不遇、沉沦潦倒。他郁郁不乐，惆怅满腹，也没有干出什么成绩，更谈不上名气。

对前途灰心丧气的韩信伙同一些人当了逃兵，被抓住后，依律当斩。临刑之时，排在韩信前面的13人都一个接一个地被砍了头。眼看就要轮到韩信了，他再也忍不住了，于是他高扬起头来，圆睁二目，面对监斩官夏侯婴大声呼喊：“汉王不是想争夺天下吗？为什么还要白白地杀掉英雄豪杰之士！”

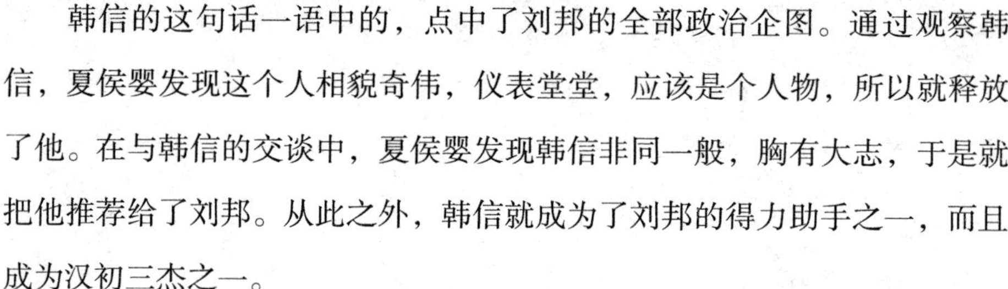

韩信的这句话一语中的，点中了刘邦的全部政治企图。通过观察韩信，夏侯婴发现这个人相貌奇伟，仪表堂堂，应该是个人物，所以就释放了他。在与韩信的交谈中，夏侯婴发现韩信非同一般，胸有大志，于是就把他推荐给了刘邦。从此之外，韩信就成为了刘邦的得力助手之一，而且成为汉初三杰之一。

如果没有临刑前的那句呼喊，也许韩信早已经成为刀下之鬼了。在现今社会的职场中，也有很多人不善于表现自己，他们喜欢埋头做事，从来没有想过要将自己的优势展现出来。

当然，也有一些人并没有什么优势，但是自认为是千里马，如果失败了就归因于没有发现自己的伯乐，无奈只得“祇辱于奴隶人之手，骈死于槽枥之间”。听到这样的感叹，我们或许会这样问“既然自认为是千里马，为什么不自己去找伯乐推销自己呢？”

台湾作家黄明坚有一个形象的比喻：“做完蛋糕要记住裱花。有很多做好的蛋糕，因为看起来不够漂亮，所以卖不出去。但是在上面涂满奶油，裱上美丽的花朵，人们自然就会喜欢来买。”一个人要想得到重用，就要把“亮点”显示出来，让人留意并动心。

李丽芬在新公司工作约两个月了，虽然勤勤恳恳，而且也有所进步，只是一直没有出什么成绩。这天早晨，公司的副总找她谈话，言明让她改进工作方法，尽快做出成绩。

当她回到自己的办公室时，收到了一份传真，传真上说，她花了两个星期争取的一笔业务成交了。她叹了口气，说要是传真早5分钟来就好了，她对副总就有的说了。

她的同事，也是好友王明远建议她赶紧去副总办公室报喜。起初她并不愿意这样做，她说这太不矜持了，写个便条就可以了。王明远生气地说道：“要什么矜持？如果你不趁热打铁，显示你的能力，很可能你就过不了试用期了。不过要假装不经意地提起这个巧合，你最好说：‘我们刚谈完，我就成交了这笔生意！’”

她按着同事的说法做了，结果副总非常高兴，建议她告诉公司的公关部门，好让公司同人知道这笔进账。

霍伊拉说：“如果你具有优异的才能，而没有把它表现在外，这就如同把货物藏于仓库的商人，顾客不知道你的货色，如何叫他掏腰包？”

在职场中打拼的每个人其实就是一种特殊的商品，而每个人都是想要得到主顾的青睐的，这就首先需要让主顾看见你的闪光点和你的与众不同，他们才会在你的跟前留步并且关注你。

所以，一个人想实现自己的人生价值，则必须设法引起这个世界的瞩目，一定要把自己最精彩的东西通过最精彩的方式展现出来，及时而适时地展现自己的优势和特长，让人看见，让人喜爱，并愿意付出相当价值来获得。这样一来，相信惊人的勇气和不屈的信念加上与众不同的优势会给你带来意想不到的幸运，你的人生之路就能取得最初的成功了！

创造机会当皇帝

很多人都善于等待机会来临，然后将其一把抓住，但是现实告诉我们机会是很少的，这也是为什么失败者多成功者少的原因。所以要想成功不能只是被动地站在那里等待机会的来临而是要主动起来，做一个创造机会的高手。

王郎本名王昌，赵国邯郸人，善占卜，明星历，常以为河北有天子

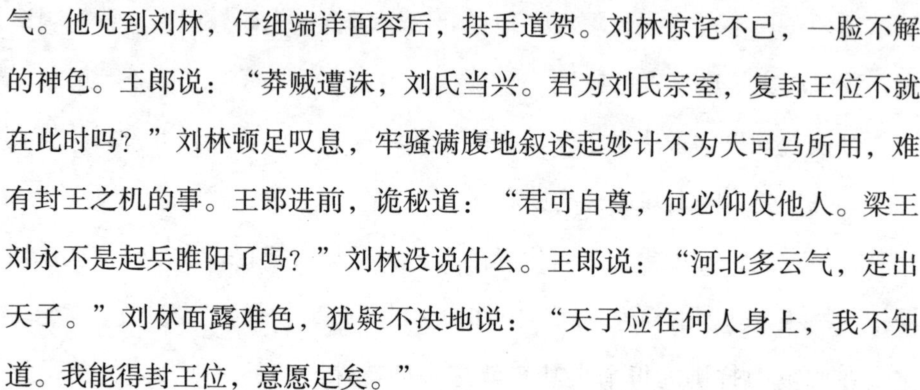

气。他见到刘林，仔细端详面容后，拱手道贺。刘林惊诧不已，一脸不解的神色。王郎说：“莽贼遭诛，刘氏当兴。君为刘氏宗室，复封王位不就在此时吗？”刘林顿足叹息，牢骚满腹地叙述起妙计不为大司马所用，难有封王之机的事。王郎进前，诡秘道：“君可自尊，何必仰仗他人。梁王刘永不是起兵睢阳了吗？”刘林没说什么。王郎说：“河北多云气，定出天子。”刘林面露难色，犹疑不决地说：“天子应在何人身上，我不知道。我能得封王位，意愿足矣。”

王郎起身关门，靠近刘林，耳语道：“君不敢于大事，可否助我做天子。我乃真子舆，我母亲为成帝歌女，曾下殿昏倒，半日方醒，遂妊身就馆，生下了我。赵后欲加害，伪易他人之子，得以保全。年十二，识命者郎中李曼卿，与俱至蜀。年十七，到丹阳。年二十，回还长安。辗转中山，来往燕赵，以待天时。”王郎神秘兮兮，将自己身世的来龙去脉说得十分清楚。刘林信以为真，便亲去联结赵国大豪族李育、张参等，通谋起兵，共立王郎。

李育、张参常向王郎卜易，有时说起宫中之事，令人咋舌。他们听了刘林的蛊惑，深信不疑，想来王郎起事，必有把握。异日金殿封赏，少不了开国功臣之位，便慨然应诺，搬出府中私财，招募兵马，不到旬日间，聚集数千人。派出亲信守卫邯郸城门，只准进，不许出，严密封锁消息。

大司马刘秀对此没有任何消息，手执汉节，从容庄严地进了真定郡所辖属的射犬城。

骑都尉刘隆身披寒霜，从帝都洛阳赶来，拜见大司马刘秀。刘隆，字元伯，南阳安众侯的宗室。隆父刘礼与安众侯起兵讨王莽，事情泄露，宗族遭诛。刘隆年7岁，在府外玩耍，幸免于难，及冠后，游学长安。刘縯、刘秀兄弟起兵，他赶回南阳，加入了宗室子弟兵。刘玄做了更始帝，拜刘隆为骑都尉。请假归故里，接妻儿到洛阳府邸居住，家事安置好的刘隆知道大司马刘秀执节河北，遂驱马追来，追至射犬，方得见面。

大司马刘秀一行在射犬忙了四天，大年将到的时候，又赶往卢奴城。

更始帝元年十二月末，正是守年夜的时辰，刘林、李育、张参等人统率精兵上千骑，拥着王郎车驾，不期然出现在邯郸的通衢大道上，鼓角齐鸣地涌入王宫。

王郎占住王宫正殿，南面称尊，以成帝嫡亲骨血刘子舆的名义，号汉室天子，大封群臣。封刘林为丞相，李育为大司马，张参为大将军，杜威为谏议大夫，李立为少傅。封赏拜贺结束，已是曙色初露的早晨。

假子舆王郎遂以更始帝二年（24年）正月初一为改元，使少傅李立起草檄文，分遣使者，巡下幽、冀各州，移文郡国。檄文曰：

制诏部刺史、郡太守曰：朕，孝成皇帝子子舆者也。昔遭赵氏之祸，因以王莽篡杀，赖知命者将护朕躬，解形河滨，削迹赵、魏。王莽窃位，获罪于天，天命佑汉，故使东郡太守翟义、严乡侯刘信，拥兵征讨，出入胡、汉。普天率土，知朕隐在人间。南狱诸刘，为其行驱。朕仰观天文，乃兴于斯，以今月壬辰即位赵宫。休气熏蒸，应时获雨。盖闻为国，子之袭父，古今不易。刘圣公未知朕，故且持帝号。诸兴义兵，咸以助朕，皆为裂土享祚子孙。已诏圣公及翟太守，亟与功臣诣行在所。疑刺史、二千石皆圣公所置，未睹朕之沉滞，或不识去就，强者负力，弱者惶惑。今元元创痍，已过半矣，朕甚悼焉，故遣使者班下诏书。

为收拢人心，王郎诈称先树义旗反王莽的翟义未死、已诣行宫相号召。普通百姓，哪里能分出什么真假子舆？将士官吏，有封侯赐爵之赏，哪里管他什么真假子舆？

使者四出，告示远近。赵国以北，辽东以西，皆从风而靡。

每到朝代更替之时，就会有很多的跳梁小丑粉墨登场。而文中我们讲到的王郎可谓是这些人中的聪明人了，本来一个普普通通的混混，凭借一

个成帝之子的假身份，竟然号令赵国民众，登基皇位。虽然王郎的皇权只是昙花一现，但是我们不得不佩服王郎善于创造机会的能力，或许我们可以从这个“跳梁小丑”身上学习一二。

在现实生活之中很多人都能够意识到人生需要不断改变自己，但是，往往总是抱怨没有机会改变，把那些成功的人归结为机会好、运气好，殊不知我们每个人都有改变自己的机会和运气，关键是没有主动地去抓机会，就与成功擦肩而过。如果我们有能力、有办法来改变自己，而不去寻找机会和抓住机会，那么只能遗憾终生。我们生活的环境如果能够适合我们能力和欲望的发展需要，则是最为难能可贵的；如果不能适应，我们应该怎么办，每个人都知道我们的生存须臾离不开环境，随着环境的变化，我们必须随时调整自己的观念、思想、行为及目标。

但是，有时环境的发展与我们的事业目标、欲望、兴趣、爱好等发展是不合拍的，环境有时阻碍、限制我们欲望和能力的发展。这个时候，如果我们有办法来改变环境，使之适应我们能力和欲望的发展需要，则是最难能可贵的。

某音乐学院的一个大学生，被分配到某企业的工会做宣传工作。刚一开始，他很苦恼，认为自己的专业才能与工作不对口，在这里长期干下去，不但自己的前途会耽误，而且时间一长，自己的专业也可能被荒废。于是他四处活动，想调到一个适合自己发展的环境中去。可是几经申请，终未成功。之后他便死心塌地地安守在这个工作岗位上，他发誓要改变“英雄无用武之地”的状况。他找到单位工会主席，提出了自己要为企业筹建乐队的计划。正好这个企业刚从低谷走出来，正向高潮发展，也想大张旗鼓地宣传企业形象，提高产品的知名度，就欣然同意了他的计划。他跑基层、寻人才、买器具、设舞台、办培训，不到半年，就使乐团初具规模。两年以后，这个企业乐团的演奏水平，已成了业余一流水平，而且堪与专业乐团相媲美，而他自己也成了全市知名度较高的乐队经理。通过自己的努力，他完全改变了自己所处的环境，化劣势为优势，不但开辟出了自己施展才能的用武之地，而且培养了自己的领导管理才能，为他以后寻求更大发展奠定了坚实的基础。

这个大学生如果被动地等待机会，那么他可能一生都不会有机会改变自己的命运。他的成功就在于他积极去寻找机会，抓住机会，从而实现了他的抱负。

通常来说，面对复杂的环境，人们只能去适应和顺应这些环境。但是，这些环境在一定条件下也是可以改变的。的确，改变环境需要具备很多条件，其中信心与智慧是最为重要的。从某个方面来说，信心和智慧也是相辅相成的。既然有了改变环境的决心，那么一定会想出好的办法来解决。既然人们可以改变环境，同样也可以创造机会。每个人都可以通过自身所处的环境来发挥自己的优势。

如今的社会中充满了各种竞争，为了使自己能有一个好的发展前途，大家都在等着机会的来临，所以机遇也变得越来越稀罕。在这种情况下，我们应当考虑是否能够创造机遇，改变不利于自己发展的环境。

当然，很多人并不依靠自己的努力来争取，而是整天怨天尤人、自暴自弃。他们认为所有的事情都是命中注定的，即使再怎么努力也不可能改变什么，整天以一种消极的态度对待生活，最终碌碌无为。

其实，能否改变环境主要还是依靠改变自己，只要我们有积极进取的心态，一定可以做出改变。

第四章 DI SI ZHANG 放低身段，才为我用

正所谓“得人才者得天下”，人才的力量在古代的军事政治斗争中，起着决定性的作用。自古天下之争，在一定程度上可以说是人才之争。一个人想要获得成功，就要能够识人、用人，用人之道也就成了成功人士必备的素养。刘秀能够打败群雄脱颖而出，就是善于用人、御人，让能人为其所用。现代企业的领导者或许可以从中学习一些用人的智慧。

得人才者得天下

人才是成功的关键，但凡开国之君、创业之主，必然有一些能力超群、忠心耿耿的属下辅助。刘秀的个人魅力正在于此，不管什么时候他都能让别人坚信他是个能成大事的人，是个值得追随的主公，即使是在刘秀创业初期，他最落魄潦倒的时候也是一样。邓禹、冯异、耿弇等，这些在史书上赫赫有名的名将，都是这个时期来到刘秀身边的。

邓禹，字仲华，南阳新野人，他是刘秀在长安求学时的同窗好友。邓禹小时候是著名的神童，小小年纪便学识丰富，闻名乡里。而更令人惊叹的是，他年轻时就极有知人之明。在长安同窗时，邓禹就发现了刘秀身上具有成功者的气质，断定刘秀不是寻常人，将来必能成大事。所以，邓禹便倾心结交刘秀，刘秀也仰慕邓禹的才华，二人很快成为莫逆之交。求学结束之后，刘秀与邓禹各自回到了家乡。不久，各地开始揭竿起义，刘秀跟随哥哥刘縯也参加了起义。他们和绿林军一起拥立汉宗室刘玄为帝，更始朝廷正式建立，开始征召一些有才能的人。邓禹因为才华出众，文韬武略无所不能，当时新野的豪强们都争相推荐邓禹为官。刘玄多次来请邓禹到宛城做官，都被邓禹以各种借口推托了。因为邓禹深知刘玄是庸碌无能之辈，而后来刘縯的死更证明了刘玄不值得自己归附，他宁愿在家乡钻研学问，教授学生。

而此时的刘秀在更始朝廷备受磨难，兄长刘縯被害、自己被剥夺军权，只能选择蛰伏。经过百般努力，刘秀终于消除了刘玄的戒心，被委派到河北地区宣慰，这是刘秀重新起步的机会。

更始朝廷向天下颁下诏书，拜刘秀为破虏将军、代行大司马事，宣慰河北，天下群雄应归服。

得到这个消息，邓禹不禁喜出望外，他知道自己的同窗刘秀是汉室宗亲，起兵时以“复高祖帝业、定万世之秋”为志，昆阳一战刘秀早已名动天下，如今执节河北正是一展身手的好机会。邓禹兴奋起来，连夜收拾行装，向北追来。

终于在邺城，邓禹追上刘秀的队伍，见到了这个昔日的同窗好友。刘秀没想到邓禹对自己会如此看重，非常感动，他笑着问邓禹：“仲华不远千里来到河北，是不是想做官啊？”邓禹笑答：“愚兄不想做官。”刘秀问道：“既然不想做官，那你为何不辞辛苦来到河北啊？”邓禹深深地看着刘秀：“我此来没有其他的想法，只希望您的威德能够四海远扬，而我能够借此名垂青史，也就知足了！”邓禹的这番话，实际是在鼓励鞭策刘秀要相信自己能够成就帝业。

刘秀如何不知道邓禹这番话的含义，对这个老同学兼同乡，他再清楚不过了。刘秀大笑，感动于邓禹对自己的信任，这样的人怎么能不收下？当晚，两人秉烛谈心、同榻而眠。邓禹为刘秀分析了当时的形势，指出更始政权庸碌无能，群臣争权夺利，不能成大事，劝说刘秀“莫如延揽英雄，务悦民心，立高祖之业，救万民之命”。刘秀对刘玄的所作所为本来不满，又怀有帝制自为之心，所以对邓禹的献策深表赞同，“因令左右号禹曰邓将军，常止宿于中，与定计议”。从此，邓禹成为刘秀帐下参与决策的最亲信的谋士。

邓禹其后不断为刘秀举荐人才，如荐寇恂为河内太守，认为“昔高祖任萧何为固，户口殷实，北通上党，南追洛阳。寇恂文武备足，有牧人

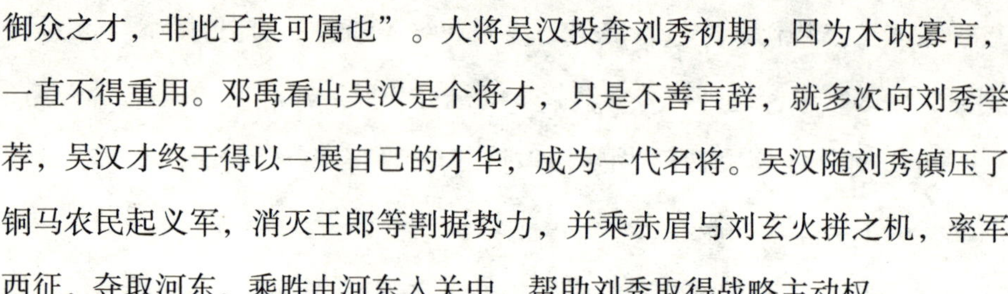

御众之才，非此子莫可属也”。大将吴汉投奔刘秀初期，因为木讷寡言，一直不得重用。邓禹看出吴汉是个将才，只是不善言辞，就多次向刘秀举荐，吴汉才终于得以一展自己的才华，成为一代名将。吴汉随刘秀镇压了铜马农民起义军，消灭王郎等割据势力，并乘赤眉与刘玄火拼之机，率军西征，夺取河东，乘胜由河东入关中，帮助刘秀取得战略主动权。

冯异，字公孙，颍川郡父城县人。冯异自小爱读书，尤其喜欢兵法，熟读《左氏春秋》和《孙子兵法》。春陵起兵的时候，冯异在南阳郡担任掾吏，负责监察、守卫父城等五个县。听说起义军起兵，冯异与父城县令苗萌联合守城，抵御起义军的进攻。昆阳战役之后，刘秀率部北上颍川，前来攻取父城，意外活捉了外出巡视的冯异。

冯异的堂兄冯孝以及同郡人丁綝、吕晏，他们都在刘秀帐下担任部属校尉。他们听说冯异被抓后，急忙拜见刘秀，极力推荐冯异。听说冯异是如此奇才，刘秀起了爱才之心，马上召见冯异，开诚布公地对他说：

“王莽暴虐天下，人心思汉。公孙才学卓绝，何必助纣为虐。”冯异也仔细观察了刘秀的言谈举止，觉得刘秀气宇不凡，胸襟宏阔，而且礼贤下士。冯异敏锐地感觉到，此人绝非池中物，是个做大事的人，心里就有了投靠的想法，不过还是有所顾忌。冯异回答道：

“将军以诚相待，冯异并非铁石心肠。只是尚有老母在城中，如果刘将军愿意放我回父城，愿游说父城令苗萌，割据五城，奉将军号令是从。”刘秀当即放了冯异，抱拳相送到军营外。谁知道刘秀刚放了冯异，就传来刘縯被杀的消息。刘秀忙从父城赶到宛城去更始帝面前谢罪，刘玄对他很是忌惮，兵权很快就收回去了，刘秀此时只有一个挂名的将军称号，其他已经一无所有了。

再说冯异回到父城，马上就去见苗萌，冯异告诉苗萌：“现在汉室复兴，更始朝廷的大多数将领都是草莽，蛮横残暴，只懂烧杀抢掠，完全不通治国平天下之道。据我观察，舂陵的刘秀将军，为人宽厚，智勇双全，绝非池中之物，他的军队纪律严明，从不烧杀抢掠。我们以后追随他才是明智之举。”苗萌平时就很敬重冯异，欣然地接受了冯异的建议。刘秀走后，更始帝又下令攻打父城。卫尉大将军张昂、执金吾大将军廖湛、柱天大将军李轶等，前后去了十几位，汉兵围了一层又一层，都没有攻下父城。因为冯异死守父城不降，只等着刘秀前来。

不久刘秀被封为司隶校尉，奉命整顿洛阳。刘秀的车马路过父城，冯异得到了消息，赶忙率领父城官吏、百姓出城相迎，又设宴奉牛酒犒劳，父城这才算正式归顺了更始朝廷。刘秀担心自己去后冯异遭到诸将的迫害，叫着冯异的字，说：“公孙可愿随我去洛阳？”冯异大声道：“异不才，愿效全力。同邑人铫期、叔寿、段建、左隆等，皆为才智之士，恳请明公纳用。”其中铫期据史书记载，身高八尺二寸，“容貌绝异，矜严有威”，很庄重很威武。铫期也是世宦大家出身，父亲曾是桂阳太守，铫期以孝子之名得到整个乡里的称赞。刘秀异常高兴，乃令冯异为主簿，苗萌为从事，铫期、叔寿、段建、左隆四人，都担任掾吏。刘秀带上这些新部属一起前往洛阳。

除了邓禹、耿弇、冯异等人，还有不少名士豪杰愿意追随刘秀，纷纷投到他的门下，即使在他最落魄的时候也不离不弃。

颍阳王霸，他听说刘秀宣慰河北的消息后，马上回家禀告父亲，愿跟从大司马建功河北。父亲慨叹道：“我老了，不能胜任军旅之事，你去吧。大司马不会久居人下，或许有封侯之赏，光耀王氏家门。”王霸叩见刘秀，刘秀握着王霸的手说：“颍川从我者多失，而你独自留下。疾风知劲草。”遂以王霸为功曹令史。

当时的郏令马成，字君迁，南阳棘阳人，他挂印弃官，步行千里，追到蒲阳，追上了大司马一行，刘秀以他为期门。汝郡尉杜茂，字诸公，南

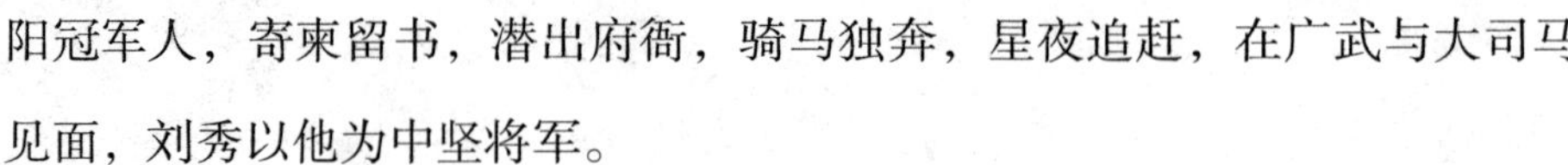

阳冠军人，寄柬留书，潜出府衙，骑马独奔，星夜追赶，在广武与大司马见面，刘秀以他为中坚将军。

这些人才都因为敬仰刘秀，而选择与他一起征战天下。而刘秀也能做到知人善任，以礼相待。靠这些人的辅佐，在群雄林立的乱世之中刘秀笑到了最后。

《孙膑兵法·战略》：“间于天地之间，莫贵于人。”这句话的意思是天地之间，人最宝贵，事实证明，这句话是非常正确的。正是因为有了人，社会才能够存在。而人是社会的创造者和改变者。无论在什么时候都应该重视人的作用。

百姓对于一个国家来说是非常重要的，而人才对于一个公司也是非常重要的。如果一个企业中缺乏人才，那么企业不可能有好的发展。什么样的人才算是真正的人才呢？事实上，人才的含义非常广。对于一个企业来说，人才是能够认真工作而且能够做出成绩的人。一个企业就是一个整体，它是由很多岗位组成的，任何一个岗位出现了问题都会对公司产生直接的影响。因此，企业管理者不仅要认识到每个工作岗位重要性，更要把每一个在岗位上有着优秀表现的员工看作人才，对他们加以重用。

随着社会的不断进步和发展，人才起着越来越重要的作用。从一定程度上来说，21世纪的企业竞争实质是人才的竞争。如果没有了人才，无论一个企业再强大，那也会走向灭亡。只要明白了人才的重要性，想办法留住和引进人才，那么企业一定会在激烈的竞争中立于不败之地。

松下幸之助在会议室中给大家开会的时候问道：“如果别人问松下的主要产品是什么，你如何回答？”

听到这个问题，大家都感觉很奇怪。松下电气公司的主要产品当然是各种电器了，所以员工们异口同声地说：“各种电器。”

听到员工这样说，松下幸之助很不满意。他说：“你们的回答从根本上就错了。”

那松下电器公司不是生产电器又是生产什么的呢？正当大家议论纷纷的时候，松下幸之助接着说：“如果有人问你们松下电器公司主要生产什么，你们要说松下公司主要是培养人的公司，兼做电器。”

松下幸之助之所以会这样说，是因为他已经认识到了人才是企业成长、发展和繁荣的核心竞争力。在他看来，一个企业要想生存和发展首先应该有大量的人才，保证了人才才能生产出可靠的、高质量的产品。

简单来说，人才是企业的命脉。安德鲁·卡内基曾经说过：“在员工和工厂之间，他愿意选择员工。”可见，人才是多么重要，只有有了员工，工厂才会存在。所以，作为领导一定要重视人才的作用，否则，一切将不复存在。

用人不可一把抓

作为一个领导者，要想让自己的企业获得更好更快地发展，就必须要学会选人用人，让能人为我所用。选人用人固然要做到任人唯贤，大胆不拘，但这并不是告诉我们用人之时来者不拒，在这个过程中同样要求领导者擦亮自己的眼睛，选择真正对自己有用的人才。

更始帝元年（23年）冬，刘秀行大司马事，持节北渡，前往河北，开始了他的戎马生涯，也开始了他的河北创业。

刘秀以大司马的身份巡行河北，他的主要工作是检查并任免官吏、审理案件、废除新莽的制度以及为更始朝廷做宣传，并拥有收受官爵、专断

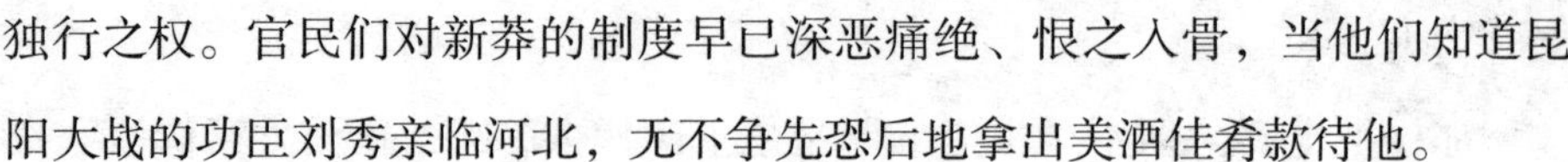

独行之权。官民们对新莽的制度早已深恶痛绝、恨之入骨，当他们知道昆阳大战的功臣刘秀亲临河北，无不争先恐后地拿出美酒佳肴款待他。

当然也有人利用刘秀巡行的机会来毛遂自荐，希望有机会可以施展拳脚，这其中就有邓禹和耿纯。

当邓禹知道刘秀巡行河北后，便决定投身刘秀麾下，帮助他恢复汉室，同时也让自己建功立业。当时除了邓禹，劝刘秀称帝的人还有冯异。刘縯死后，刘秀不敢表面上露出悲愤之情，但是在一个人独处的时候，他总是不进酒肉，私下垂泪。作为刘秀的主簿，冯异对这些事都了如指掌。有一次，刘秀又在房间里低声哭泣，冯异听见了就进房宽慰他。刘秀见到冯异时先是一惊，害怕他思念刘縯的事被刘玄知道，于是怒道："你不要把这件事传出去。"关于邓禹其人其事，此前已有叙述，这里提一下冯异和耿纯。冯异，字公孙，颍川父城（今河南宝丰东）人，也曾向刘秀冯异献策，让刘秀利用出任巡行的机会收揽人心、占据河北、雄霸一方，然后称帝，恢复汉室。刘秀认为冯异的计划很有可行性，等他一行来到邯郸后，他就派冯异、铫期巡抚各县、督察囚犯、收养孤寡、招抚流亡。此外，刘秀还让他们暗中调查各地太守，并把听话和不听话的太守的名单上报给他。

耿纯字伯山，是巨鹿一带的大姓人家。他的父亲耿艾当时是更始政权的济南太守，耿纯因为受到李轶的赏识而讨了个骑督尉的官职，持节往返于赵、魏之间。当刘秀到达邯郸后，耿纯前来拜见他。拜见之后，耿纯认为刘秀的属下带兵的方法比其余将领高明，于是就送给刘秀良马和缣帛以为结交。刘秀也很赏识耿纯，于是在前往中山时，他留耿纯镇守邯郸。

当然，来刘秀面前毛遂自荐的人并不都是有本事的人。汉景帝七代孙刘元生性暴烈，因为杀死奴婢而被大鸿胪参奏。他的儿子刘林任侠于赵、魏，和三教九流之辈来往频繁。刘林知道刘秀巡行河北，认为这是他建功立业的机会，于是就去见刘秀，夸口说他有办法破赤眉军。刘秀若想平定天下，迟早会和赤眉军恶战一场，于是他就问刘林具体如何破赤眉。刘林得意地说赤眉现在在河东地区，只要在列人县决开黄河，就能把大批赤眉军淹掉。刘秀本以为刘林有什么锦囊妙计，没想到他出的是这种损人不利己的主意，根本不予采纳。

刘林自讨没趣，于是离开刘秀去另谋高就了。

刘秀善于用人敢于用人，但是他并不是盲目地用人，而是选择真正德才兼备，对自己有用的人，对于刘林这样的为达目的不择手段的人则予以清理。

刘秀的这种做法，很值得现代企业主所学习的。在选用人才的过程中，领导应当清楚地认识到员工能力、人格等方面的因素。这在某些时候比专业知识和学历更为重要，因此要想招聘、选拔到理想的人才还需要灵活把握选人的标准。

1. 以适用为原则

早在20世纪50年代，松下幸之助就认识到，公司应招聘适用的人才，文化程度高，不见得就合用。松下指出：各公司的情况有所不同，人员的录用，适用公司的程度就好。“适用”这两个字是很要紧的。

20世纪60年代，盛田昭夫的《让学历见鬼去吧》可谓一鸣惊人。因为当时的日本还沉浸在一种过于重视文凭的氛围中，盛田昭夫的这一创新使得索尼人才济济。

索尼公司不仅有众多的科技人才，而且还有一个注重人才的领导班子，他们重视选拔和配备具有创新精神的人才。在选拔高级领导者的时候，索尼从不录用那些只能胜任某个具体职位的人，他们喜欢重用那些有着多种不同经历、喜欢标新立异的实干家。索尼公司绝不会把一个人固定在某个岗位上，而是让他们轮流工作，这样就能把他们的最大潜力激发出

来。在这样的工作环境中，员工们喜欢做那些具有挑战性的工作，整个公司中充满了生机和活力。

2. 能力比知识更重要

在现在社会中，很多知识分子无法成就大的事业是因为他们把自己局限在一个小的圈子中了。

汽车大王亨利·福特曾经这样说："越好的技术人员，越不敢活用知识。"福特在企业经营过程中通过实践找到了增产的很多方法。为了增产，他经常和技术人员进行交流，他的技师往往会说："董事长，那太难了，根本不可能实现的，即使是从理论上来说，也是行不通的。"

关于"技术越好的人，越有消极的个性"这个问题，福特特别苦恼。

在做工作的时候，如果这个人对相关知识了解不全面或者是不深入的时候，他会说："我可以尝试一下。"他会埋头苦干，努力找到解决问题的办法，最终或许真的成功了。然而，那些有着专业知识的人，往往会一开头就说："这是困难的，看起来无法做。"其实这是在局限自己的做事范围，并不是一种好现象。

在现代社会中，大学生数量越来越多，虽然他们学习了很多知识，但是难以运用到实践中。这就要求在平时的实践中不断积累经验和新知识，掌握新技能。特别是那些刚刚走出大学校门的毕业生更容易受到知识储备的限制，尽量能够将所学全部发挥出来。

在日常生活中，我们经常会看到这样一些情况：虽然一些工程技术人员没有很高的学历，但是具有较深的专业知识和较强的实际工作能力，而那些学历较高的人虽然做事情也做得非常好，但是没有突出之处。当然，一个人工作能力的高低，并不是由学历或者是其他成绩看出来的，即使是具有实际工作经验，也不敢保证能力一定强。相关资料显示：在20世纪90年代初，日本在人员招聘中提出要注重实际能力，特别是选拔事业开发型人才时主要看他的综合基础能力，可见，高能力的人才是更受欢迎的。

3. 不可忽视心理素质和工作态度

现在社会中充满了激烈的竞争，这会给员工造成非常大的压力。当然，企业能够在激烈的竞争中脱颖而出，不仅要看员工的技术水平和工作能力，更重要的是看员工们是否有良好的心理素质。在企业进行招聘的时候往往会考虑应聘者的各方面，如是否具有创造才能和创造精神；是否能领导和训练他人；是否能在团队中工作；是否能随机应变并善于学习；是否具有工作热情和紧迫感；在重压之下能否履行职责……如此种种都是招聘公司领导所考虑的问题。在一些发达国家的公司尤其重视员工的心理素质，他们可以通过测试心理素质来了解员工的心理素养状况。在他们认为，测试员工的心理素养可以减少风险。无论如何，他们这样做的目的就是找到心理素质较好的人才。

通常来说，真正意义上的人才都是德才兼备的。他们的工作能力和心理素质可以从工作状况上得到反映。当然，也会从工作态度中得到体现。如果一个人有着良好的工作态度，在工作的时候他一定会充满激情和动力，从而使得工作效率也有了很大提高。当然，我们不能简单地将工作态度和工作绩效联系在一起，也必须要考虑到企业环境的各种具体条件的影响。总而言之，选拔好的人才可以使企业朝着更为健康的方向发展。

手下犯错能容忍

人非圣贤，孰能无过？所以这就要求我们不能以完美的标准去要求别

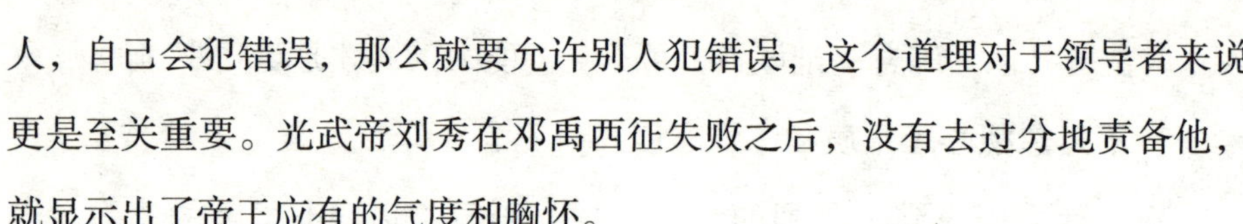

人，自己会犯错误，那么就要允许别人犯错误，这个道理对于领导者来说更是至关重要。光武帝刘秀在邓禹西征失败之后，没有去过分地责备他，就显示出了帝王应有的气度和胸怀。

刘秀于建武二年初，大封功臣，特遣使者重新封邓禹为梁侯，食四县。这时刚好赤眉引军西走，于是邓禹乘机兵进长安，“军昆明池，大飨士卒”，以庆祝所谓的“胜利”。此间，邓禹还做了一件大事，便是拜谒词祀高庙（“高”指汉高祖刘邦，“庙”即宗庙），收11帝神主（即西汉11位皇帝的供奉牌位），派遣专使护奉送到洛阳；另还巡行西汉诸帝的园陵，“为置吏士奉守焉”。

邓禹就在这个时候，按照刘秀的指令，把更始帝的尸体“葬之于霸陵”。更始帝投降赤眉后，封为长沙王，依谢禄而居。最开始的时候，还较自由，但不久发生了“故人”策划更始逃跑事件，自此以后谢禄加强了对更始帝的监管，甚至连刘恭也不能见他。随着时间的推移，三辅地区的民众对赤眉的暴虐越来越不满意，反而怀念起更始来。此时，三辅地区还有很多更始残余势力，其东山再起的可能性仍然存在。曾反叛更始政权的张印等看到这种情况深感忧虑，担心一旦更始帝复位自己便要遭殃，于是挑拨谢禄，把更始“缢杀之”。刘恭闻知消息夜里偷偷地去将更始帝的尸体收藏起来。

当刘秀得知这个消息之后，很是难过，遂下诏邓禹，令将更始帝葬于霸陵。然而这个时候邓禹在上郡、北地等处休兵，离霸陵很远。估计应是邓禹进入长安后，才完成这一特殊使命的。赤眉军虽然退出长安，兵力还是相当强大，“众号百万”。他们在南郊祭天之后，便沿南山（即秦岭）西进。“盆子乘王车，驾三马，从数百骑”，在场面上也算壮观。在郿（今陕西眉县东）他们与更始将军严春交战，“破春，杀之，遂入安定、北地”。这时据天水的隗嚣，派遣将军杨广迎击赤眉军，赤眉被击败；紧接着杨广又追败赤眉于乌氏（今甘肃固原南）、泾阳（今甘肃平凉西北）之间。连吃败仗的赤眉军，没有办法被迫退到阳成、番须（大体在今陕甘交界的山区）中，偏偏又“逢大雪，坑谷皆满，士多冻死”。

在这种困难的情况下，他们只好东返长安。在行军途中，赤眉军挖掘了西汉各皇帝的陵墓，“取其宝货”。凡那些使用玉匣（又名玉衣）装殓的尸体，“率皆如生”“遂污辱吕后尸”。当长安的邓禹得知赤眉回师后，即派军前往阻拦，双方大战于郁夷（今陕西虢镇西），邓军大败。邓禹抵挡不住赤眉的攻势，只好撤出长安，退守云阳（今陕西淳化西北）。

就这样，赤眉再次进入长安，居于未央宫北的桂宫。这个时候已经是建武二年九月。期间曾投降于更始政权汉中王刘嘉，后来反叛的南阳人延岑，率军出散关（今陕西宝鸡西南），驻屯杜陵（今陕西长安东北），赤眉左大司马逄安率军十余万击之。邓禹看到赤眉精兵在外，长安城中只剩盆子及老弱病残，便自往攻之。适逢赤眉大将谢禄率救兵赶到，双方夜战长安稾街之中。结果邓禹兵败，退往高陵。当时缺少给养，“军士饥饿，皆食枣菜”。

这时延岑与更始将李宝联合，迎战赤眉军逄安，结果“岑等大败，死者万余人”，李宝也投降了赤眉军。正当延岑收拾残兵败将准备逃走之际，李宝偷偷派人来送信说：“子努力还战，吾当于内反之，表里合势，可大破也。”意谓：请你继续努力战斗，我从内部策应，如此里应外合，一定就会可以大破敌人。于是延岑立即返回向逄安挑战，逄认为延是自己的手下败将，所以没有多加考虑，便空营而出，试图一举消灭对方。

他没有想到李宝乘机“从后悉拔赤眉旌帜，更立已幡旗”。当逄安等鏖战得精疲力竭，还营休息时，发现旗帜更换，情况发生变化，于是“大惊乱走”，许多人“边投川谷”，以致“死者十余万”，最后“逄安与数千人脱归长安”。

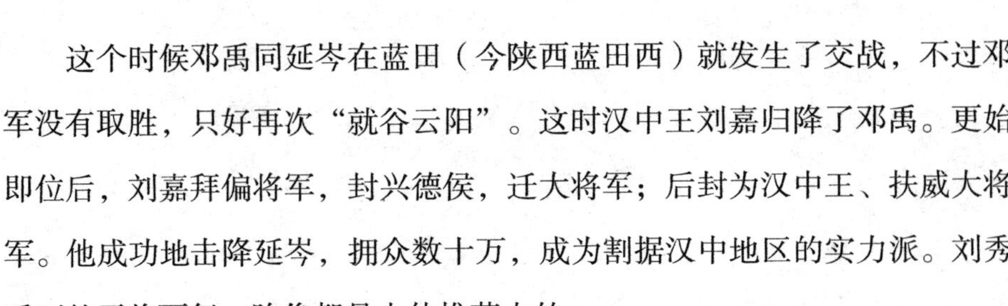

这个时候邓禹同延岑在蓝田（今陕西蓝田西）就发生了交战，不过邓军没有取胜，只好再次“就谷云阳”。这时汉中王刘嘉归降了邓禹。更始即位后，刘嘉拜偏将军，封兴德侯，迁大将军；后封为汉中王、扶威大将军。他成功地击降延岑，拥众数十万，成为割据汉中地区的实力派。刘秀手下的干将贾复、陈俊都是由他推荐去的。

建武二年，延岑反叛刘嘉，据有汉中，并进兵武都（郡治今甘肃西和南），被更始柱功侯李宝击败，逃向天水；公孙述乘机遣将侯丹占有南郑（今陕西南郑东北）。刘嘉收残卒，得数万人，于是任用李宝为相，从武都南击侯丹，不料失利，只好还军河池（今甘肃徽县西北）、下辨（今甘肃成县西北）。这时又同延岑连续交战，岑不支，引兵北入散关，至陈仓（今陕西宝鸡东），刘嘉“追击破之”。于是延岑东撤到杜陵，发生了与赤眉的交战。

刘嘉在陈仓获胜后，却遇到廖湛（原更始邓王）率领的18万赤眉军的进攻。双方大战战于谷口（今陕西淳化南），刘嘉亲手杀死廖湛，大获全胜，遂北上云阳一带，筹集粮草。在那里就和邓禹有了接触，并最终降归。这个过程中，来歙起了十分重要的作用。来歙字君叔，南阳新野人。六世祖来汉，有才力，武帝世以光禄大夫从楼船将军杨仆击南越，朝鲜。其父来仲，哀帝时任谏大夫，娶刘秀祖姑。正是由于这层关系，来歙与刘秀从小就关系亲密，两人多次一起往来于南阳长安之间。

到刘氏兄弟起兵反莽，来歙受牵连遭当局逮捕，多亏宾客极力营救，才能得免于害。更始政权建立后，他出仕为吏，并相从进入长安。因为多次进言而不被采用，遂以病去官。汉中王刘嘉是来歙的妹夫，于是派人迎接歙到了汉中。当更始失败后，来歙就力劝刘嘉且观成败。

刘秀得知这一情况后，立即通知邓禹说：“孝孙（刘嘉字）素谨善，少且亲爱，当是长安轻薄儿误之耳。”意谓：刘嘉为人一向谨慎善良，少年时与我关系特别好，现在他之所以采取观望态度，应当是长安那帮轻薄儿（指李宝等）耽误的结果。邓禹及时把刘秀的旨意转达给刘嘉，而来歙也极力劝刘嘉归附刘秀，这一切都令刘嘉最终下了归降的决心。刘嘉的相李宝并不赞成这样做，所以归降后总是“倨慢无礼”，结果被邓禹杀掉。李宝的弟弟为其兄报仇，收拢李的余部，进攻邓禹，居然杀死了邓的将军耿䜣。

自从冯愔反叛的事件发生以后，邓禹的威名因此受到很大影响，此时军中缺少粮食，作战屡屡败北，部众日益离散；而三辅地区暴乱不断，郡县大姓都拥兵自重，“禹不能定”。刘秀这时也感到邓禹毕竟多一些书生气，少一些实践经验，而且由于年纪太轻，难以胜任西定关中的重任，所以决定更易主帅，起用沉着稳健、作战经验丰富的“大树将军”冯异代替邓禹，期望能够开创西线战事的新局面。

作为企业的管理者，在管理过程中也要学习刘秀的这种容忍犯错的胸怀。世界上是不存在完美的人的，而员工在工作或是在生活中犯错也是不可避免的。此时，领导所做的不应该是无休止地训斥或者是批评，而是指出错误之后，帮助他们改正。在这种情况下，究竟领导应该如何做才能让下属更容易接受呢？这里需要特别说明的是，对下属的过失直言申斥是不会有好效果的。每个人都是好面子的，当受到领导者言语攻击的时候，他们很可能进行反驳。此时最为有效的办法就是原谅他们的过错，让员工在自责中加以改正。

既然领导者都能够容忍自己犯错误，为什么不以同等的方式来对待下属的错误呢？

作为一个企业领导，如果你的员工因为某个原因使得顾客很不满意，当顾客过来反映的时候，你应该怎么做呢？是让下属给顾客道歉，让下属自己收拾残局，还是自己亲自去处理这个问题？

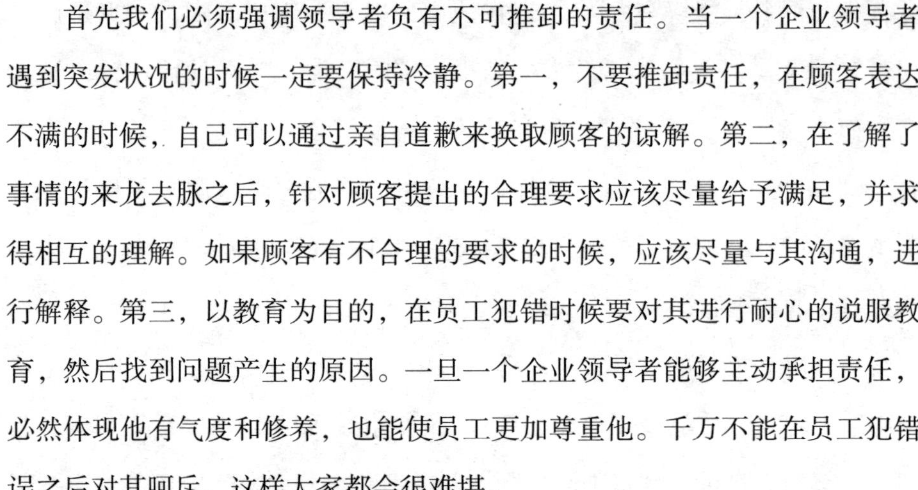

首先我们必须强调领导者负有不可推卸的责任。当一个企业领导者遇到突发状况的时候一定要保持冷静。第一，不要推卸责任，在顾客表达不满的时候，自己可以通过亲自道歉来换取顾客的谅解。第二，在了解了事情的来龙去脉之后，针对顾客提出的合理要求应该尽量给予满足，并求得相互的理解。如果顾客有不合理的要求的时候，应该尽量与其沟通，进行解释。第三，以教育为目的，在员工犯错时候要对其进行耐心的说服教育，然后找到问题产生的原因。一旦一个企业领导者能够主动承担责任，必然体现他有气度和修养，也能使员工更加尊重他。千万不能在员工犯错误之后对其呵斥，这样大家都会很难堪。

其次要学会变坏事为好事。虽然是自己要去收拾下属的残局，但是问题可能更好解决。你的态度就代表了公司的态度，好的态度会让顾客心里感觉特别舒服，也就不会再计较了。而你为员工挡掉了很多麻烦，所以员工也会对你感激涕零，这样坏事就变成好事了。

无论如何，领导者要去承担一些事情，可以使其在大家心中的形象越来越高大，从而获得大家尊敬。

在下属做错事情的时候理应受到批评和惩罚，但是如何做才能把坏影响降到最低呢？或许这是每个领导都比较头疼的问题。实际上有一个极其简单的方法，那就是有褒有贬，在指出下属错误的时候一定也要对其优点进行表扬，这样可以使其获得心理上的平衡，领导的目的也就达到了。

早川德次出生于日本关东。由他一手创办并领导了58年的声宝电器有限公司（原名早川金工业研究所），生产出了日本的第一部国产收音机、第一部国产黑白电视机、第一部国产彩色电视机、第一块太阳能电池、第一台高磁波烹饪电子烤箱、第一件名片型的超薄电子计算器……让该公司成为日本家电行业的“领头羊”，他本人也被尊称为日本家电的领导者。声宝公司1983年的营业额高达8000亿日元，比十年前增长了82倍。

早川德次的巨大成功，与他对下属的统御方法有着密切的联系。据说他和他的秘书之间发生过这样一件小事：

早川德次对他的秘书不注意标点符号很是恼火，但他并没有直截了当地批评她，而是抓住了有利时机：首先营造表扬的气氛，先调动这位秘书的积极情绪，缓解气氛，然后再适时地指出她的缺点，效果非常理想。

有一天，早川德次对他的秘书说："静子小姐，你写的字很漂亮，字体、行距适中，也很整齐，我感到很满意。"女秘书静子听到了早川德次的表扬后自然非常高兴，喜形于色地说道："谢谢您的表扬，我以后一定做得更出色。"早川德次抓住时机，接着说："但你以后对标点符号要特别注意一些，怎么样？"女秘书静子很痛快地答应了："行，没问题。"早川德次趁势又赞美道："当然，我相信以你的能力，一定会把工作做得非常完美！"

从这以后，静子在工作上的表现越来越出色，再也没有出现过类似的错误。

试想，如果早川德次上来就直接批评秘书关于没有标点符号的毛病，并告诫她以后要特别注意，她可能就会为自己辩护，也可能因为不愉快而无法专心工作，以后也未必做得更好。所以，领导者在碰到要批评下属的情况时，不妨学学早川德次的做法。

高明的医生会在苦口的良药外面裹上糖衣，智慧的领导者会把批评的话说得悦耳动听。在下属犯错时，送上美味的"夹心饼"，在他自尊心理的天平两边各加上相同的砝码，使他保持心理平衡，理智地接受批评。

比如你必须批评一位下属，因为他每天上班都会迟到15分钟。首先你得找出两件他做得非常优秀的事，比如他写的报告非常好，而且都能按时提交。由于这次你找他来，主要目的是责备他经常上班迟到，所以你最好找他私下谈。开始你不妨称赞他做得很好的某件事：

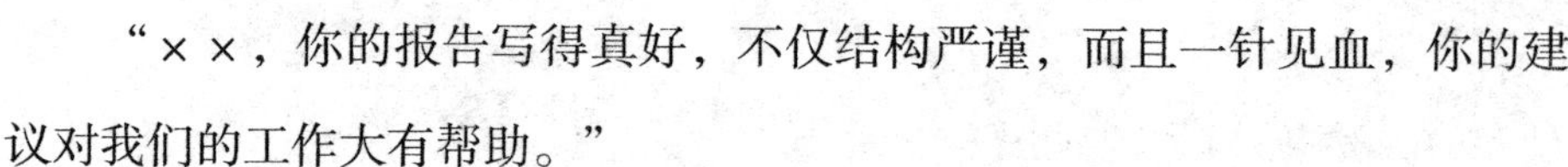

“××，你的报告写得真好，不仅结构严谨，而且一针见血，你的建议对我们的工作大有帮助。”

话锋一转——该责备他了：

“××，我们在早上也常想找你提供一些意见，可是你每天总是迟到15到20分钟，这对我们是种损失。有时候有客户从外地打电话来，我们想找你却总是找不到。我们发现，有时候没有你的建议，我们真的不知道怎样办才好。我们需要你每天早上准时到，我希望从现在就这样。”

最后你再加另一件他自认为得意的工作：“你知道的，由于你的报告都能准时提出，我对你的建议已养成了依赖性，我们整个部门都不能缺少你的建议。”

这样一来，这位下属虽然受到了责备，却依然维持了自尊。他明白他对你和部门的重要性，也明白你要他准时上班。

显而易见，只要把批评的事作为馅夹到两件值得表扬的事之间，就不至于让受批评者感到尴尬和难堪，从而能在内心深处对这种批评加以接受，同时又不会伤害他的自尊。受批评者既明白了自己错在哪里，又认识到自身存在的重要性，就会认真改正错误，也会更加努力地工作。假如领导者当着公司员工的面，直接批评：“××，不要以为你工作很出色，就可以随随便便迟到，从现在起，再也不许做违反公司规章制度的事情！”其结果可想而知。一个出色的下属也许就会弃你而去，这不仅对你是种损失，更重要的是可能给整个公司造成巨大的损失。

用人不疑巧授权

信任无论在什么地方都是非常重要也是非常可贵的，不过在权力面前，大部分人是很难信任别人的。尤其对手握兵权的将军，很少有君主能够真正放心。要是再加上别有用心的人的挑拨陷害，结果或是忠心耿耿的臣子被真的逼反，或是被革职、被杀害，只有少数深谙其中规则的人才能保全自己的官职和性命。这样的事情无疑也困扰着刘秀和他手下的一些将领们。

冯异在民间素有“大树将军”的美称，这个称号的来源，是由于冯异平日待人接物总是刚正不阿、进退有度。如果在他出行的道路上，遇到其他将士们，不论官职高低、战功大小，他总是把车停在一旁，给别人先让路。在刘秀行军打仗的过程中，每征服一处，按营寨扎后，将领们总会围拢起来，纷纷论功行赏。而这个时候，冯异却往往不参与其中，而是经常一个人坐在大树底下，所以军中官兵们就送给他一个雅号——“大树将军”。打败王郎之后，刘秀对下属部队进行整编，也重新整编了将领们，使他们的统属部队更加完善。在对官兵们进行民意调查的时候，很多军士都表示争先恐后地要求加入“大树将军”统领的队伍，因此，刘秀便越发地赏识和重用冯异了。

冯异接替邓禹担任西征军将领，配合刘秀剿灭了赤眉军后，就一直镇守在关中地区，负责清理流寇，治理安抚百姓。冯异手中只有2万杂牌

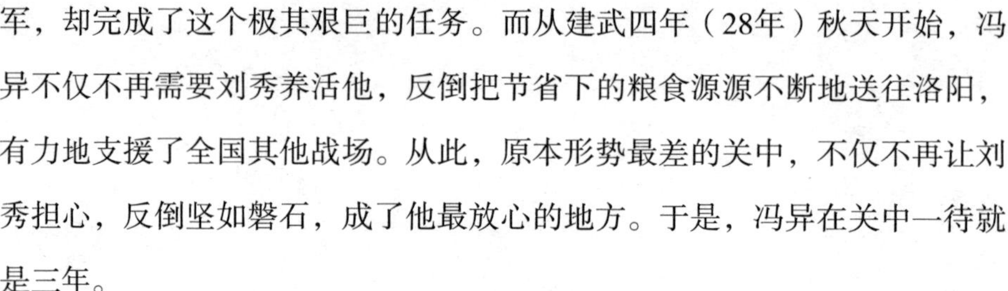

军，却完成了这个极其艰巨的任务。而从建武四年（28年）秋天开始，冯异不仅不再需要刘秀养活他，反倒把节省下的粮食源源不断地送往洛阳，有力地支援了全国其他战场。从此，原本形势最差的关中，不仅不再让刘秀担心，反倒坚如磐石，成了他最放心的地方。于是，冯异在关中一待就是三年。

由于长久居外担当要职，冯异内心颇不自安。于是上疏表明心迹，说自己思念朝廷，希望能被召回，以亲帷幄。光武帝因其职责重大，不同意他回来。

虽然刘秀信任冯异，但是其他人并不这么想。特别由于一件事，使冯异被卷入了危机中。建武五年（29年）十二月，关中发生了一件震动三辅的大事。长安令因贪赃枉法、鱼肉百姓而犯法，被冯异按律处死。本来，按照刘秀赋予他“专断关中”之权，先斩后奏也完全合理合法。这本是一件正常的政务处理，却给朝廷中的一些无所事事之人提供了口实。有人马上上疏弹劾：“冯异在关中专横跋扈，独断专行，未经朝廷允许就擅杀长安令，心怀不轨！”甚至还有谣言，冯异在关中一带深得民心，关中百姓都称他为“咸阳王”。

弹劾冯异的奏章送到刘秀御案上，堆积如山。刘秀根本不相信冯异会造反，可单凭这信任无法服众，弹劾冯异的不是一个两个人。所以，刘秀专程派一位与冯异从无瓜葛、忠正耿直的大臣宋嵩为使者，到长安去见冯异，调查此事。宋嵩临行前，刘秀将所有弹劾冯异的奏章都交给了宋嵩，让他带给冯异，还专门对他作了交代。

冯异得知刘秀派特使前来，急忙亲自迎接，得知竟是前来调查自己的罪行，冯异吓了一跳。他扪心自问，自己并无不妥之事，但是眼下一定要让朝廷知道自己的忠心，所以赶忙跪下向宋嵩请罪，将自己这几年在长安的情况详细地汇报，并解释了斩杀长安县令的前因后果。

庆幸的是，刘秀挑对了人选，宋嵩确实是一位心怀正义的忠臣，他没有受朝中流言的影响。只看到一路上关中的百姓们生活安乐富足，官吏们忠于职守，井然有序，这一切无疑都表明了冯异的政绩。

冯异将事件如实道来，这些确实入情入理，没有丝毫不合法令之处。宋嵩确信冯异是个恪尽职守的忠臣，亲手将冯异扶起，并将刘秀让他带来的奏章交给冯异。冯异看到这些奏章，心里十分惶恐，他知道自己一直在外面，会有人猜疑，只是没想到竟然有这么多人弹劾自己，而且弹劾的罪行又如此严重。幸好皇上还是相信自己的，否则也不会将这些奏章交给自己。

在送走了宋嵩之后，冯异决定还是回洛阳一趟，去拜谒一下三年没有谋面的刘秀。于是，他上疏给刘秀，请求到洛阳述职。

建武六年（30年）正月，冯异入京朝见。刘秀为了给冯异树立形象，下令举行朝会，当众召见他。刘秀见到冯异非常高兴，忙着让中黄门赐座，自己又对他嘘寒问暖，态度很是热情。刘秀知道此时要让众人明白自己对冯异的态度，所以他要将冯异的功绩好好夸耀一下，让朝廷里的新晋官员们认识冯异这个元老级的人物。他扫视了一下群臣，然后将冯异介绍给群臣："这位是我起兵时的主簿，为我披荆斩棘，平定关中三辅，解除了我的后顾之忧，功劳很大呢。"几句话点明了冯异的资历和功劳，让新晋官员们一下子明白了冯异的地位。刘秀说完，又派中黄门赐给冯异珍宝衣物钱帛等。

然后，刘秀对冯异说："芜蒌亭的豆粥，滹沱河的麦饭，我现在都没有忘，只恨没有可以报答的。"冯异说："我听说管仲对齐桓公说，'希望你不要忘了我用箭射过你，我不要忘了大王用囚车装过我'，他们两人有着这样特殊的感情，互相勉励，终于雄霸天下。我现在希望皇上不要忘了河北，我也不敢忘了皇上对我的恩情。"

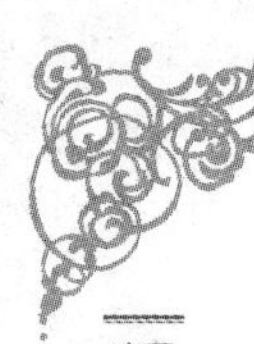

君臣都吐露心声，冯异终于松了一口气，他知道皇帝始终是站在自己这边的。这件事也算告一段落了，刘秀便和冯异讨论进攻陇、蜀的事情。刘秀准备采取先抚后攻的战略平定陇西和巴蜀。占据陇西的是隗嚣，当初刘秀让将军邓禹和冯异进攻关中的时候，对隗嚣采取了拉拢的手段，但是，当刘秀约他一道进攻盘踞巴蜀的公孙述时，隗嚣只说自己兵单将寡，竟托词拒绝，实际他这时已经准备起兵反对刘秀了。

所以，刘秀需要听取冯异的意见，看看他对攻取陇蜀有什么建议。

冯异早就知道刘秀必然要拿下这两处，便想借此机会离开长安这个是非之地，领兵攻打陇西，为国效力。冯异说道："我看隗嚣和公孙述两人分据西南，非大加惩创，终难降服，我虽然没有什么才能，但愿意为国家效力。"

刘秀还是放心不下关中三辅的安全问题，说："长安是陇蜀的枢纽，最是紧要，你不可离开，实在不得已，我会亲到长安，调度兵马，先行伐蜀。"两人探讨进兵计划，直到天色黄昏。此后，刘秀几乎天天召冯异一起共饮畅谈，过了十多天，才放冯异回长安。

等到冯异准备回关中的时候，刘秀为了表明自己的充分信任，让冯异安心，干脆让他把妻妾、儿子等家眷全部带到长安去。看到皇帝对自己如此信任，冯异感动异常，他决意更要守好关中这个重地，以报答皇帝的知遇之恩。

后来冯异又参与了破延岑、公孙述、隗嚣、卢芳等战役，后积劳成疾，终于病倒在军中。建武十年（34年），冯异在军中病逝。

冯异出身儒生，又通晓《孙子兵法》，文采出众，武略也不差人分毫，不仅屡建战功，在云台诸将中雄姿勃发，位于先烈，同时，在治理郡事务方面，也是政绩突出，当时他在治理关中时，素有"怀来百姓，申理枉结，出入三岁，上林成都"的好民风。他带兵驻扎关中三年的岁月中，大部分当地百姓生活如常，完全不知道这里还有军队出没。像岑彭、寇恂一样，他也是为官清廉不已，爱民如子的一代良将。

这样的贤臣却差点毁于谣言和他人的妒忌，幸好冯异遇到了刘秀，一个能真正信任他的君主。否则，他的一片忠心恐怕早就被付诸流水，一代良将也将抱憾终身。

“疑人不用，用人不疑”的核心就是“信任”。作为一个合格的领导者，具备这样的用人之道，毫无疑问是其最基本的素质之一。但是，在具体运作的时候，很多人会觉得真正做到这一点是十分困难的。

与员工建立良好的信任关系，是领导者试图达到的一种理想的用人状态。所谓“疑人不用，用人不疑”，讲的就是这个道理。问题的关键是：你如何在用权的时候赢得下属的信任，或者如何使下属对你的权力支配心甘情愿呢？一些领导者之所以紧抓权力，其中一个重要的原因就是不信任下属，怕下属把事情办砸了。因此，领导者放权的一个前提就是信任下属。没有信任，上下级之间很难沟通，很难把一件事处理好，这样，领导用起人来，就很困难，甚至受到阻碍。

信任下属——要做到这一点，必须用人不疑，疑人不用！这就是说，必须是在可以信任的基础上用人，否则可以坚决弃而不用。因为没有信任感地用人，即使委以重任，也形同虚设，起不到应该起的作用。

“疑人”是必要的，但不是“用人”的前提。假如一个员工某些方面存在严重不足，已经属于“疑人”范围，要么弃而不用，要么等到条件成熟后再用，不必非要冒险，这是常识。

日本人曾盛誉松下公司创始人松下幸之助为“用人魔鬼”。他在用人方面，就很高明。

松下幸之助是一位在日本企业界，乃至全世界的企业家中大名鼎鼎的人物，被誉为日本的“经营之神”。在日本现代企业经营史上，获得成功

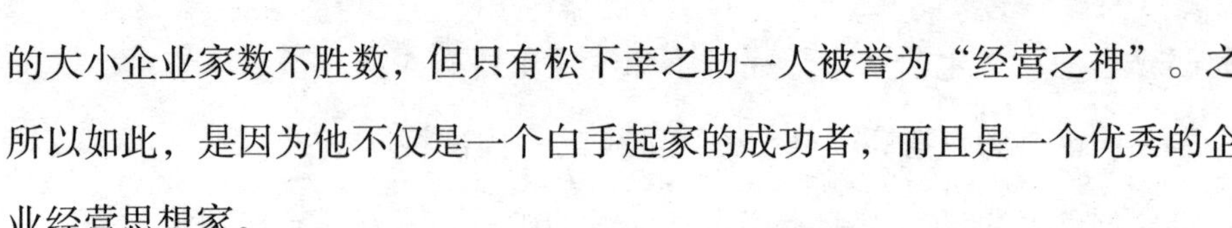

的大小企业家数不胜数，但只有松下幸之助一人被誉为“经营之神”。之所以如此，是因为他不仅是一个白手起家的成功者，而且是一个优秀的企业经营思想家。

松下幸之助的成功，与他的用人之道分不开。松下幸之助可以称得上是用人不疑，疑人不用的企业家的典范。他的秘诀之一，就是充分相信自己的下属，最大限度地调动他们的工作热情和积极性。

在松下幸之助还只是个20岁的小伙子时，对人的理解就已经达到了相当高的水准。当时日本流行一种用沥青、石棉和石灰等构成的烧制材料。为了维护各自的利益，一般的企业都把这种烧制材料的制作配方作为企业的秘密严加保护，除了亲属绝不外泄。

但是年轻的松下幸之助却一反常规，他不仅不对自己的员工保守秘密，而且还毫不犹豫地将技术传授给刚招进厂的新职工。有些人很为他担心，松下幸之助却不以为然地说：“只要说明原委，新职工是不会轻易背信弃义随便向外泄露秘密的。重要的是相互信任，否则不仅事业得不到发展，也无法造就出人才。”结果，他的工厂不仅没有发生泄密的事情，而且还收到了良好的效果，职工因受到信赖而心情舒畅，生产热情十分高涨。

这件事也让松下幸之助初次尝到了用人不疑的甜头。后来松下幸之助为了扩大市场，需要在西海岸的金泽市开办一家营业所，推销产品，为此必须派出一名主任领导这项工作。在营业所主任的人选上，他看中了一名初中毕业参加工作才两年的年轻人。别人认为这个小伙子没有经验，资历也不够，但松下幸之助坚持己见，破格提拔他为主任。

松下幸之助对这个年轻人说：“你已经20岁了，在古代的时候，你这个年龄已是武士到阵前取回敌方大将首级的年龄了。既然你已经有了两年的工作经验，那么你一定可以胜任这个职位。说到做生意的方法，你认为怎样做对，你就怎样去做。你一定会干好的，你要相信自己。”

结果这个年轻人因为松下幸之助的充分信任而激动万分。他信心十足地率领派给他的两个学徒在新的地点拼命工作，不仅很快打开了局面，而且获得了极大的成功。

用人如友诚待之

成功的用人者用人就好像交朋友，真诚的领导往往能够获得别人的真心辅佐，而成功的用人者，总是和下属保持着一种保持着一种真诚的友谊。对于这种关系的确立，只有我们付出自己的真诚，才能得到别人的真心。

来歙是刘秀的远房亲属，在刘縯、刘秀起兵反对王莽时，来歙曾因为是刘秀的亲属被王莽收捕准备处死。幸好来歙平时爱好结交宾客，他门下的宾客们把他从监牢里救了出来。更始帝即位后，来歙在他手下任职，并追随入关。可惜刘玄并不是识才之人，来歙多次出谋划策却始终没被采纳，灰心之余便辞去了官职。来歙的妹夫汉中王刘嘉延揽人才，把他请到汉中。更始帝事败，来歙劝刘嘉归附光武帝刘秀。于是，两人一起到了洛阳。

刘秀在便殿见到了来歙，高兴得连忙起身相迎。看到来歙一路风尘仆仆，身上的衣裳已经有些破旧了，当即解下自己身上的锦袍给来歙披上。这一举动一下子让来歙心里无比感动，虽然刘秀现在贵为天子，却依然将自己作为亲人看待。对于刘嘉、来歙的才能，刘秀是深知的。他下诏任命

刘嘉为千乘郡太守，跟随自己征战各地。又任命来歙为太中大夫，留在身边为自己出谋划策。

当时刘秀正忧虑如何收复陇西、巴蜀，来歙便主动说："我曾和隗嚣在长安相遇。这个人开始起事的时候，以拥汉为名。现在陛下圣明的品德盛大兴旺，我希望遵奉您威严的命令，拿着您的手书作为信物，前往陇地，隗嚣必然乖乖地来归顺您，那么蜀地的公孙述自然灭亡，不值得谋划了。"来歙便作为使节多次联络隗嚣，对隗嚣在成都公孙述和洛阳刘秀之间选择投靠刘秀起了重要作用，来歙和隗嚣二人之间的友好关系维持了很长时间，直到隗嚣又转而投向了公孙述。

建武八年（32年）春，来歙率两千多人袭取略阳，他们伐山开道，从番须、回中直达略阳，采取"黑虎掏心"之法，深入敌后，斩杀隗嚣守将金梁，趁机据守这座城池。隗嚣得知略阳被占领，忙派大军围剿，经过两个多月艰苦的血战，来歙以2000之众，独自抵抗隗嚣的4万大军，临危不乱，据守危城。刘秀趁机使用"中心开花"战术，并且辅以政治攻心策略，一举将隗嚣的主力击溃，使其受到致命的打击，濒临绝境。在这一战役中，来歙为打开陇西大门，夺取战役的全局胜利，起到了关键性的作用。

洛阳之围解决之后，来歙听说刘秀在高平，连忙赶去拜谒。刘秀特地置办酒宴，慰劳、赏赐来歙，并且单独给来歙设置席位，排位在各位将领的上首。为了褒赏来歙平陇的丰功伟绩，刘秀还当众给了他特别的赏赐——丝缣1000匹。来歙不明白刘秀的赏赐是什么意思，问道："陛下，这是何意？"刘秀大笑："这不是给你的，这是朕送给表嫂的！没有她这样的贤内助，今日你又如何能为国家立下如此大功？"来歙红着脸拜谢，在场的众将领全都忍俊不禁。

后来，来歙在攻打蜀地时遇刺身亡，临死前还不忘为国举贤。刘秀接到他的遗书，伤心得痛哭流涕，策书曰："中郎将来歙，攻战连年，平定羌、陇，忧国忘家，忠孝彰著。遭命遇害，呜呼哀哉！"来歙的遗体被运送到洛阳后，刘秀身披缟素，亲自临吊送葬。因来歙有平羌、陇之功，特改汝南郡为征羌郡。

执金吾贾复虽然骁勇善战，却对军纪并不太重视，他拿下郾城后，入镇汝南郡的首府上蔡县附近休整，准备休息几日就班师北还。在休整期间，贾复纵容手下人在当地烧杀抢掠，让当地的百姓苦不堪言。此时坐镇颍川的是太守寇恂。寇恂为人正直，爱民如子，听说这样的情况义愤填膺，立刻下令将犯法的将领收监拷问，确定他们是贾复的部下，且在当地干了不少抢劫欺凌百姓的勾当后，寇恂按军法准备将这些人处死。寇恂身边的人大惊失色，纷纷劝道："大人，这些人是贾复将军的手下，不能因为这种事跟他结仇啊！"寇恂大怒："我不管是谁，谁欺负了百姓，就该受到处罚，不然法威何在？就是贾复犯了事，我也绝不饶他！"寇恂毫不客气地将这几个将领绳之以法。

脾气火暴的贾复得知消息，气得拍案大骂："寇恂这家伙居然敢杀我的兵！贾某与他同朝为官，如今却被他无故侮辱，今日不见则已，一旦让贾某撞见，我一定亲手宰了他！"几天后，贾复率大军班师北归洛阳，正好路过颍川。按照朝廷规定，大军班师回朝，地方官员要前去款待劳军的。寇恂很清楚以现在的情况，如果见面，贾复这个火暴脾气的家伙说不定会做出什么事来。寇恂并不想跟贾复发生正面冲突，只好避免跟他见面。他姐姐的儿子谷崇不理解，问道："舅父，他是大将，我也是大将，到时我带剑跟在您旁边，就算有什么事，也足可以抵挡了，为什么要怕见他，白白让人家看不起？"

寇恂说："你这话就错了，当年蔺相如不怕秦王，但是为了国家，见廉颇来了，还愿意退避，他知道先公后私，难道我竟不能做到吗？"

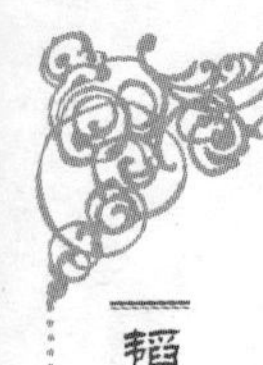

谷崇听了才明白寇恂的良苦用心。于是，当贾复的大军到达的时候，寇恂故意装病没有出面，但是下令各地官员大设酒宴，好好犒劳贾复部下的将士们。贾复见不到寇恂，没法发作，手下又被好酒好菜地招待，一个个喝得烂醉如泥，即使贾复想为难寇恂也没法施展，只好悻悻地离开了。

寇恂随后派外甥谷崇为信使，赶到洛阳将实情禀报。了解前因后果之后，由于对这两人都十分看重，刘秀有心为他们调解，于是马上召寇恂入朝觐见。寇恂来拜见刘秀的时候，恰好贾复也在殿中。贾复一见寇恂前来，心里自然很不痛快，可是碍于在刘秀面前，他也不好发作，只好起身准备避开寇恂。

刘秀让寇恂前来就是为了给他两人调解，当然不能放贾复走，赶紧叫住了贾复："天下未定，你们两员大将怎么能先斗起来了？今日朕就充当一次和事老，这个面子你们想必是要给的。"贾复听了，心里也有些惭愧，没有说话。旁边早有人铺设宴席，刘秀对着两员爱将举起酒樽："来，朕与你们同饮一樽，你们以前有什么冤仇就都算化解了。"

有皇帝亲自出面调解，于是贾复和寇恂都放下心结，君臣三人并坐酣饮。酒宴终了，贾复与寇恂共乘一辆车出了皇宫。寇恂与贾复二人终于言归于好。

贾复以前潜心学问，又是一员猛将，上了战场就完全不顾性命地拼杀。在射犬聚与流民军、青犊军的激战中，双方从清早就展开了激烈的厮杀。经过半天的激战汉军开始显出了败相，刘秀赶忙命都护将军贾复率领精锐的骑兵预备队上阵。贾复一上阵，马上稳定住了战局。双方一直杀到正午时分，难分胜负。

刘秀见状，认为汉军锋锐已疲，不可再战，下令鸣金收军。贾复率众回到阵中，刘秀对他说："贾都护，将士们已经很疲惫了，吃完午饭再打不迟。"贾复竟当场拒绝："先击破贼人，然后再吃不迟。"

他不等刘秀应允，头也不回地拨马带人向前猛冲。此时的青犊军也早就疲惫不堪了，以为彼此都会休息完再战。没想到汉军却又忽然间冲杀过来，青犊军顿时阵脚大乱。贾复冒着飞箭流石，一马当先冲杀过去，毫不在乎自己受伤。将士们见都护将军如此英勇，不禁热血沸腾，全都受到了鼓舞，无不以一当十，拼死冲上前与敌军拼杀。结果青犊军被打得大败，狼狈逃走。青犊军的主力基本上已经被消灭。不久，赤眉、上江、大肜、铁胫、五幡五部联军全线溃败。

贾复的剽悍骁勇让全军将士佩服，刘秀却开始担心起来，贾复的勇敢让他很高兴，可是这样一个“拼命三郎”，恐怕会常常受伤。贾复是文武全才，刘秀要是将来得了天下，治国安邦是少不了他的。照他这样拼命，如果战死在两军阵中，真是太可惜了。

果然，在真定与五校流民军的激战中，贾复身中12处重伤，情况很危急。听说贾复受伤，生命危在旦夕，刘秀非常焦急，对诸将道：“本王之所以不让贾复独当一面领兵，就是担心他太过骁勇，不顾及自己安危。我不能就这样损失了我的一员虎将呀！听说贾复之妻已有身孕，若她所生为女，将来就给本王做儿媳；若她生的是儿子，日后就做本王的女婿。本王之所以如此，是为了不让他为身后而忧，不留下遗憾！”诸将听了，都十分感动。军情紧急，不能久留。刘秀将伤势危急的贾复留在真定养伤，自己则亲率大军北上，继续追剿窜入幽州境内的流民军。

幸而这次贾复大难不死，最终还是康复了。贾复骁勇固然是好事，可一到战场搏杀，就完全是一副拼命的架势，全然不顾自身安危。刘秀以为其勇猛过度，自从那次重伤后，除了随刘秀征剿檀乡兵外，很少命他远行出征，因此贾复少有独当一面的功劳。大将们聚在一起常常会谈论起各自的战功，贾复因无功可说，总是独自坐在一边，神情黯然。刘秀明白贾复的心情，在这时候常常都会说：“贾将军的功劳，别人不知，朕知道！”

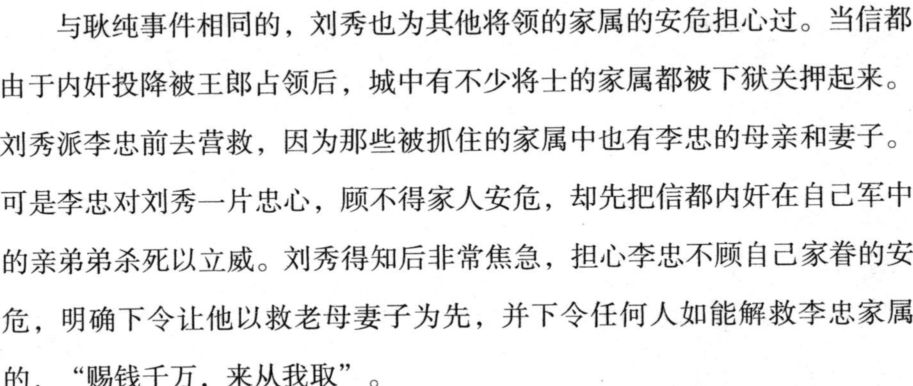

与耿纯事件相同的，刘秀也为其他将领的家属的安危担心过。当信都由于内奸投降被王郎占领后，城中有不少将士的家属都被下狱关押起来。刘秀派李忠前去营救，因为那些被抓住的家属中也有李忠的母亲和妻子。可是李忠对刘秀一片忠心，顾不得家人安危，却先把信都内奸在自己军中的亲弟弟杀死以立威。刘秀得知后非常焦急，担心李忠不顾自己家眷的安危，明确下令让他以救老母妻子为先，并下令任何人如能解救李忠家属的，“赐钱千万，来从我取”。

祭遵患病，刘秀得知后“诏赐重茵，覆以御盖”，在封建时代，刘秀能将御被送予下属，对下属而言是无比荣耀的事情，祭遵由此受到的激励自不待言。后来祭遵逝世，身为一国之君的刘秀身披素服来为祭遵送葬，哀痛得不能自已，让身边的侍卫们都忍不住也跟着落泪。祭遵下葬之后，刘秀又亲自到坟墓去吊唁，慰藉祭遵的家属。

这样的事情对于刘秀太过平常，邓禹、李通、卓茂等重臣去世的时候，刘秀也都与皇后一起亲自为他们送葬。

刘秀生性节俭，对功臣们却毫不吝啬，不但高官厚禄，而且常常给他们丰厚的赏赐。马武曾由衷地感叹道：“远方来进贡的宝物珍玩，陛下都先将这些珍宝给列侯分发下去，自己所剩无几。”可见刘秀对人之真诚无私。

用人就好像交朋友。交朋友时，获得朋友的唯一方法是先学会做对方的朋友。要知道，友谊不是凭空掉下来的，它需要培养浇灌才会不断成长。朋友靠友情浇灌，当他静默时，你的心仍要倾听他的心。友谊无须过多言语，所有的思想、愿望、希冀皆在无声的喜悦中发生，并在朋友间共享友爱、忠诚、信义……用人也是一样的道理，只有真正设身处地地为对方着想，不断用自己的真心实意去和人才交流，感动人才，将心比心，最终才能得到人才的真心。

把纯洁的友谊加诸在金钱上，这样的人在生活中随处都能见到。这些人非常看重权力和物质条件，对有权有势的人曲意奉承，以求获得庇佑；看到财大气粗的人，就一味附和讨好。这些人不管是非黑白，平日里结交的都是些酒肉朋友，互相奉承，为虎作伥，追求物质，为了追求金钱而聚在一起同流合污。

这种建立在金钱和权势上的友谊容易交结，可是，这样的朋友得来容易，失去也容易。这些朋友们结交的基础是权力和金钱，他们在饭桌上互相吹捧，十分自私，也十分虚伪，彼此之间并不会真诚付出、也不会互相帮助，这样的“友谊”是不可能天长地久的。

用人的过程中，也不能够单纯地追求利益，只是利益关系的领导和人才的关系同样是脆弱的。利益建立起来的关系，能够轻易地被利益打破。所以我们看中的更应该是一种心灵上的交流，在领导者和人才之间，搭建一座心理上相互沟通的桥梁，只有这样，才能让人才对自己死心塌地地追随。

在我们生活中，一些所谓的“朋友”之间，会遇到这样的情况，当自己取得了一定的成绩、有了荣誉之后，就会有人殷勤地表示友好；而当我们遇到挫折和困难时，打电话都找不到人。这种人都是讲求实用主义的，有用就是朋友，这种态度是可鄙的。有的人对那些于自己有用的“朋友”，就千方百计地加以笼络，对暂时用不上而将来有所求的“朋友”，则滑头滑脑，若即若离地维持；对曾经有用、今后不再有用的“朋友”，则置之脑后似乎不曾相识；对那些过去有恩于自己，后来陷于困境需要他帮助的，则忘恩负义，有的甚至趁火打劫、落井下石。

领导在用人中同样存在这样的问题。一个领导，在拥戴人才的时候，把人才捧在手心；在不用人才的时候，就丢在一边，甚至像古代的帝王，许多都是要大杀功臣。这样的领导会让人才心中存在很大的阴影，其他的人才看到这种情况，也就不会再主动来为用人者服务。像刘秀一样的领导，总是把人才放在自己看中的位置，对人才的看重从来没有因时代的变化而改变，像贾复这样的猛将，因为过于勇猛，刘秀反而担心他的生命安危，甚至不惜阻止他出战，一直对其爱护有加。在天下平定之后，论及功劳，却并不因为没有军功而轻视贾复，反而经常对大家说："贾复的功劳，我心里知道。"这样的领导，怎么能不感动下属呢，使下属为之抛头颅、洒热血，鞠躬尽瘁。

用人者不能仅仅靠着一点小恩小惠对人才进行管理，而是要付出自己的真情实感。古语有云，锦上添花易，雪中送炭难，患难之中才能看见真情。交友需要谨慎，择友更要讲求缘分。能够互相帮助、互相提携，共同直面人生的困境，从而共同获得进步的才是真正的良师益友。一朝交友不慎，可能会抱憾终生。

用人者同样要明白患难见真情的道理，要对自己的下属，待之以真情，真诚地付出，用人如友，这样就会得到下属的真情回报，并最终使作为领导的用人者得到真诚的回报。

放下架子得人心

"摆架子"是等级观念的反映，是旧社会的官场习气。但是，权威不是与权力大小或掌权者的官架子大小成正比的。领导权威大小取决于领导者在被领导者心目中的认可度、接受度。如果群众不认可，不接受，你地位再高，权力再大，也不可能有权威；相反，还会被群众所抛弃。所以，要在官场中长期生存，得到人们认可，还是要放下架子，放下架子你的天地也会更宽阔。

刘秀是个性格宽厚温和的人，而且很少在臣子面前摆出君主的架势，与臣子们关系很好，尤其是几个常年追随在身边的亲信，都是当作朋友一样对待，还常常跟他们开些玩笑。

臣子里被开玩笑的最多的就属朱祐了。因为朱祐生性率直恭谨，刘秀从学生时代就很喜欢逗弄他。

在长安求学时，刘秀与朱祐既是同乡又是同窗，关系也算很密切了。由于他们是太学生，在地方上也算有点名望，所以在他们到长安之前，地方的官员委托他们代自己向大司马严尤汇报自己的工作。

刘秀和朱祐便结伴而行，来到大司马府拜访严尤。刘秀代春陵侯向严尤报告，朱祐代复阳侯向严尤报告。才到严尤的府上，正赶上严尤乘车外出，见刘秀而奇之，停下车来，主动和刘秀说话，朱祐则被完全冷落在一旁，根本就不予理睬。刘秀打动严尤的，不仅是美须眉的外貌，更有刘秀不凡的谈吐和气度。但严尤绝没有想到，这个年轻人日后会在战场上成为他的敌手，谈笑间便将新朝倾国而出的百万大军化为乌有。

当时的刘秀也不知道自己以后会做出怎样的功业。作为一介书生的太学生能得到严尤这样级别高官的赏识，刘秀就十分得意了。等大家的事情都办完了，在回住处的途中，刘秀开始扬扬得意地逗弄朱祐说：

"你看看，人家严公哪里拿正眼看你，他的眼里只有我啊！"偏偏朱祐被逗弄后越发持重恭谨，刘秀也就越有兴趣逗他，即使当了皇帝依然如此。

后来朱祐追随刘秀四处征战，直到刘秀行大司马事，拿下了河北，任朱祐为护军。刘秀对朱祐格外地信任亲近，常常让他居留于中军营中。刘秀这时已经有能力脱离更始朝廷的控制了，众将都在怂恿刘秀登基称帝，

但是刘秀根本不理众人的建议。由于朱祐跟刘秀关系亲近，又耿直，大家就委托朱祐继续劝刘秀登基。有一次，朱祐陪刘秀吃饭时说：

“主公，现在长安政治混乱，您额中隆起有帝王之相，这是天命。”刘秀看着朱祐认真的样子觉得好笑，故意吓唬他说：

“你这话太大逆不道了，一会儿叫刺奸将军把你抓起来。”朱祐听了果然吓得不敢再说了，刘秀又得意地笑了。

在太学读书时，朱祐是个非常刻苦的人，而且学习成绩很好。刘秀有不明白的问题常去向朱祐请教。刘秀来到朱祐住处，在门外候着，等着外出讲学的朱祐回来。可是朱祐太过用功，回到家中也是着急读书做功课，根本不理睬刘秀，便径直回屋，将刘秀晾在外面。刘秀觉得很没面子，可是他也知道朱祐的脾气，不跟他计较。

刘秀登基为帝后，有一次来到朱祐的家里拜访。朱祐不敢怠慢皇帝，慌忙来到门前迎驾，刘秀又忍不住逗朱祐：“仲先兄，你该不会又先去读书把我晾在一边了吧？”说完仰天大笑，弄得朱祐面红耳赤，好不尴尬。

长安太学就读时，朱祐家祖传的药销路不好，刘秀和他合作经营之后，往药里添加了蜂蜜，让药不再那么苦口，顿时生意兴隆。刘秀是个很念旧的人，他登基皇帝很多年以后，偶尔回忆起当年的往事很是怀念。特意赐给朱祐一些蜂蜜，笑望着朱祐问道：“还记得当年你我在长安时一起卖蜜合药吗？”

建武五年（29年），张湛任光禄勋。光武帝上朝时，有时面露倦容，张湛经常指出他的过失。张湛常骑白马，光武帝每次见到张湛，就说：“白马生又要进谏了。”

一天，刘秀把还健在的功臣们请到宫中，摆下筵席，与大家一起谈过去的那些往事。刘秀看着这些老部下们，笑着问道：“诸位要是一直生活在太平盛世，没跟着朕打天下的话，你们都会做什么？最高能够做到一个什么官爵？都说说！”

高密侯邓禹第一个站起来，抢先发言：“启奏陛下，如果是这样的话，臣以前爱好做学问，可以在南阳郡里当个文学博士。”刘秀大笑：“高密侯，何必过谦，你可是大家子弟，为什么不能做个功曹、掾吏呢？”大家一听，哄然大笑，趁着酒性，纷纷开始发言。轮到了捕虏将军、杨虚侯马武之时，他本是绿林出身，此刻却忘了。他大大咧咧地道：“陛下，臣剽悍勇武，可以做都尉，专门抓盗贼。”刘秀微微一笑：“马武，你不要再说去抓贼了，你自己不当贼就不错了，再能混个亭长当就差不多了。”众人闻听此言，人人捧腹。马武一愣，这才明白刘秀在开玩笑取笑他，也跟着一起“嘿嘿”傻笑。大家见状，更是大笑不止。

马武喜欢喝酒，每次举行宴会，喝醉了就找刘秀去聊天，他胸无城府，有什么说什么。经常把他对于同僚的看法都说出来，无所回避。故而，刘秀也能够听到一些平常人不敢在他面前说的话。对此，刘秀不但不怪罪还经常纵容他，常常请他喝酒，等他醉了，故意逗他说话并以此为乐事。

刘秀和他的臣子们既是君臣也是朋友，一起出生入死，征战沙场，这样其乐融融的君臣关系在古今中外都是不多见的。正是刘秀的宽厚，才能让下属如此纵情惬意地玩乐而不必小心翼翼这样的情景恐怕也只有在刘秀当皇帝时能够看到。

领导之所以能够成为领导是因为他在某些方面比别人更突出。或许，大众心中的领导都是喜欢摆架子的，但是这有点过于绝对化了。有些领导也是非常平易近人的，但是不排除有些领导把自己放在高高在上的位置上。

为了给关羽和张飞报仇，刘备出动百万军师来讨伐东吴。孙权从阚泽

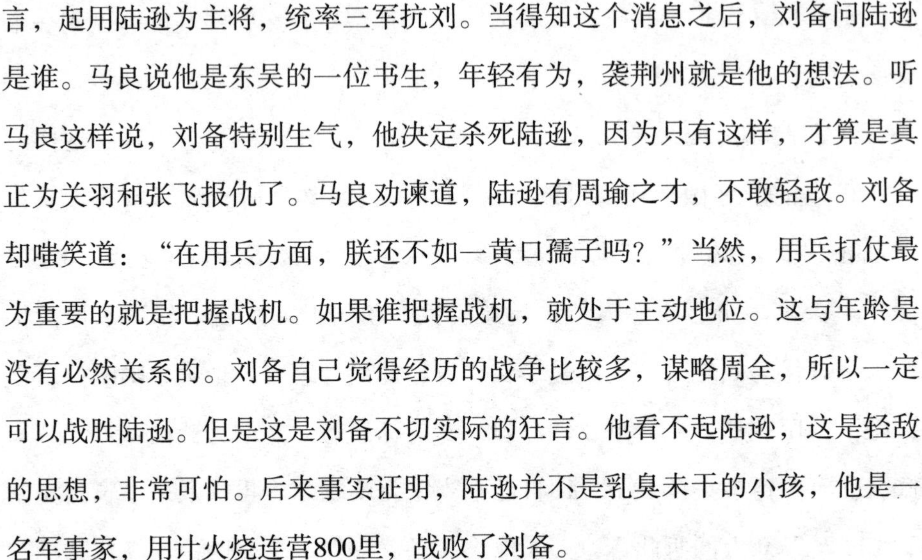

言，起用陆逊为主将，统率三军抗刘。当得知这个消息之后，刘备问陆逊是谁。马良说他是东吴的一位书生，年轻有为，袭荆州就是他的想法。听马良这样说，刘备特别生气，他决定杀死陆逊，因为只有这样，才算是真正为关羽和张飞报仇了。马良劝谏道，陆逊有周瑜之才，不敢轻敌。刘备却嗤笑道：“在用兵方面，朕还不如一黄口孺子吗？”当然，用兵打仗最为重要的就是把握战机。如果谁把握战机，就处于主动地位。这与年龄是没有必然关系的。刘备自己觉得经历的战争比较多，谋略周全，所以一定可以战胜陆逊。但是这是刘备不切实际的狂言。他看不起陆逊，这是轻敌的思想，非常可怕。后来事实证明，陆逊并不是乳臭未干的小孩，他是一名军事家，用计火烧连营800里，战败了刘备。

刘备的失败告诉我们，领导在考虑问题的时候千万不要把自己的身份考虑进去。一旦按照自己的职务来看问题必然使其缺少了客观性，主观性更多一些。这样就无法做到全面考虑问题，最终脱离实际，以失败而告终。刘备鄙视陆逊的做法就体现了他爱摆架子，最终以“一失足成千古恨”结束了自己的光辉岁月。

为什么有那么多领导喜欢摆架子呢？这是因为在他们的内心深处有很强烈的等级观念，把人分为三六九等，一旦当上官之后就觉得自己比别人强很多，所以往往表现出得意扬扬的形态。

从领导威信方面来说，真正有威信的领导是那些依靠自己的真才实学、业务水平和工作能力，能够与下属建立良好关系的人。而那些经常表现出一副官样的人是不可能有什么威信的。

在现代社会中，如果一个领导过于自我膨胀，忽视他人的存在，这样就会导致缺少必要的群众基础，在任何单位中都无法真正立足。所以，一个领导最好不要摆架子。

那究竟什么是架子呢？每个职位的人都有自己的架子，也就是现在我们所说的“范儿”。其中，影响最大、最受人尊崇的当属“官架子”了。

其实，官场文章是不受任何条件限制的。通常来说，做官的人在行为举止方面就摆官架子，说话打官腔，处处都要显示自己是个“官”，凌驾于老百姓之上。他们希望其他人都哄着他们、尊重他们，虽然虚荣心获得了满足，但是前途却没有了什么希望，路也越走越窄。如果想要在未来能够大展宏图，最主要的还是与老百姓多沟通，放下那些令人可笑的官架子。

俗话说：“牛大马大值钱，人架子大了不值钱。”的确，在日常生活中，那些经常显示自己多么了不起的人是不可能受到欢迎的。久而久之，人们也就越来越疏远他们，最终无路可走。

官场中历来流行摆架子、比排场。每有官员出巡，往往搞得鸡犬不宁，百姓怨声载道。社会发展到现在，有那么一些官员，因受封建“官念”的影响太深，仍以人民的“父母官”自居。真是台上拿腔捏调地讲“官话”，而台下则忸怩作态地迈“官步”，有的则人车未到电话先行，每到一地兴师动众，前呼后拥，煞是热闹。但如今这个时代，再去做官样文章，再去显摆自己，只会让自己的官路更接近终点。应该学学林肯，因为你的威信不是靠做官场文章和显摆自己得来的，而是“依靠”人民群众得来的。

第五章 DI WU ZHANG 博弈之道，势强者胜

博弈之道，无论是在乱世还是治世，都是被人们津津乐道的，然而懂得博弈之道的人却很少，能精通之人更是凤毛麟角。博弈之道，是如其名，近于下棋。然而棋子、棋盘却是因人而异各不相同。对于刘秀来说，将士苍生是他的棋子，天下河山是他的棋盘，这是一场规模浩大的博弈。最终刘秀运用自己的智慧将一个个对手击败，笑到了最后，为后人仰止。

迂回前进有奇效

有些时候，我们面临的困难是难以逾越的，或者说为了克服或者取得胜利要付出很大的代价的。这时，我们可以考虑换个思路，不妨放弃和困难进行正面对决，换个角度，迂回出击，以寻求突破。

刘秀、刘縯两兄弟举起义旗，一时间引起了官军的极大重视，官府发大兵来进行围剿，面对敌强我弱的局面，刘秀建议大哥选择联合其他起义军，刘縯同意了弟弟的计策，联合了起义的绿林军，一时队伍壮大，实力雄厚。革命形势一片大好，在这种情形下，刘縯、刘秀兄弟自然欣喜万分，马上加紧军事部署。

因为时间紧迫，甄阜、梁丘赐所带领的将士已经快要渡河了，另外，不少士兵还在替以前战争中刚刚过逝的亲友守丧，所以联军没有机会为了进一步的联合而举行大规模集会，或者召开庆典。

刘縯、刘秀和其他队伍首领当下决定进行队伍整理，是完全符合实情的。

打仗不是纸上谈兵，作战也不是过家家，一旦双方相遇，一拳一脚都是真刀真枪。从古到今，战争总是有自己的本质规律，这个规律就是：对参战双方来说，要遵守最根本的原则和守则。也就是保存己方实力，同时最大限度地消耗敌人。一切兵力武器的投入使用和灵活运用战术，都是以这个基本原则为目的而展开的。

在刚开始的几次小规模战役中，联军由于在数量上占据绝对优势，能够周全准备，就像再用一只胳膊出拳攻击敌军，而另一只手空出来随时备用，保护己方力量。

可是，打到小长安之后，他们突然遇上了甄阜、梁丘赐大军的埋伏，联军在数量上的优势立刻消失了，原先打算进行宛城攻坚战，如今计划被打乱，只有在野地里开战，这种情况下，既不能打退敌人，也保护不了己方的随军家属。

换而言之，当战况突发变化的时候，指挥官在人数众多的敌人面前慌了手脚，没能充分运用行军作战的基本规律和守则，没能带领将士保存实力，也没能消灭敌人力量，因此联军作战失败。

所以，当刘縯、刘秀兄弟接受了这一残酷的经验之后，他们下定决心，在打败敌人之前，首先要整理好自己的军队。

于是，两兄弟与其他联军的首领商议后，将队伍分成六个小队，订立了严格的盟约与纪律，宴请众将士之后，宣布原地整顿三天。

虽然如此，刘縯、刘秀和其他的联军将领们是没有休息时间的，他们在众将士偃旗息鼓、调整自身的同时，正忙得热火朝天，紧急地协商打破困境的方案。后来的史料记载足以说明，刘秀当时在联军的军事决议和行动里，发挥了积极和关键作用。

虽然，他此时仍然在大哥刘縯的指挥下行军作战，但由于自己的本领突出、能力优异，已经获得了整个部队上下官员的信任与崇拜。刘秀和其他联军首领们一起坐下来，全面又不失严谨地判断了军情，分析出了地方官军的弱点和致命软肋，最后决定，当下主动行动：偷袭蓝乡。

公元22年12月的一天，农历大年三十，也就是春节前一天。

在中国人的传统观念中，古往今来，春天都是十分重要的，它意味着新的一年的来临，万物伊始，万象更新。不管大家在做什么，旧的一年里

生活得如何，所有人还是对新的一年到来充满了盼望和期待。

因此，不论是王侯将相，还是平民百姓；不管你是过着金玉满堂的生活，还是食不果腹地挨饿，到了这个时候，所有人都要放下手头的事情，准备庆祝一番，或是求神祭祖，除旧迎新，或是贴起春联，祈祷丰年的来到，这样的忙碌有时要从初一持续到十五，甚至到正月底才结束。

所以，直到如今还有一句民谣，形容一个人太忙了，往往说他“忙得像在过年一样”。那些驻扎在蓝乡的守护军需物品的将士们也是如此，所有人都等着新年到来。至于战事，还有其他10万大军在战场上作战，眼看起义联军又已经节节败退，这场战斗看起来完全没有悬念。

除夕之夜，一支没有经过正规训练的起义联军，绕过了官兵的防线，又偷偷趟过两条河，来到敌人后方总部攻其不备，获得了不俗的战绩。

第二天清晨，也就是大年初一，天还没亮，联军就又一次先发制人，兵分两路，对没有准备的南阳官军发动了全面进攻。其中，刘縯、刘秀带领将士们从西南方向攻击，目标甄阜，刚刚加入起义军队伍的下江士兵们从东南方进攻，目标直指梁丘赐。

官军自负轻敌，在人数上又占尽优势，看见这群暴民竟在过年的时候也不停止，简直恼羞成怒。联军本来就一身是胆，加上和官军们有杀害亲人的不共戴天之仇，又有出色的军事部署，个个都是奋勇杀敌。

从联军这方来说，如果这次失败的话，10万官军在前，自己根本没有任何后路，连身后自己幸存的亲友也要毙命。

从官兵这方来说，这次如果不能取胜的话，不是被乱党杀死，就是要被冰冷河水吞没，也已然没有了退路。所以，双方进行了殊死搏斗，喊声震天。激战持续到清晨时分，梁丘赐率领的士兵首先乱了阵脚，底下的士兵们四下奔逃。兵败之后如山倒。甄阜那边的官军们见状，也纷纷放弃抵抗，夺路而逃。联军早杀得丧失了理智，官军既然要逃跑，岂能留活路让他们去过年，所以穷追猛打，疯狂杀敌。

被击溃的官军们退守黄淳岸边，既打不过追赶自己的起义军，想逃跑也没路可去，真是欲哭无泪。南阳敌军最高军政长官甄阜、梁丘赐眼见自己转瞬之间就打了败仗，还没有心理准备，就在乱军之中被杀死。历史上把这次战役，称为“沘水大捷”。

对联军而言，这次重大胜利的意义非凡。

首先，联军消灭了王莽政权在南阳郡驻扎的精锐部队，同时，获得了丰富的军需物资；其次，刘縯、刘秀兄弟卓越的政治才能和军事谋略被深深地刻在了将士脑海中，行军打仗的军事信心和实力激增；最后，联军的军事实力得到提升，锻炼了原本欠缺的组织纪律性和团结作战意识，通过这次战斗，将士们认识到，作战并不只能靠一个人或者一个家庭就能达到，大家只能一鼓作气、拧成一股绳，再跟着一些有才干的领导者，才能获得成功！

如果将这一仗和刘秀登基大宝的其他众多战役相比较，还会发现一点，那就是沘水大捷是一个转折点，自此之后，反莽联军就扭转了局势，获得了主动权。

这一回，刘縯、刘秀两兄弟并没有被胜利带来的喜悦所冲昏头，而是让部队稍事休整，就一鼓作气，继续进攻，直指南阳的郡治宛城。不难发现，刘氏兄弟此次胜利最重要的一个因素，就是选择了迂回的战略战术。

迂回的军事策略是古今中外著名的军事家都非常善于使用的计谋。所有最后能获得胜利的构思和计划，都是靠不懈思考而得出的。越是细致地思考，就能获得最大的收益。

只有善于从不同角度看问题，才可以让问题迎刃而解，这也是成功者们普遍的经验。失败的人往往不是不愿意出力，而是学不会灵活变动，这种欠缺也使得他们不能摆脱困境。反过来，那些最后的成功者们往往能够

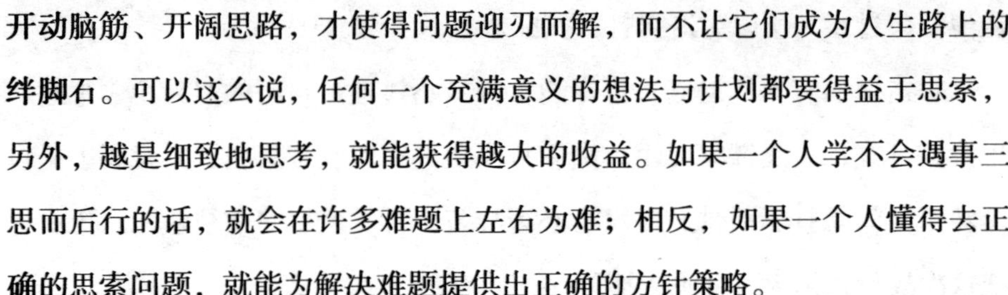

开动脑筋、开阔思路，才使得问题迎刃而解，而不让它们成为人生路上的绊脚石。可以这么说，任何一个充满意义的想法与计划都要得益于思索，另外，越是细致地思考，就能获得越大的收益。如果一个人学不会遇事三思而后行的话，就会在许多难题上左右为难；相反，如果一个人懂得去正确的思索问题，就能为解决难题提供出正确的方针策略。

古希腊的佛里几亚国王葛第士以非常奇妙的方法，在战车的轭上打了一个很复杂的绳结，并宣称只有真正的王者才能解开这个绳结，时间过去很多年，虽然许多人试图解开这个绳结，但是一直没有人成功。亚历山大大帝征服这片土地的时候，听说了这个故事，于是走到了这个绳结之前，在略加思索之后，拔剑斩断了这个绳结，这时，也就不存在所谓了解不开的绳结了。

第二次世界大战期间，麦克阿瑟将军攻击日本时，不直接攻打日本最强的军队，而是采用迂回攻击策略。美国军队以最小损失，寻找并攻打日本军队最脆弱的地方，切断日军的补给线，使日军陷入饥饿困境，然后一举击败日军。

在我们的生活中，有一种前进叫转弯。天下不是所有路能够笔直向前，特别是通往成功的道路，更是充满了曲折和坎坷。如果在这时候不懂迂回，只能让自己碰得头破血流，更谈不上走向成功了。

有个年轻人立志要成为一名出色的棒球运动员，同时他也有极高的运动天赋，他每天勤奋、刻苦地训练，很快就小有起色。不幸的是，在一次比赛中，他的手臂严重扭伤，医生的建议是从此以后他都不能从事剧烈运动。他心情灰暗，伤心极了，但是幸运的是，后来他走出了阴影。他选择转个弯走向成功。他选择画漫画，并且把打棒球的精神再现在漫画上，后来，他成了著名的漫画家，他就是法国漫画大师罗博·李普莱。

曾有一个工作非常努力的销售员，但是公司倒闭了，他也失业了。

手上没有多少积蓄，一时间找不到合适的工作，现实的无情摆在面前，他觉得很不开心，觉得上天很不公平。但是他并没有气馁，在妻子的安慰、鼓励下，他开始了从事自己感兴趣的行业——文学。天无绝人之路，渐渐地，他开始在文坛上崭露头角，直到一部作品带他走上了成功的顶峰，他写出了一部震撼文坛的巨作——《红字》。这个人就是美国著名作家——霍桑。

正所谓山不转水转，水不转人转。只要我们灵活一点，转变一下思路，就能够迂回一下，踏上成功之路。如果罗博和霍桑不懂得迂回，而是一味地沉沦或者逃避，那么他们最终只会在一个角落里默默无闻。只有学会迂回，学会调整自己，改变自己，生命才会雄浑有力，事业才会奏出新的篇章。

一条路走到黑，也许真的能碰巧遇到成功，但是如果撞到了南墙，这时如果还不知道回头，就只能撞得头破血流了。换个思路，不妨迂回一下，等到绕过了障碍，就会发现，又是一片晴天。

稳扎稳打建根基

在追逐成功的过程中，最重要的就是要有自己的根基，并依靠自己的根基，打牢基础，然后像盖房子一样，一层一层地长高，这样才能建设出结实牢固的建筑。刘秀在逐鹿天下之前就是先在河北地区建立自己的“根据地”，一步步壮大了自己的势力。

刘秀兄弟揭竿而起，为了生存选择了联合其他的义军，一起进行斗

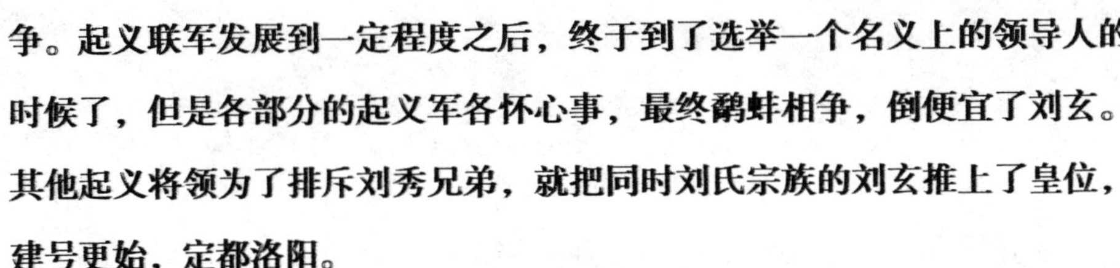

争。起义联军发展到一定程度之后，终于到了选举一个名义上的领导人的时候了，但是各部分的起义军各怀心事，最终鹬蚌相争，倒便宜了刘玄。其他起义将领为了排斥刘秀兄弟，就把同时刘氏宗族的刘玄推上了皇位，建号更始，定都洛阳。

虽然刘玄把都城定在洛阳，可是他所掌握的势力范围，其实只在河南和长安等地方。在超出这块区域的地区，其实是被旗号不同的各种地方武装势力所掌控。虽然刘玄也想过要将河北地区的势力收复，但却没有成效，因此刘玄只好派一名猛将去镇守河北，压制那些地方势力。可是，一时也想不出最恰当的人选。新任的大司徒刘赐是刘玄和刘秀的堂兄，他和刘秀私下非常熟悉。刘赐认为，刘秀是一个再合适不过的人选了，能力和人品兼备，把他派去河北安抚其他的势力，简直是再好不过了。

其实，无论是论威望还是能力，刘秀都是最合适的人选，他足以震慑和驾驭河北的各方势力。因此，大司徒刘赐向刘玄举荐刘秀，希望他前去招安。可是，这一建议被刘玄的许多将领所强烈反对，他们坚决反对让刘秀前去。反抗势力的焦点主要以大司马朱鲔为主，基本是绿林军队伍里的官员。当时，刘玄刺杀刘縯，就是依照朱鲔和李轶的建议，朱鲔这些人不同意刘秀担任的理由就是，他的能力太突出了。刘玄因为这些人的反对而左右为难、犹豫不决，这时，冯异给刘秀献出了一条妙计，最后打破了眼前的尴尬局势。

在看似混乱的局势里，冯异做出了非常准确的决策。既然大司马朱鲔强烈反对，那再怎样去想办法拉拢这些人都是没有用的。既然刘赐那些人不懈支持，对刘秀赞美不断，也不用再花气力去拉拢。所以，最终成事就需要争取中间的势力。冯异观察后发现在大臣里面，除了正反两股势力，刘玄的宠臣还有另外一派。这一派的代表人物除了刘玄的左丞相曹竟之外，还有左丞相的儿子，也就是刘玄的尚书曹诩。那个时候，他们也是刘玄面前的大红人。假如他们能在刘玄眼前多加美言，那么让刘秀到河北去招安的这件事情，可能就还有转机。

冯异对刘秀进言，一定要让曹氏父子支持自己的观点。刚好，冯异与尚书曹诩之间的关系比较融洽，从这个切入点想办法，会比较轻松一些。刘秀听取听了冯异的劝告，对这些人“厚结纳之”，把曹氏父子收做了自己的心腹。有钱能使鬼推磨，虽然曹竟与刘秀之间并不熟知，但是，看在“孔方兄”这个大熟人的关系上，再加上冯异旁敲侧击，他们也答应，帮助刘秀说话。

冯异的这个建议，可以说是十分关键。朱鲔的势力代表了绿林军将士们的建议，大司马刘赐这边的发言，可以说是宗亲子弟的心声，刘玄被这两排势力弄得左右为难，这时候，不属于这两者之间的曹竟父子前来进言，这也使刘玄最后能够下定决心。毕竟，刘秀的实力也是有目共睹，除了他之外，还真没有人能够适合招安河北的任务，万一碰上坏事，刘秀在河北遭遇了意外，自己也可以推脱责任。

这时，刘玄也在谨慎思考，假如刘秀真能劝降敌人，那当然最好不过；假如他不能招降敌人，被反抗的地方势力杀死，也不是坏事，自己也能坐收渔翁之利。所以，刘玄没有派给刘秀一兵一卒。刘秀知道这项任命凶多吉少，却还是带着包括冯异在内，总共200余人的亲信队伍，渡过黄河，向河北进发了。

刘秀又怎么会不知道，河北这时候的形势非常艰险，可是，对他而言，如果继续待在刘玄身边的话，又何尝不是凶险万分呢？而且自己的实力完全没有地方施展，就像一头困兽一般。所以，只有挣脱出这个牢笼，才有可能终有一天在九天之上翱翔。因此，他听取了冯异的话，让冯异的好友曹竟去拉拢当朝尚书曹诩（曹竟的父亲），最终在曹诩和刘赐的通力劝说之下，得以离开洛阳，前往河北招安。

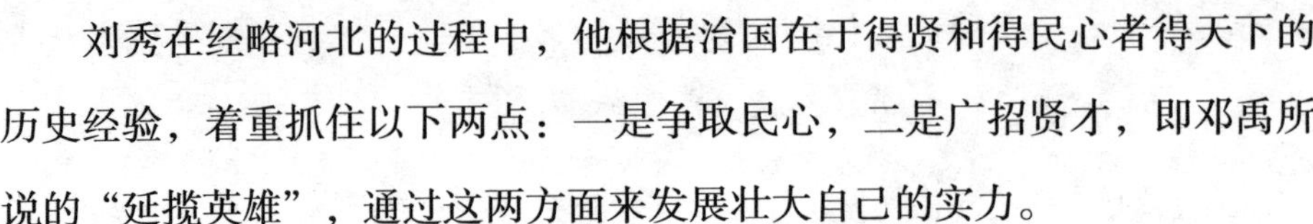

刘秀在经略河北的过程中，他根据治国在于得贤和得民心者得天下的历史经验，着重抓住以下两点：一是争取民心，二是广招贤才，即邓禹所说的“延揽英雄”，通过这两方面来发展壮大自己的实力。

为了造成声势扩大影响并吸引广大的地主阶级人才和民众归附自己，他经常打出两个旗号，一是利用绿林军推翻王莽统治的巨大声威，说自己是更始政权的破虏大将军兼大司马。人们见此就会想起他在昆阳大捷中的威名。二是打出汉朝宗室的招牌，说明自己是刘邦的后代子孙，并以复兴汉室为己任，号召人民归附于己。

在具体活动上，他一反过去“钦差（大臣）出朝，地动山摇”高高在上只摆威风的做法，每到一地即深入下去切实工作。所到各郡县，即召见当地2000长官、长史、三老（乡的官员）、官属，下至具体办事的佐史，了解吏治情况，考察他们的工作，并根据政绩表现代表中央给予升迁奖赏或罢免降级处理，对于优秀的人才，则将之吸收到自己队伍中来。

他了解到当时人民最痛恨的是王莽实行的苛政和官吏酷虐，民多冤屈。所以他所到之处不仅接见各级官吏了解吏治民情，而且派人去清理司法部门的狱案，平理冤狱，释遣囚徒，惩处贪官，为民伸张正义。并宣布废除王莽的各种苛政，恢复汉代的官名，遵行汉时旧法。他自己不能亲自去的属县，也派随行官员去代为巡视处理。

他在邯郸时，就曾派冯异、铫期到各属县去安抚百生，平释冤囚，审查官吏，慰问孤寡。由于刘秀采取了这一系列活动，解决了吏民最关心也是长期以来最感痛苦的问题，因而深受吏民欢迎，赢得他们的拥护。

他的名声很快传扬到各地。他每到一处，官吏和百姓都争持牛酒来欢迎慰劳，对此他又都拒而不受，吏民更为喜悦，将他看作是自己理想的明主。因此，不少英才志士都慕名归附。一直到后来，王郎势力迅速扩张占有不少郡县时，那些有远见卓识和军政雄才的杰出之士，如吴汉、贾复、盖延、耿纯、王梁、耿况、耿弇、任光、邳彤、刘植等人，都坚决不附王郎势力，不顾妻子父母遭杀的危险，从各地投奔到他的集团中来。其中有的人甚至将自己聚集的数千武装，或整个宗族人民、宾客部曲都一起带来归附于他。这些人都是难得的文武贤才，刘秀都将他们团结在自己身边，用其所长，各得其所，对他此后创建东汉王朝，起了决定性的奠基作用。

这样，刘秀在离开洛阳和进入河北以后，在不到一年的时间，便积聚了一批优秀的为他开基创业的军政贤才，拥有了一支人数可观的由自己独立支配的军队，形成独树一帜的社会势力。河北之地，也成了刘秀打天下之初的根据地。

正所谓无本不立，古今中外成大事者，都有自己成功的坚实根基。我们在自己的发展过程中也要建立能够依靠的坚实基础。

翻开近代中国革命史，我们发现，八一南昌起义胜利后，革命部队并没有认识到根据地的重要性，也就没有建立自己的根据地，所以在战斗中，打到哪里算哪里，战斗只能是不停地转移撤退。而毛泽东冷静地分析了形势，指出了根据地的重要性，于是毛泽东秋收起义成功后，在井冈山建立了红色革命根据地。中国的红色革命有了自己的根基，依靠着根据地而进行的发展，有效地支援了革命队伍的发展。中国革命走出了以农村包围城市的正确革命道路。共产党领导的革命队伍先后发展了九大根据地，以这些根据地为依托，最终取得了革命斗争的胜利。

国家发展之初，要建设根据地；一个企业的发展之初，也应建设自己的“根据地”。在企业发展之初，要建设自己的原料基地、生产基地和销售基地等，只有这些根基稳固的建立，企业才能大胆的发展自己，在日益激烈的竞争中，获得竞争的主动权，从而获得成功。

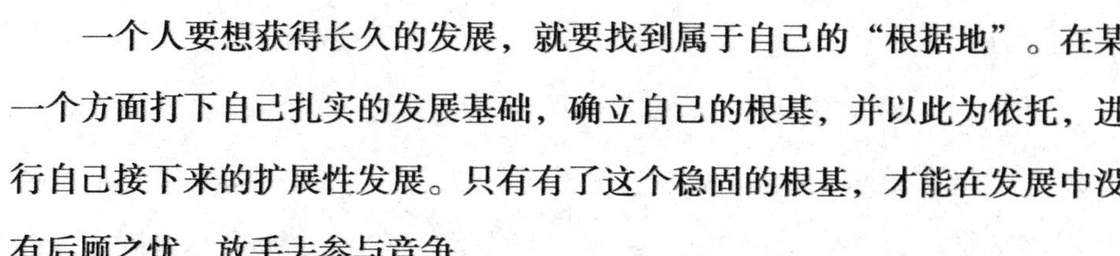

一个人要想获得长久的发展，就要找到属于自己的“根据地”。在某一个方面打下自己扎实的发展基础，确立自己的根基，并以此为依托，进行自己接下来的扩展性发展。只有有了这个稳固的根基，才能在发展中没有后顾之忧，放手去参与竞争。

正所谓根基稳固才能长久。一颗种子，一定要先扎下根，才能向上生长。在生长的过程中，一定要不断地把根向下扎，建立一种牢固的根基，才能长成参天大树。一栋建筑，想要建设得高，也要打下坚实的根基，只有这样建筑物才能安全、坚固。同样我们要想获得长久的成功，也要首先发展自己的根基。

虚张声势斩来使

虚张声势表面看去像个贬义词，但是在古代战争中往往会有着不可替代的妙用。当自己的力量比较小时，虚张声势却可以借友军势力或借某种因素制造假象，使自己的阵营显得强大，从而鼓舞己方士气，用某种气势震慑对方，所以在战争中要善于借助各种因素来为自己壮大声势。

从公元33年开始，祭遵、冯异等名将先后离开，刘秀的老对手隗嚣也死去了。

公元34年8月中旬，刘秀从京师洛阳动身出发，第三次赶往长安指挥消灭隗氏集团的战争。前两次西征陇右的失败对他打击很大，如果这次再不胜利，自己简直是无颜面对天下父老了。

8月25日，刘秀率领近卫亲军抵达故都长安。刚刚进入长安，刘秀就召见关中诸将，让他们向自己汇报一下情况。刘秀本来是打算坐镇长安统一指挥全局的。然而，当他听到安定郡至今还没有拿下的消息后，心里不由惆怅起来。

当时基本形势是：西征军主将来歙正在率主力围攻落门，建威大将军耿弇率本部围困安定郡高平县的著名要塞。然而，耿弇将这座小城围困了一年，却始终无法攻克。守城将领是隗嚣的老部下安定人高峻，副将是军师将军皇甫文。面对这种情况，刘秀很是困惑。他觉得凭借耿弇的机智和勇气，攻下这座小城根本不是什么难事。

懊恼之下，刘秀决定亲率大军出征安定，先期抵达汧县。来到这里之后，刘秀派寇恂为使者，拿些玺书前去高平劝高峻投降。

过了几天，寇恂到了耿弇营中，就下令："停止攻城！"于是又派人到城下喊话："城上听着，皇上已经御驾亲征，现在到汧县了！你现在最好就投降！"听到城上这样喊道，高峻心中惶恐，说："隗纯已然日薄西山，这个小小的第一城，焉能久守？"在他拿不定主意的时候急召皇甫文来商议。高峻道："落门久困，旦暮且下。如今刘秀亲至汧县，我等如之奈何？"皇甫文道："将军勿忧！末将愿去汉营探个虚实，再做打算不迟！"听到对方这样说，高峻特别高兴，于是立即派其前去。

次日，皇甫文作为陇军代表，以"请降"名义来到汉营。一年多来他率部屡挫汉军，皇甫文觉得自己有足够的谈判资本："那个耿弇又如何？在中原威风八面，到了这里却又怎样？还不是皇甫老爷的手下败将！"而对于寇恂，他也是趾高气扬，根本就没将他放在眼里。

皇甫文拜见了寇恂，寇恂问："来者何人？"皇甫文昂然道："在下军师将军皇甫文！使者大人难道没有听说过么？"寇恂大怒，当即喝令："来人，给我将皇甫文推出去斩首！"耿弇等人大惊，谏道："寇大人，万万使不得！高峻尚有精兵万人，又多强弩，实力强劲，我等围攻逾年，

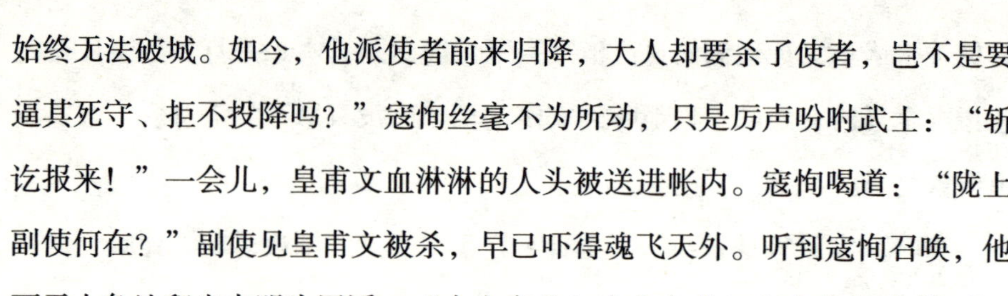

始终无法破城。如今，他派使者前来归降，大人却要杀了使者，岂不是要逼其死守、拒不投降吗？”寇恂丝毫不为所动，只是厉声吩咐武士：“斩讫报来！”一会儿，皇甫文血淋淋的人头被送进帐内。寇恂喝道：“陇上副使何在？”副使见皇甫文被杀，早已吓得魂飞天外。听到寇恂召唤，他面无人色地爬出来叩头回话：“小人在此！小人在此！大人有何吩咐？”

寇恂厉声喝道：“皇甫文藐视朝廷，大逆不道，本官已将其就地正法！你有何话说，还要与朝廷讲条件吗？”副使嗫嚅着：“小人不敢，小人不敢！”寇恂疾言厉色：“尔等鼠辈，有何资格与朝廷讨价还价！回去告诉高峻，要降早降！要是不想投降，那就好好守城吧！送客！”说完拂袖而去。副使吓得不知所措，带着剩余的人抱头鼠窜而去。再说那高峻，他听了副使的汇报，顿时面色苍白，手指颤抖。沉默了片刻，他终于艰难地吐出两个字：“开门！”当天，第一城门洞大开，降幡高举，高峻率领守城陇军无条件开城出降！

耿弇等人深感吃惊，纷纷赶来向寇恂道贺，耿弇等诸将不解地问：“敢问寇大人，您杀了高峻的使者，他却为何如此迅速地投降？是何道理？”寇恂拈须哈哈大笑：“诸位将军！你们有所不知，那皇甫文是高峻的心腹干将，高峻守城所采取的那些计谋，都是他出的主意！没有了他，高峻也就没有了主心骨。本官今天仔细观察过，皇甫文此行，貌似请降，却又在东张西望，问长问短。本官出言试探，其辞意不屈，显然是毫无降意！如果本官放他回去，不但被他窥破了我军的虚实，回去之后必定反悔，又劝高峻据城死守。如此一来，我军想要破城，定要耗费时日，岂非正好中了他的奸计？只要宰了皇甫文，高峻必然胆寒，自然也就来降了！”耿弇等人听了，无不叹服：“寇公谋略，非我等所及也！”

拿下了高平第一城，汉军终于打开了通往河西五郡的通道。隗纯集团于北逃匈奴之路被彻底堵死，安定郡全境被汉军占据。

10月，西征军主将来歙率领诸将以及精兵数万，经过殊死一战，终于攻破了天水郡最后要塞——落门。冀县，这个隗纯的最后避难所完全暴露在了汉军的直接攻击之下。陇右元老重臣周宗、行巡、苟宇、赵恢等人，都觉得大势已去，再做抵抗已经毫无意义，无奈之下，只好簇拥着隗纯出降。至此，天水全郡克定。隗嚣生前的旧部之中，唯有大将王元趁乱逃走，投奔公孙述去了。

刘秀得报，下诏将所有的隗氏家族成员全部移送洛阳以东居住。同时，他坐镇汧县，下诏开仓廪赈济饥民，诸地很快安定了下来。10月初，刘秀在安顿好了陇西、关中诸地之后，率领亲随东归。10月17日，刘秀班师返回洛阳。

几个月之后，不甘心做“笼中鸟”的隗纯，与手下宾客合谋逃出洛阳，一路西行，准备逃亡匈奴安身。走到武威郡境内，他们全部被汉军截获杀死。

从此，隗氏集团在陇西、天水的统治到此结束，西羌诸部的叛乱也得到平定。并州十郡（陇西、汉阳、武都、金城、安定、北地、武威、张掖、酒泉、敦煌）、二属国（张掖属国、张掖居延属国）全部纳入洛阳朝廷的版图，凉州全境道路贯通，与关中地区恢复了联系。寇恂这招虚张声势可谓用的出神入化，兵不血刃便将一座要塞拿下。

“虚张声势”的谋略，就是俗语所说“打肿脸皮充胖子”“装腔作势逞英雄”等。但用于军事上，其作用并不是支撑面子、满足虚荣那么简单，它是用来迷惑对方，松懈其斗志，削弱其战斗准备，从心理上压倒对方，以求达到目的之手段。

曹操平定河北之后，大举南下，征伐荆州。刘备因寡不敌众，只好率部退往江陵，但在长坂坡被曹军追及。双方血战一场，刘备大败，撤退时幸得张飞保护，且战且走。等到天明，见追兵渐远，刘备方敢下马歇息。

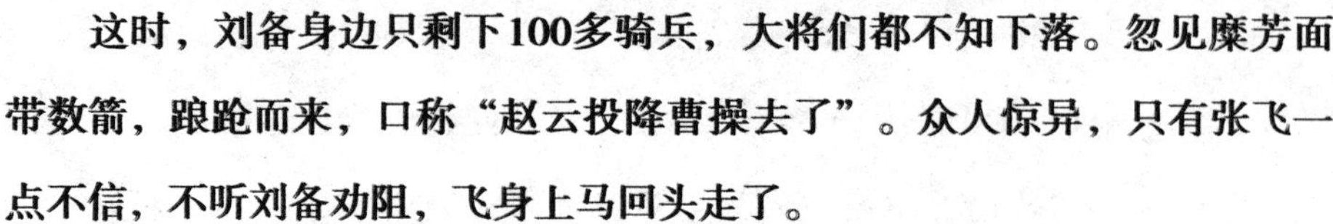

这时，刘备身边只剩下100多骑兵，大将们都不知下落。忽见糜芳面带数箭，踉跄而来，口称“赵云投降曹操去了”。众人惊异，只有张飞一点不信，不听刘备劝阻，飞身上马回头走了。

张飞回到长坂桥，搜找了半天也不见赵云的踪影，远望北面，但见沙尘滚滚，他深知是曹军从北面追杀过来了。他身边此时仅带了20多骑兵，却要抵挡曹军的10万大军。张飞深知后面的刘备生命危在旦夕，他也顾不得找赵云了，此刻退兵要紧。

张飞见长坂桥东面有一大片树林，心生一计，下令那20多名骑兵，都砍下树枝，拴在马尾上，在树林中来回奔驰，掀起了滚滚沙尘，有如千军万马。曹军大将文聘引军至桥边，只见张飞单人匹马，横着丈二长矛，威风凛凛站在长坂坡的桥上，有如一座黑铁塔。他又看见桥东树林里尘土飞扬，以为树林之中定有伏兵，便勒住马，下令曹兵停止向前。

其实，赵云并未投降曹操。撤退时，他受命保护刘备一家老小，在长坂坡被曹军冲散，便不顾死活，翻身杀入重围。经过一天血战，赵云先后救出简雍、糜竺、甘夫人和阿斗，杀死曹营名将50多员，直透重围，到得长坂桥边时，已经是人困马乏。他见张飞挺矛立马于桥上，便大呼：“翼德救我！”张飞因有简雍报信，知道赵云并未背叛，便说：“子龙快走，追兵有我抵挡。”赵云纵马过桥。

一会儿，曹军将领李典、曹仁、张辽、许褚等陆续追到，也都不敢近前，叫人飞报曹操。曹操闻报，急忙上马赶来。张飞见曹军阵后青罗伞盖渐近，知是曹操来到，便大喝道：

“我乃燕人张翼德，谁敢与我决一死战？”声如响雷，曹军听了，不由得个个两腿发抖。

曹操忙令去掉青罗伞盖，回顾左右道：“我以前曾听关羽说：‘张飞在百万军中取上将之首，有如探囊取物。’今天相逢，千万不可轻敌！”

话未说完，张飞又大喝道："燕人张翼德在此，谁敢来决一死战？"曹操见张飞气概如此雄壮，遂有退兵之心。

看到曹操的后军阵脚移动，张飞大声喝道："战又不战，退又不退，这到底是什么原因？"这句话还没有说完，曹操身边的将领夏侯杰竟然吓得肝胆碎裂，倒撞马下。看到这种情况，曹操拨马便走，带领众将仓皇西逃而去。

张飞临危不惧，机智应变，加上适当的虚张声势终于阻止住了追击的曹兵，使刘备和荆州军民顺利撤退。在《草庐经略·卷六·虚实》曾这样记载："虚实在我，贵我能误敌。或虚而示之以实；或实而示之以虚。"当然，用兵的虚实是要根据敌人的情况来制定的，有时会用虚假向敌人显示真实。为了诈败诱敌，可以假装行动欺骗敌人，虚张声势，做到以假乱真，这已经把虚实造势发挥到了极致。其实，做任何事情，虚实相间是非常必要的，如果做得不好就会有重大损失。

张飞在战争中巧妙利用"虚张声势"这一谋略做到了出奇制胜。张飞这样做不仅提高了自己军队的士气，也动摇了敌人的军心，千百年来被人们传为佳话。

然而，虚张声势并不是只有在军事战争中才可以用，在生意场中，它也被广泛应用。

美国豆芽大王普洛奇在成功之前，他听说生产人工豆芽可以有很大赢利，于是就请来几个日本顾问，开始投入生产，而且从墨西哥购进大量的大豆。为了进行宣传，他还请人在杂志上写了很多关于"大豆历史"的文章，散发豆芽食谱。随后，他还跟几个食品包装商人谈生意，把生产的豆芽卖给食品包装公司，还直接卖给餐馆。除此之外，他还联系其他的批发商。不久他开始挣钱了。随后，普洛奇又冒出一个念头，心想如果把豆芽制成罐头，再跟别人签约，就能赚更多的钱。

于是，普洛奇就给威斯康星州的一个食品包装公司打电话，得到答复是“只要普洛奇能找到任何罐头盒，他们同意替他把豆芽制成罐头”。当时正是第二次世界大战时期，所有的金属都被用于军事生产了，很难再找到多余的。但是，他还是想尽各种办法以解决问题。后来普洛奇冒昧地跑到华盛顿战争生产部门，虽然无法预测结果，但是他虚张声势，而且把自己比较有气势的公司名称介绍给他人，即“豆芽生产工会”。对于华盛顿官员来说，“豆芽生产工会”更像是一个工会，而不是一个公司名。于是，他们让他带走了一些有毛病但是仍然可以使用的罐头盒。

当普洛奇的生意越做越大的时候，他和皮沙买下了一家老罐头工厂，他把豆芽和其他一些蔬菜做成美国人喜欢吃的中国杂菜。普洛奇继续虚张声势，在罐头外面贴上“芙蓉”标签。另外，为了让美国人觉得这是从中国运过来的，还把罐头压扁。有了一个响亮的中国名称，再加上扁的罐头盒，人们相信了这就是中国的产品，所以销路特别好。另外，为了扩大生产，普洛奇把他们的公司改名叫“重庆”，并以“食品联会”的名义，生产和推销产品。销路越来越好，收益也越来越高。

上述普洛奇的故事表明，在激烈的商业竞争中，使用虚实相间、虚张声势的策略是非常必要的。只有这样才能欺骗敌人，为自己赢得更多的发展机会。

借刀杀人保实力

“借刀杀人”谋略的借势诀窍是：当敌方的征象已经暴露，另外又有一种势力不断扩张，将要参与活动的时候，应当设法借助这种力量去击败敌人，以有利于保全自己。无论是在古代的战争还是现代的商战中，“借刀杀人”之计都广为人们使用。

随着刘秀军队的不断扩展，他剿灭流民军的计划也基本实现，黄河南北两岸的魏郡、河内郡、清河国、东郡一带的流民军队伍几乎被彻底肃清。翅膀硬了的刘秀伺机杀死了刘玄派来监视自己的尚书令谢躬，清除了身边最后一个更始朝廷的钉子。

此时的刘秀将自己身边的隐患全部清除，已经有了问鼎天下的实力，便开始着手对付更始王朝，挥军西征。

他派邓禹为前将军，分他两万精兵，让他西进。他决定自己亲自带领大军，向北收复燕赵。过去的教训告诉刘秀，后方必须要确保万无一失，所以刘秀要派一个稳妥的人来镇守河内郡这个后方的战略要地。邓禹的识人用人能力无人能及，临走的时候，刘秀便向邓禹询问：

“更始帝虽然进入了关中，但是朱鲔、李轶等据守洛阳，如果我率军北去，你又西进，他们一定要来图谋占领河内，河内我们刚刚平定，不能不找人据守，究竟派谁合适？”

邓禹对刘秀可以说知无不言，他说：“寇恂文武全才，而且足以御众服人，唯有他能担当起这个重任。”

刘秀于是任命寇恂为河内太守，行使大将军的职权，他对寇恂说：“从前汉高祖曾经任用萧何，确保了关中无困难，现在我把河内交给你，希望你能担负起坚守转运、供给军粮的重任，如果你能使敌人不能进兵北上，那么你就是今天的萧何。”寇恂深受感动。刘秀同时任命冯异为孟津将军，统领魏郡、河内各部队，屯兵河上，防止更始方面朱鲔、李轶渡河偷袭，同时也作为寇恂的外援。安排妥当，刘秀亲自把邓禹送到野王县，自己则率队北进。

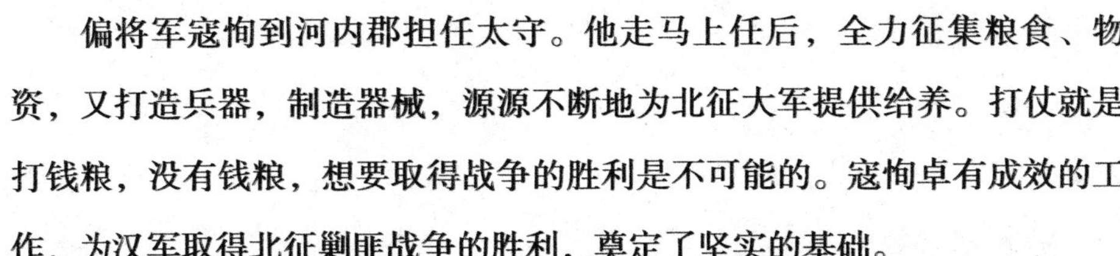

偏将军寇恂到河内郡担任太守。他走马上任后，全力征集粮食、物资，又打造兵器，制造器械，源源不断地为北征大军提供给养。打仗就是打钱粮，没有钱粮，想要取得战争的胜利是不可能的。寇恂卓有成效的工作，为汉军取得北征剿匪战争的胜利，奠定了坚实的基础。

孟津将军冯异也没有闲着，他与寇恂共同驻守后方，寇恂负责给刘秀输送粮草辎重，冯异则负责整个后方的军事防御。冯异深知自己责任重大，丝毫不敢怠慢。同时，他时刻监视着洛阳的情况。此时的更始政权已经迁都到长安，驻守洛阳的是舞阴王李轶和左大司马朱鲔。其中朱鲔是更始军中的名将，洛阳附近的军队更有30多万，冯异对此十分忌惮。因此，冯异希望能够从内部瓦解洛阳内部。

于是，他写信给李轶劝李轶投降。李轶收到冯异的信后，想起自己从前本来与刘秀兄弟共同起事，与刘秀也算得上是好兄弟，只是不该陷害刘縯。现在刘玄无能，赤眉军又分道入关，长安迟早灭亡。李轶有心投靠却担心刘秀记恨自己，心里十分忐忑，他给冯异的回信说道：

“我当年本来与萧王一起起事，发誓要匡扶汉室，现在我守着洛阳，将军镇守着孟津，这两地都是天下的枢纽，是千载难逢的机会。我愿意和冯将军合作共事，请您把我的计划转告给萧王，我愿意尽全力辅佐他保国安民。”

冯异见到李轶的回信，不知道他到底是真心还是假意的投降，为了看看李轶的诚意，冯异就去蚕食刘玄的地盘。冯异留了几千人守住河内，自己则率军北攻天门关，连拔上党两城，再回师河南，攻下了河南成皋以东30县以及周边的诸屯集，收降了十余万的部队。武勃率一万余人攻击冯异，冯异渡河和武勃在士乡展开大战，李轶此时已经决定投降刘秀，始终没有派兵支援武勃，任由冯异攻城略地，冯异杀掉了武勃，斩首五千余人。冯异见李轶果然是很有诚意投靠，便将战报和李轶的信送到了刘秀面前。

刘秀接到冯异的捷报，还有李轶的那封信，才知道原来李轶有心投降。他虽然一向大度，但是杀兄之仇始终铭记在心。李轶这样的人善于审时度势、看风使舵，刘秀痛心兄长的惨死，更痛恨反复无常背信弃义的小人，所以他不想放过李轶。但是不接受李轶的投降，对自己以后招揽人才、劝服降敌将不利，刘秀最后想到了一招借刀杀人的计策。

刘秀给冯异下令："李轶为人奸诈，反复无常，一般人难以看出他的心思。应将其信公开，告诉更始各地的太守、都尉，以为警备之用！"

冯异虽然很奇怪刘秀为什么要下这样的命令，却不敢抗命，只好照办。他将李轶给自己的信公布于天下：

"这是舞阴王李轶的来信，他表面上愿意归顺萧王，实际上却居心叵测，请诸位小心防范！"正如刘秀所料，李轶投靠刘秀的消息很快就传到了洛阳。与李轶共同镇守洛阳的大司马朱鲔听到李轶投敌的消息，十分恼火。李轶身为舞阴王，又是朝廷重臣，手握兵权，如果投降，后果不堪设想。为了防止李轶出卖朝廷，朱鲔派出刺客将其杀死在府中，并接管了李轶的军队。从此，洛阳城以及周边的更始军队，全部由朱鲔指挥。

但是朱鲔杀了李轶之后，李轶的亲信部下都心怀不满，人心不服。很多人怨恨朱鲔杀害自己的主帅，纷纷逃出洛阳去投奔冯异，冯异的军队在短期内迅速膨胀起来。刘秀这一招"一石三鸟"之计运用得极其精妙，他不仅为哥哥报了仇，又使得对方内部产生了内讧，最关键的是没有让自己落下杀降的罪名。

"借刀杀人"，是为了保存自己的实力而巧妙地利用矛盾的借势谋略。它也是借他人之手或他人之力来铲除异己以达到自己目的的一种手段。借刀杀人者，不需自己赤膊上阵，不需消耗自己的实力，更不会招致杀人凶手的罪名，真可谓绝顶聪明。刘秀的这招借刀杀人既除掉了杀害自

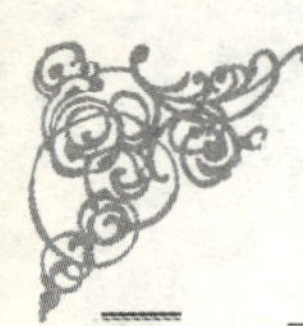

己哥哥的凶手，更是造成了敌人内部的混乱，可谓用得精彩至极。

“借”是手段，“杀”是目的。主要是指通过种种客观努力造成和利用敌人的矛盾，通过第三者甚至敌人营垒内部的力量，使其相互为敌，自相残杀，而己方可坐享渔翁之利。

此谋略用在军事上，主要体现在善于利用第三者的力量，或者善于利用或制造敌人内部的矛盾，达到取胜的目的。敌人已经明确，而盟军的态度还不稳定，要诱导盟军去消灭敌人，避免消耗自己的力量。

西晋惠帝是历史上有名的白痴皇帝，整天只会吃喝玩乐，其他一无所知。有一年闹灾荒，老百姓食不果腹，饿殍遍野。有人把情况报告给晋惠帝，但惠帝却对大臣说：“没有饭吃，为什么不吃肉粥呢？”由此可见晋惠帝是多么的愚蠢糊涂。而他的皇后贾南风精于权术，心狠手辣，朝政大权被她一手把持了七八年，骄横跋扈，胡作非为，声名扫地。

赵王司马伦握有兵权，虽然表面上巴结贾皇后，其实与她矛盾很深，对其可谓恨之入骨。司马伦打算发动政变废掉贾皇后，但司马伦的亲信孙秀提醒他：“我们不如怂恿贾皇后去杀害太子，然后再以为太子报仇的借口废黜贾后，这样今后定能把持朝政。”惠帝的太子司马通，本不是贾皇后所生，他喜欢杀猪卖肉，热衷于与太监宫女在王宫里玩“做买卖”的游戏，平日也不懂得讨贾皇后的欢心。贾皇后听信了司马伦等人的谗言，怕太子司马通长大了，自己的地位保不住，就决心除掉太子。

贾皇后假称惠帝有病，召太子入宫问候。贾后事先叫人起草了一封用太子口气写的信，内容是太子逼晋惠帝退位。贾皇后又假称皇上赐御酒，把太子灌得烂醉，趁他昏昏沉沉的时候，骗他把那封信抄了一遍。太子烂醉之中，无法细辨内容，便依样照写。第二天，贾后叫晋惠帝召集大臣，把太子写的信交给大家传看，宣布太子谋反。大臣们怀疑这封信不是太子写的，贾后要大家核对笔迹。惠帝和大臣一看果然是太子的亲笔，也就无话可说，于是太子被废掉了。

司马伦随后便派人散布谣言，说朝中有人要废掉贾皇后，重新复太子正位；另外又暗中劝告贾皇后早日除掉太子，以绝后患。贾皇后果然中计，毒死了太子。

这样一来，司马伦抓住了贾皇后的罪恶把柄。不久，司马伦就以讨伐谋杀太子之罪的名义对贾后兴师问罪。并联合诸侯王，派禁军校尉、齐王司马同带兵进宫逮捕贾后。贾后大吃一惊说："你们想干什么？"齐王同说："奉皇上的诏书，特来逮捕你。"贾后说："皇上的诏书都是我发的，哪里还有什么别的诏书！"但此时贾后大叫大闹也无济于事。

赵王司马伦把贾皇后抓起来杀了，不久又废黜了晋惠帝，夺取了朝政大权，自立为帝。

司马伦借贾皇后之手杀掉了正宗继承人太子，又借为太子报仇杀死了贾皇后，名正言顺地废黜了昏庸的晋惠帝。他把"借刀杀人"作为加罪之计，则是以他人之过，制造出其他罪过，以达到夺权的目的。

20世纪40年代，威尔逊就从父亲的手里继承了美国塞洛克斯公司。一天，一位德国籍发明家约翰·罗梭来访，向威尔逊谈到了自己正在研究的干式复印机。两人一拍即合，同意双方合伙协作，威尔逊就请他当上了公司副总经理。经过反复研制，1946年，塞洛克斯公司终于制出干式复印机成品——塞洛克斯914型复印机。当时市面上所有的复印机都是湿式的，这种复印机必须使用专门的涂过感光材料的复印纸。印出的是湿漉漉的文件，需要它干透才能取走，用起来麻烦极了。相比之下，干式复印机则便利得多。

起初，威尔逊打算把首批货以成本价推销，以图开拓市场。他的律师提醒他——这是倾销，是法律不允许的。威尔逊于是将卖价定为2.95万美元。其实，干式复印机的成本仅2400美元，他喊出的却是相当于成本10多

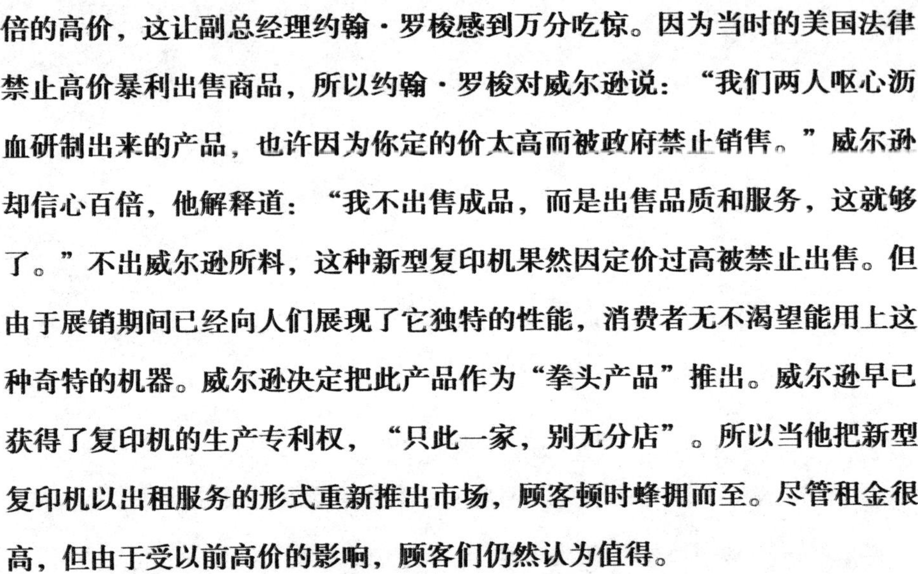

倍的高价，这让副总经理约翰·罗梭感到万分吃惊。因为当时的美国法律禁止高价暴利出售商品，所以约翰·罗梭对威尔逊说：“我们两人呕心沥血研制出来的产品，也许因为你定的价太高而被政府禁止销售。”威尔逊却信心百倍，他解释道：“我不出售成品，而是出售品质和服务，这就够了。”不出威尔逊所料，这种新型复印机果然因定价过高被禁止出售。但由于展销期间已经向人们展现了它独特的性能，消费者无不渴望能用上这种奇特的机器。威尔逊决定把此产品作为“拳头产品”推出。威尔逊早已获得了复印机的生产专利权，“只此一家，别无分店”。所以当他把新型复印机以出租服务的形式重新推出市场，顾客顿时蜂拥而至。尽管租金很高，但由于受以前高价的影响，顾客们仍然认为值得。

过了一段时间，威尔逊将价格降到了法律允许出售的范围内，但利润还是相当高。干式复印机正式被推上了市场，于是人们纷纷抢购，销售收入以惊人的速度猛增，1960年高达3300万美元，到1966年就突破了5.3亿美元！

威尔逊的黄金时代到了，干式复印机一下子流行起来。虽然公司拼命生产，产品仍供不应求。由于产品被塞洛克斯公司独家垄断，加上已有过的高额租金，所以塞洛克斯914型复印机以高价出售，大量的利润像潮水一样滚滚涌来。

威尔逊的成功在于他的“借刀杀人”，表面上是法律禁止了他高价出售，实际上是老谋深算的威尔逊故意巧设的一个圈套。实际是威尔逊借法律这把“刀”，暂时封死了消费者的购买之门，把消费者逼进了他为之准备下的高价租赁的圈套，并为不久以后的高价出售做好了准备。

“借刀杀人”谋略在现代商战中可以引申为，当对手或市场的情况已明了，其他各方的态度对自己是有利还是不利，企业领导人在尚不清楚的时候，要利用其他各方的力量达到战胜对手和占领市场的目的，这样可以不消耗或少消耗自己的实力。此借势谋略的秘诀是：借用自身以外的人、事、物，达到自己的目的。

远交近攻分击之

远交近攻是源自于军事的一种战略思想，现今已经演变成为一种待人、处事的一种手段。远交近攻就是要充分利用各竞争对手之间的矛盾，在其中运筹帷幄，将自己能够取得并牢牢控制住的利益先夺取过来，然后再向其他的利益进行攻取。刘秀在对付多个强敌之时，采用的就是这种策略。

得到关中、关东后，刘秀并不满足。他身边还卧着几头猛虎，这足以让刘秀寝食难安：陇西的隗嚣、巴蜀的公孙述、河西的窦融，还有北边虎视眈眈的匈奴人及其扶植的傀儡——卢芳。

综合实力最强的当然是隗嚣，公孙述、窦融、卢芳随后。就单项而言，军事实力最强的是隗嚣，经济上最富裕的是公孙述，最善于抚慰当地民心的是窦融，后台最硬的是卢芳。

隗嚣的地盘很大，陇西、天水、安定、北地、武都、上郡、西河七郡都是他的。陇西是著名的养马产地，所以隗嚣的骑兵实力非常强，足以与吴汉麾下的“幽州突骑”媲美。隗嚣虽然表面上承认刘秀是宗主皇帝，但实际上却是一个独立的军事集团。

公孙述已经于更始三年（建武元年，25年）二月在成都称帝，自号“成家”，比刘秀登基还早了四个月。他控制着巴郡、广汉、蜀郡、犍

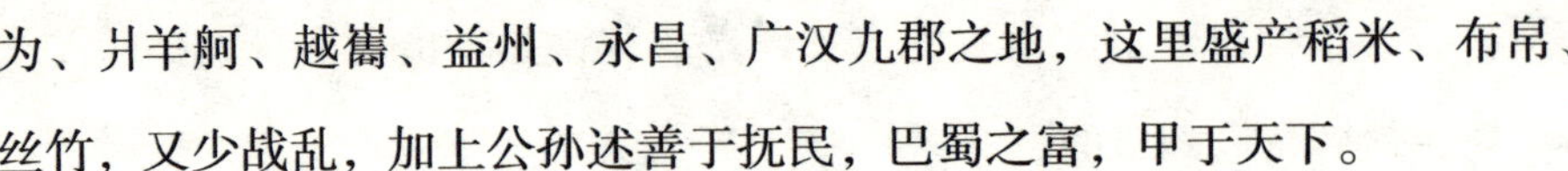

为、牂牱、越巂、益州、永昌、广汉九郡之地，这里盛产稻米、布帛、丝竹，又少战乱，加上公孙述善于抚民，巴蜀之富，甲于天下。

窦融盘踞在河西武威、张掖、酒泉、敦煌和金城五郡，他虽然也承认刘秀的宗主地位，但和刘秀也是若即若离。

在四大军阀中，并州的卢芳虽然是实力最弱小的，只控制着朔方、五原、云中、定襄、雁门和代郡。但在他的身后，却站着剽悍的匈奴人！正是由于他的存在，使得边陲局势显得更加微妙。

隗嚣的家业大，自然烦恼也多，他最大的麻烦不是来自匈奴，而是来自东边的刘秀。

自从建武元年（25年）十月，隗嚣半推半就地接受了邓禹的持节任命，做了名义上的“西州大将军，专制凉州、朔方军事”，成了西部、北部地区的最高长官，就连窦融都要受他的节制。邓禹在招抚隗嚣这件事上做得极漂亮。他用一张空头支票就拴住了隗嚣这头烈马，使其至少不敢与刘秀公开作对，为全歼樊崇的赤眉军减轻了压力。但隗嚣很快就发觉自己上了当，感到异常懊悔：做了这个倒霉的官，就不好再背叛了。否则，如何面对天下人？对于刘秀，他一直很不服气：凭什么这天下只能是你刘氏来坐，我隗家难道就不能？对于自己以及几个邻居的实力以及心态，他心里很是清楚。河西的窦融老奸巨猾，虽然对自己表面恭顺，却一直暗中和刘秀若即若离。隗嚣很恼火，虽然警告过窦融几次，但没什么效果。

隗嚣没拿窦融当回事，毕竟窦融对自己的威胁和刘秀相比不可同日而语。

建武三年（27年），当时刘秀的战略重点是山东地区，对于山西群雄，他主要是采取“远交近攻”策略，这其中自然包括隗嚣。

刘秀派来歙为使臣，带着自己的亲笔书信到天水郡去抚慰隗嚣。按照礼制，天子只有对敌国之主才称呼其字，对于臣子则无手书之书信，一律都是以朝廷名义颁布的诏书。刘秀对隗嚣称字而不呼名，写亲笔信而不下诏书，可见其对隗嚣是非常重视的。

隗嚣也知道刘秀现在的势力非常大，自己恐怕不是其对手，现在唯一能做的就是和刘秀周旋，能拖则拖，然后看形势再定计策。

来歙这次来陇西，隗嚣知道他是来探自己口风的，现在当然不能和刘秀翻脸，便将计就计，继续给刘秀做“奴才”。

刘秀看到隗嚣主动示好，心知其诈。但现在刘秀也不好对隗嚣下手，只能继续稳住他，千万不能让隗嚣和公孙述联合起来，否则对刘秀来说那简直就是一场灾难。隗嚣手上有二三十万军队，加上巴蜀公孙述的20余万大军，总计在50万以上。假如隗嚣与公孙述联手的话，必然会对关中三辅形成两面夹击的严重局面。

一切正如刘秀估计的那样，隗嚣见到刘秀的亲笔信，果然犹豫起来。从此他糊里糊涂地转向了刘秀一边，不再理睬多次前来拉拢他的公孙述。

隗嚣虽然糊涂，公孙述的头脑却很清醒，一直在竭力拉拢隗嚣。建武三年十一月，公孙述派使者来到天水，任命隗嚣为大司空、扶安王，并且带来了印绶。与此同时，公孙述又从汉中派兵北上，进犯关中三辅。

隗嚣不知自己已中刘秀远交近攻的离间之计，所以也不拿公孙述当回事，他不仅撕毁了公孙述的委任状，还派兵南下，屡次打败巴蜀军。巴蜀军被打得晕头转向，从此不再轻易北上。

在刘秀的巧妙周旋之下，隗嚣与公孙述这两支最大的敌对势力，始终无法联起手来共同对付自己。“远交近攻”的策略，为刘秀在战略上赢得了宝贵的时间与空间。与“一时糊涂”的隗嚣相比，巴蜀之王公孙述一直对中原之主刘秀从未抱过任何幻想。

公孙述字子阳，是关中三辅之一的右扶风茂陵人，其父叫做公孙仁。

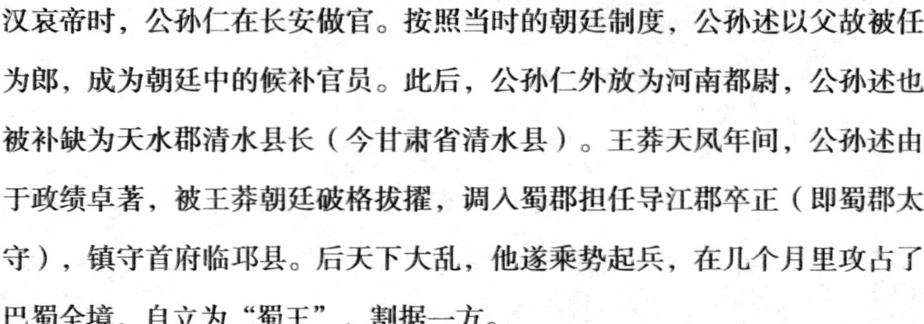

汉哀帝时，公孙仁在长安做官。按照当时的朝廷制度，公孙述以父故被任为郎，成为朝廷中的候补官员。此后，公孙仁外放为河南都尉，公孙述也被补缺为天水郡清水县长（今甘肃省清水县）。王莽天凤年间，公孙述由于政绩卓著，被王莽朝廷破格拔擢，调入蜀郡担任导江郡卒正（即蜀郡太守），镇守首府临邛县。后天下大乱，他遂乘势起兵，在几个月里攻占了巴蜀全境，自立为“蜀王”，割据一方。

建武元年（25年）四月，公孙述自立为天子，国号为“成家”，建元龙兴。任命李熊为大司徒，以其弟公孙光为大司马，公孙恢为大司空。改益州为司隶校尉直辖州，以蜀郡为成都尹（相当于汉朝的京兆尹）。此后不久，公孙述完全控制了益州全境。

为了昭示夺取天下的雄心，公孙述提前镌刻了天下所有13州以及几百个郡的州牧、太守印章，又在成都遍置公卿百官，准备为将来夺取天下后所用。对于公孙述的举动，隗嚣一直在留意观察。虽然隗嚣心里看不起他，但是对于公孙述如此大张旗鼓的举动，隗嚣也不敢小看。刘秀与公孙述都早已称帝，到底应该倒向一方，隗嚣犹豫不决，心中疑团重重。但是，不管要投靠谁，隗嚣的底线是：无论是谁，也不能踏进陇西一步！

在隗嚣看来，刘秀方面发展的势头更猛。建武四年前后，不仅刘秀在中原地区屡获大胜，统一中原指日可待，与陇西接壤的关中三辅，也由于守将冯异在这里施恩布惠，从而使洛阳朝廷深得民心，已经在此生根，基础日益稳固。加上刘秀远交近攻、联陇制蜀计策的运用，迫使隗嚣只能选择割据一方，徘徊观望，而最终没能与公孙述形成联盟，这个结果正是刘秀迫切需要的。

刘秀在对付多个强敌之时将远交近攻运用得出神入化，从而为自己的发展壮大赢得了时间和机遇。远交近攻一词，最早出自出《战国策·秦策》：范雎曰：“王不如远交而近攻，得寸，则王之寸；得尺，亦王之尺也。”

远交近攻是范雎用来说服秦王的一项计策。其中心思想就是对于敌方联盟，要能充分予以分化瓦解，在其联盟关系破裂之后，再一一进行击破。在这个过程中，要奉行对于距离自己远的国家要联盟交好，对于距离自己近的国家要进行攻打。这样就能集中自己的力量消灭分化了的敌人的力量，并且自己攻占的地盘能够全部划归自己的国土，然后利用从近处获得的力量以充实自己。在消灭“近攻”的对象之后，“远交”的对象就成为了新的攻击对象。“远交”的目的就是为了避免树敌过多而采取的外交诱骗。

军事上的远交近攻运用到今天的社会竞争中，就是要我们对所有的竞争对手之间的矛盾关系进行分析，对于和自己利益直接相关的竞争者，要首先在竞争中将其打败。在这个过程中，对于其他的暂时涉及不到自己眼下利益的竞争者可以进行联合，共同对自己要攻击的对手进行竞争，当然最少要保证他不参与进来帮助自己眼下的对手。这就是远交近攻的策略的运用手段。

社会生活中也充满自觉或不自觉的远交近攻现象。“人无千日好，花无百日红”“外来的和尚会念经”等俗语，都曲折地反映出远交近攻的社会意识与爱好。我们在竞争中，也可以利用远交近攻的谋略，联合和攻取同步进行，促进自己的发展。

攻心为上屈强敌

兵法有云：上兵伐谋，说的就是优秀的决策者能够不用刀兵之利而

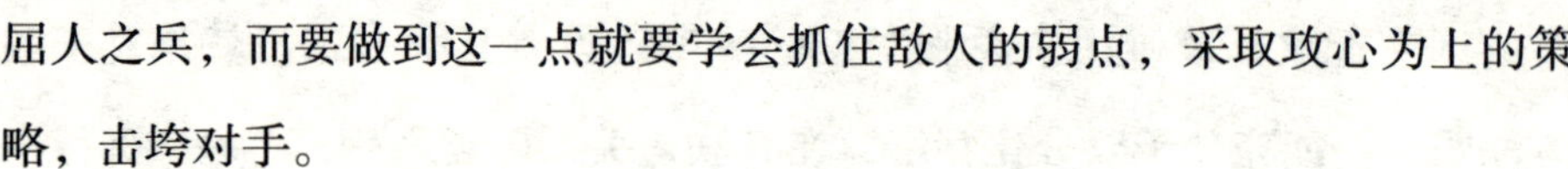

屈人之兵，而要做到这一点就要学会抓住敌人的弱点，采取攻心为上的策略，击垮对手。

当刘秀和隗嚣大打出手的时候，另外一路好汉窦融却在旁边冷眼旁观。窦融为了确保自身的利益，采取的是中间路线。一方面，他承认洛阳朝廷的合法地位；另一方面，他又接受了隗嚣的任职印绶，骑在墙上观望。

对于凉州形势，刘秀洞若观火。为了能够瓦解凉州诸部、使隗嚣的势力得到削弱，同时也为了试探窦融的态度，在建武六年春天的时候，刘秀给窦融下了一道诏书，其基本的意思是说，隗嚣、公孙述实力非常强大，可以与洛阳鼎足三分，具体怎样做，请河西诸贤各自请便。

在那个时候，隗嚣与刘秀即将兵戎相见，窦融对形势更是了如指掌，于是决定归附洛阳。而窦融接到诏书之后，让弟弟窦友带着自己亲笔书写的奏章前往洛阳，这份奏章可以表明他的具体态度。

在奏章中，他说："臣无才无德，却因是孝文皇后之后裔亲属，数代位居二千石，可谓是世受国恩！逆莽造乱，臣举族避难河西。为了自保，臣于万般无奈之下，自封为将帅之职。但是报效国家之念，臣却从未忘记。数年以来，臣孤悬万里，心怀朝廷。谨守河西一隅，只求保境安民而已。前番臣遣刘钧东行洛阳谒见，让他代奏臣等对陛下的一片忠心！剖开臣等之心肺，尽以叙述，对陛下无丝毫之隐瞒！"

窦融说的"报效国家"只是表面上的话，"自保避难"才是真正的意图。但是，他真正的意思，可以从下面的这段话来理解，即"臣对陛下之心，天日可见！然而陛下却在给臣的玺书中说，公孙述、隗嚣二人的实力强劲，足以与洛阳朝廷三分天下，鼎足而立。倘若如此，昔日任嚣、尉佗割据岭南、独霸一方的局面又重新出现，天下黎庶何堪其苦毒？臣虽猥居边陲，却未忘天下大义。臣也知'顺天必兴、逆天必亡'之理。臣如何能弃绝大汉旧恩、背叛陛下，转投如隗嚣这般奸诈之人呢？如此一来，臣沦丧臣子应尽之忠节，转行覆身灭族之事。弃将成之基业，转求无谋之利益！臣虽愚昧，却也不齿为之！今日再次派臣弟窦友前往洛阳拜见陛下，以面述臣至诚之意！”

然而当窦友走到安定郡高平县的时候碰到了麻烦。因为陇、汉双方已经开始了战争，所以他们把通往关中的路都彻底堵死了。另外，为了防止窦融受到刘秀的控制，隗嚣也派人对各个路口进行设置障碍，防止有人从这里经过。

面对这种情况，窦友也很无奈。只好命令自己的部下席封乔装改扮，取道北地郡，绕过隗嚣的防区，南下奔赴洛阳。在洛阳，席封见到了刘秀，而且把路上的情况一五一十地告诉了他。在读完窦融的奏章之后，刘秀明白窦融对自己是非常忠诚的，所以先重重奖赏了席封，随后又写了一封给窦融、窦友的亲笔信，让席封把信带给窦融。

过了很长一段时间之后，席封回到了觻得县，把信交给了窦融。在窦融看完信之后特别感动，也知道自己该怎么做了。

为了表达自己对刘秀的忠诚，窦融决心做点实事。首先，窦融写信给隗嚣，力劝他放弃割据土地。其次，他尽起河西五郡强兵，南下杀人金城，攻击历来依附隗嚣的西羌首领封何，大破羌军，以表明自己的态度和决心。

当然，刘秀也是个聪明人，对于窦融的心思，刘秀心知肚明。窦融是他牵制隗嚣的一支极为重要的力量，所以绝对不能轻视他。为了把窦融留在自己身边，刘秀下令派人修缮窦融之父的坟茔，而且还以太守之礼来祭奠。除此之外，刘秀还派出轻骑，护送使者绕道抵达河西，把所有进贡的好东西都送给窦融，希望窦融能够尽心尽力为自己做事。

在这个时候，武威太守梁统担心河西的人马对于隗嚣还心存幻想，所

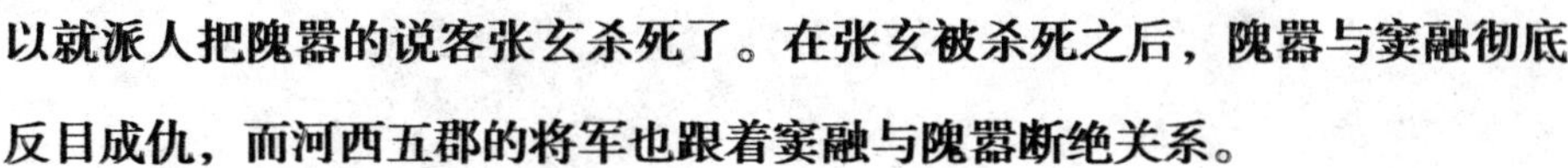

以就派人把隗嚣的说客张玄杀死了。在张玄被杀死之后，隗嚣与窦融彻底反目成仇，而河西五郡的将军也跟着窦融与隗嚣断绝关系。

隗嚣与窦融关系的改变也带来了凉州局面的改变。从此之后，隗嚣前有吴汉，后有窦融，所处的环境对自己特别不利。

在建武六年五月，陇上一战，隗嚣狠狠教训了刘秀一番。但是，到十二月“汧县栒邑之战”结束后，隗嚣想要前去议和，但是仍然不知道如何才是最好的，所以处在犹豫不决中。

其实，刘秀早就明白了隗嚣的想法。虽然二人已经没有了谈判的基础，但是刘秀还是希望通过劝降、分化、瓦解的办法来解决陇右问题。

五月陇上大败使刘秀铭记教训。他在暗地里也不断思索：大司马吴汉亲自坐镇长安，耿弇、盖延、王常、马武、刘尚等五将同时上阵，这个阵容实在是太强大了。从某个方面来说，这可以算得上是一支精锐部队，最后是以汉军失败而告终。如果不是马武死战断后掩护，汉军可能会全军覆没。可见，隗嚣的实力的确很强大，要想轻易解决陇右问题绝对不是一件容易的事情。

所以，到了这年的十二月“汧县栒邑之战”结束之后，刘秀开始明白，要想真正解决陇右问题，其必须使用政治和军事两种手段。仅汉朝凭现在的实力，如果想要轻易拿下隗嚣，实在是太难了。所以，刘秀开始了自己的政治进攻。

那么究竟才能以最好的方式解决隗嚣呢？通过长时间的思考，刘秀终于想到了一个奇兵，那就是马援。

在建武六年冬天的时候，作为前任陇使，马援携带宾客和家人在长安居住一段时间。在得知刘秀要召见自己之后，他马上觐见，而且还提出了自己对于解决陇右问题的看法。

马援说：“陇右兵强，不可强取，只可缓图。以小臣看来，‘攻城为下，攻心为上’，这才是克陇之上策！”听到马援这样说，刘秀频频点点头。刘秀问：“文渊，以你之见，如今应该如何？”马援道：“小臣久在陇右，与陇上诸将私交甚厚。请陛下遣小臣入陇，前去劝说诸将来降！”随后，马援就把自己的想法一五一十地告诉了刘秀。刘秀点头说：“马卿，此计甚好！朕拨你五千精锐突骑，护送你入陇！”

等马援到了陇右之后，先会见了了高平守将高峻、任禹及其部下，同时也包括西羌诸部首领在内。马援向他们说明了其中的利害，劝说他们不要再跟着隗嚣叛乱，而且还写了一封长信，托人带给杨广，然后再请他转递给隗嚣，目的就是劝说他赶紧投降。

在这封长信中，马援力劝隗嚣要识时务、明大势，跟朝廷作对是没有好结果的，况且他也不可能打过朝廷。另外，马援还提到了隗恂，把隗恂的情况告诉了隗嚣。在信的最后，他还警告隗嚣说：“如果你再和朝廷作对，此生恐怕难以与儿子相见了！”

在这封信中，马援的口气非常严厉。马援走了之后，杨广由于不敢把这封信给隗嚣看，只好暗中压了下来。

通过马援几个月的劝阻，陇右诸将想法开始变得不坚定起来。不久，马援从陇右回到长安，拜会了很多将领，如吴汉、来歙、耿弇、盖延……向他们叙说了入陇详情。因为他长期住在陇西，对那里的情况特别熟悉，而每当吴汉诸人在这方面存有异议的时候，都会请马援来出谋划策。由于马援性格比较直爽，有一说一，所以得到各位将领的信任和敬重。虽然从表面上看来，马援的劝说没有取得什么明显的成效，但是却在陇右内部埋下了内应的种子。

其实马援的攻心之术在现代社会中也是可以应用的。企业的发展离不开用人策略。要想使企业有着光明的发展前景，一定要重视用人谋略。

其实，用人行为的顺利进行需要很多条件的配合，其中起决定作用的条件有两个：一是领导者愿意使用下属；二是下属愿意接受上级的使用。从某个方面来说，第二个条件显得更为重要，当然，实行起来难度也稍微大一些。通常来说，处于被管辖地位的下属，心态是比较复杂的。作为领导，不仅要了解下属的所思所想，而且还要想办法征服下属的心，只有这样，才能使下属从心底里佩服你和敬重你，但是这绝非一件简单的事情。

为了能让徐庶为自己服务，曹操利用徐庶孝敬母亲的弱点。虽然曹操的目的达到了，但是他并没有赢得徐庶的心。因此，在曹操身边，徐庶的优势并没有发挥出来。

关于刘备三顾茅庐的故事我们大家都有所了解。当刘备去拜见诸葛亮的时候都遭到了拒绝。或许他这样做就是为了考察刘备有无招贤纳士的诚意和虚怀若谷的美德。在得知刘备的确是礼贤下士的明主之时，诸葛亮也愿意“出山”为刘备服务。

这两个故事从正反两个方面说明了攻心谋略在用人行为中所起的重要作用。

一般来说，下属希望自己的上司是怎样的呢？也就是说，下属对领导者抱有哪些企望和要求呢？

通过心理调查发现，通常情况下下属对领导者的企望和要求主要表现在以下几个方面，当然，这是按照由低到高的顺序排列的。

1. 追求安全

下属希望领导者能够做事光明磊落，正直无私。如果自己出现了问题，不要让下属来承担责任。可以说，这是每个下属对领导者都会提出的起码企望和要求，因而属于最低层次的心理追求。

2. 追求温暖

通常来说，下属都希望自己的领导能够关心自己。当自己遇到困难的时候，领导能够毫无顾忌地出手相救，为自己提供起码的工作条件和生活条件。即使是一些公司根本无法帮助的事情，只要领导能够表示一下关心，这也就足够了。这属于下属的较低层次的心理追求。

3. 追求信赖

在工作中，每个下属都希望能够得到领导者的信任。如果有什么重大的活动能够考虑让下属参与其中，而且还可以把一些比较重要的工作交给下属。当下属对事情有不同看法的时候，领导也要耐心听取他们的意见。当然，这些要求并不是每个领导者都能做到的，属于较高层次的心理追求。

4. 追求事业

有些下属希望自己的领导能够与自己有相同的爱好，在思想上保持一致。如果自己想要成功，领导可以为自己提供各种可能的条件，甚至是替自己决定很多事情。这是少数雄心勃勃的下属对领导者提出的最高层次的心理追求，令领导很难达到。

当然，现实中有些领导对下属的这些心理追求心知肚明。针对这些不同类型的被使用对象对领导者抱有的各种心理需求，领导者就应因人而异，投其所好，分别采取不同的攻心谋略。例如，在合适的时间、地点，以合适的方式来对下属所犯的错误表示原谅，这样就会让下属感到特别安全；领导应该在可能的情况下帮助下属解决生活和工作中的困难，并使这一工作规范化、制度化，如果可能的话，领导还应当定期表示对下属的关爱，使其心里感觉特别温暖；有意识地让一些较为优秀的下属参与到重要的管理工作中来，在制定决策的时候还应该征求他们的意见，这样可以大大激发员工工作的积极性和创造性；为那些特别优秀的员工来寻求发展的机会，如果可能的话给他们升职。

当然，领导者采用这种攻心谋略的方式有很多种。如商朝末年西伯侯请姜子牙；战国时代魏文侯对乐羊深信不疑；燕昭王筑黄金台招贤纳士；曹操马踩青苗，当即削发示众，以严军纪……如此种种都是一些恰到好处

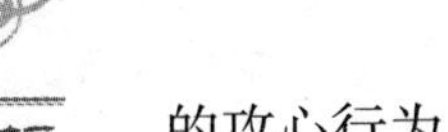

的攻心行为。

这里需要特别指出的是，很多领导者误以为攻心谋略只不过是一种收买人心的政治权术，这种观点是错误的。的确，纵观古今中外，有很多统治者是通过玩弄政治权术来收买人心的，然而这些统治者只能一得到他人的忠心，这种情况是不会长久的。所以，一个真正获得理想的攻心效果的领导者，一定会通过自己的智慧和真诚来让下属佩服、敬重自己和拥戴自己。这才是攻心谋略的真正含义。

有一次，刘备被曹操打败，刘备让赵云保护夫人和儿子阿斗突围。当时的赵云被百万曹军围困，为了保护幼主，他怀揣阿斗大战长坂坡，血战曹操百万大军，在这种情况下还杀死不少曹军。

当赵云抱着阿斗，见到刘备时，刘备接过阿斗，一下子扔在地上，恨恨地说："为这个浑小子，差点折损了我一员大将！"

赵云忙从地上抱起阿斗，流着热泪说道："赵云就是肝脑涂地，也不能报答主公的恩情啊！"从此对刘备更加忠心耿耿。

刘备的做法是在表明，阿斗似乎还没有赵云在他心中重要，当然这很可能只是一种表面现象。但是起码也让赵云感到，他在刘备心中的分量。这恐怕比给他加官晋爵和物质奖励更能打动他的心，同时也让其他将领看到刘备的一片爱才之心。由此可见，刘备是非常善于收买人心的。

认清形势定谋略

古语有云"不谋万世者，不足谋一时，不谋全局者，不足谋一域。"

可见好的谋略对于事情成败有着举足轻重的作用。谋略的概念最早起源于军事方面，但是随着时间的推移，以及时代的发展和进步，谋略已经被引用到各个领域，并且在各个领域具有极其重要的意义。这就要求我们，在现实生活中，要依据现实情况，制定相应的、正确的谋略。

在刘秀争霸天下的过程中，刘秀的中心战略是远交近攻。刘秀对威胁较大的近敌，集中全力加以歼灭。对相距较远的割据者，则通使往还，使众敌彼此掣肘，互相消耗，加速了统一战争的步伐。

当时刘秀既立于河北，反顾长安，更始政乱，四方离叛：梁王刘永擅命睢阳，公孙述称王巴一郡，收一地则治一地，免除反复用兵平叛之劳和缓急变乱蜂起之忧。

对汉军内的反叛事件，刘秀极为重视，决不假以时日。庞萌反于桃城，邓奉反于南阳，刘秀都抽调重兵，会集众将，亲自率领，前往弹压。这样尽管暂时会影响其他战场的得失利钝，但从全局看，立使叛者殒灭于今，可戒他人效尤于后，避免了叛乱连锁扩大，将更多麻烦消弭于未萌，收到以战去战的效果。

止戈为武也是刘秀的战略思想。全国初步统一，刘秀以安定社会，恢复经济为本，力戒好大喜功，穷兵黩武，古来史家多赞之曰：“止戈为武。”

建武十三年，“帝在兵间久，厌武事”，故扫陇平蜀后，“非儆急，未尝复言军旅，皇太子尝问攻战之事”，刘秀不答。西域闻中国统一，十余国尽遣侍子，派使者告以匈奴侵苦之状，愿请汉师，刘秀以天下新定，“欲偃干戈，修文德”，遂却还侍子，不肯受虚名而竟启战端。卢芳亡入匈奴，时引之寇边，十六年，芳穷窘请降，刘秀一反常例，“立芳为代王……赐缯二万匹，因使和集匈奴”，采取睦邻政策。二十七年，“匈奴饥疫，自相纷争”，臧宫、马武等大将建议乘机出击，

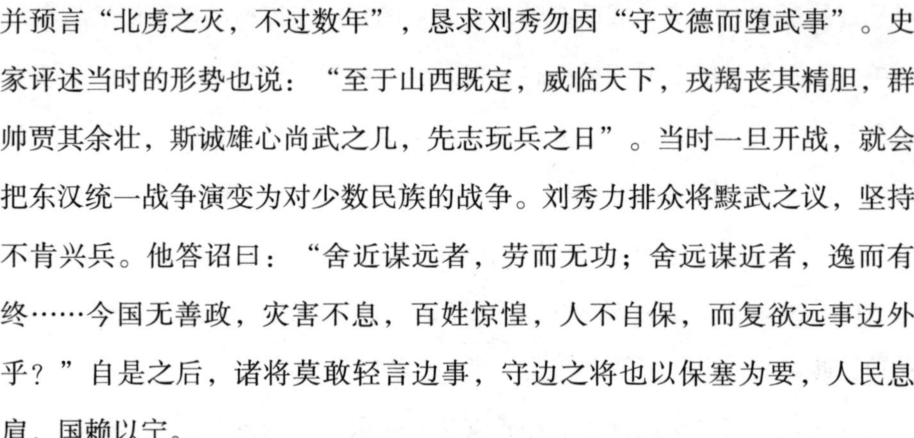

并预言“北虏之灭，不过数年”，恳求刘秀勿因“守文德而堕武事”。史家评述当时的形势也说：“至于山西既定，威临天下，戎羯丧其精胆，群帅贾其余壮，斯诚雄心尚武之几，先志玩兵之日”。当时一旦开战，就会把东汉统一战争演变为对少数民族的战争。刘秀力排众将黩武之议，坚持不肯兴兵。他答诏曰：“舍近谋远者，劳而无功；舍远谋近者，逸而有终……今国无善政，灾害不息，百姓惊惶，人不自保，而复欲远事边外乎？”自是之后，诸将莫敢轻言边事，守边之将也以保塞为要，人民息肩，国赖以宁。

刘秀用兵素以出奇制胜著称。“昆阳之役，驱乌合之众，扫滔天之敌”，率援兵数千驰击莽军中坚，破敌43万。在统一战争过程中，刘秀“跋涉霜雪，躬当矢石”，积累了丰富的实战经验，军事指导艺术更臻成熟，从战术思想上看，计有以下几“奇”。

一是以攻为守。河北“四面受敌”，防守必兵分势绌，刘秀乃四出进攻，但又非平均用力。北面对彭宠隔而不围，因为“渔阳以东，本备边塞，地接外虏，贡税微薄”，得之则与匈奴接界，反速兵患，故仅派祭遵率偏师留屯良乡，虚张声势，隔断他与中原的联系，使其顾忌，无所作为；南面对淮南王李宪围而不打，四年秋“遣杨武将军马成等击宪，围舒”，首尾三年，候其大困乃在六年正月拔之；西面派邓禹率师2万人关，抚而不争，乘绿林赤眉交攻，安集怀来，得众百万；东面对梁王刘永竭力猛攻，全歼乃止。

二是以少击众。汉军四面出师，每一战场均以相对劣势兵力监敌，幸群雄彼此独立，不相统属，兵势难合，而汉军组织严密，调动自如，各支部队相互调剂，稍补兵力之不足。群雄政权内部亦门户林立，私心自用，各派系间排陷、倾轧、坐视不救，汉军则能集中全力攻敌一路，力争主动，各个击破。刘秀还利用敌人内部矛盾，使其自相残杀。如，攻齐，令张步、苏茂相斩者免其死；攻洛阳，行反间计，使朱鲔杀李轶，敌众乖离，相互猜忌，己则乘之，以少胜众。

三是以长击短。战王郎将儿宏时，刘秀麾下有上谷渔阳突骑数千，是“天下精兵”，乃预嘱其设伏，己则率大众接战，战酣，使“汉军退却”，引敌入伏，骑将景丹率伏兵起，“纵突骑击，大破之，追奔十余里，死伤者纵横”，一战而获全胜。伐蜀一役，公孙述分兵依蜀，李宪自立为淮南王，秦丰自号楚黎王，张步起琅琊，董宪起东海，延岑起汉中，田戎起夷陵，并置将帅，侵略郡县。后又有赤眉入主关中，卢芳北连匈奴，彭宠称兵渔阳。强邻环逼，己力尚弱，欲一举夷灭如此众多的割据势力，殊非易事。故此，刘秀审度形势，用兵“深得前后攻伐之宜。”

东击梁王刘永时，刘秀对刘永之东的齐地张步暂示笼络。建武二年十一月，使太中大夫伏隆持节安辑青、徐二州，“拜步为东莱太守”。俟四年已攻灭刘永，并破其支党苏茂、佼强、周健、董宪等辈之后，建武五年方使耿弇兵锋东指，移师伐齐。

关中西接陇右隗嚣，南塞巴蜀公孙述，北连羌胡、卢芳，是兵家必争之地。时“光武方事山东，未遑西伐”，暂未能以全力相争，虽先后遣邓禹、冯异以偏师镇抚，但三面受敌，势不能支。为了确保关中，屏障洛阳，刘秀乃联络西州大将军隗嚣，使节往来，以手书相闻问，赞以文王三分，许以计功割地。隗嚣遂奉正朔，“称建武年号”，遣子入侍，助汉军击定叛将冯愔，破走赤眉之众，并北御卢芳勾引的羌胡，南拒公孙述，连破之，使“蜀兵不复北出。”汉将冯异方可因利趁便，得“以数千百人踯躅三辅”，稳定了关中形势。刘秀乃能“释关陇之忧，专精东伐，四分天下有其三”，略具统一之形。

“建武六年，河北初定，江淮初平，关中初靖”，齐、梁、楚、淮南、渔阳之属相继翦灭。“时山东略定，帝谋西收嚣兵”，由关中进取陇右，取消隗嚣割据一方的半独立地位。刘秀“闻河西完富，地接陇蜀”，当隗嚣之后，“欲招之以逼嚣”，乃授河西五郡大将军窦融为凉州牧，并“赐融以外属图及太史公《五宗》《外戚世家》《魏其侯列传》”，与之攀前代的亲缘关系。窦融感悦，遂移书责让隗嚣，声讨其罪，刺杀其说客张玄。八年夏，刘秀“西征”，窦融率五郡太守及羌、小月氏等步骑数万、辎重五千辆东进，前后夹击，会师于高平，“遂共进军，嚣众大溃”，因定陇右。

以战去战是刘秀的又一正确战略。在统一战争进程中，刘秀深谋远虑，不仅企求扩张势力于当时，而且欲达长治久安于后世。为此目的，往往采取频繁而果断的军事行动，务求迅速解决问题，彻底根绝祸源。

“时大乱方炽，地方糜烂，豪杰大姓、名族、奸猾都聚众壁堡。”以关中为例，王莽之败，豪杰“皆杀其牧守，自称将军”，相沿不改。至赤眉军入据长安，“诸有部曲者，皆坚壁清野，赤眉掳掠少所得”，及刘秀遣汉军收关中，“豪杰往往屯聚，多者万人，少者数千，转相攻击”。由于郡县大姓各拥兵众，导致关中局势长期难以稳固。关东地区亦然，刘秀在一封信中提及，“今关东寇贼，往往屯聚，志务广远，多所不暇”。足见当时全国都是堡垒林立。

这些人妄称名号，影响政令推行；多聚兵甲，危及地方治安；扰民囤粮，削夺政府财源。他们是影响统一大局和政治安定的最危险因素，是潜在的反叛军事力量。刘玄、刘盆子虽两度形成统一之势，终因不能妥善处置，而致猝败。

刘秀深悉其害，遣将时都反复告诫，“征伐非在远战掠地，多得城邑，要在平定安集之耳！”决不能满足于地方大姓的表面归顺，而要消除他们据以反叛的实力。冯异接取邓禹守关中，“营堡降者甚众”，他遵照刘秀的指示，“诛击豪杰不从令者，褒赏降附有功劳者，悉遣其渠帅诣京师，散其众归本业”。即使因此而招致地方大姓不满，激成复叛，也务必做到“坏其营壁，无使复聚”。征之史籍，刘秀大将的本传中，无一不充斥着毁寨、攻岩、削壁、平堡的记载。彻底消除大姓、豪强的叛乱割据的物质基础。所以，得一郡则定先处处设营防守，长在先得地利，以逸待劳，弊在各部之间声闻不通，调动不灵。汉军则“发桂阳、零陵、长沙委输棹卒，凡6万余人，”以舟师载马步军，其长在于既能休养士兵体力，又能灵活机动。因“分兵浮江，”溯流而进，绕至敌后，出其不意，攻其不备，连破荆门、平曲、江州、武阳，直抵广都，距蜀都成都仅数10里。“蜀地震骇”“孰若风雨，所至皆奔散”。公孙述闻败失色，以杖击地，惊呼：“何其神也！”是役，敌险无用，己长能充分发挥，效果明显。

四是以锐击疲。军旅相接，利在锐气。刘秀深悉一鼓作气之理，大战之先，必挫其锐气，然后乘疲疾击，一鼓而下。建武五年六月，敌合兵3万急围桃城，刘秀亲率轻骑3000，步卒数万，星夜驰援，距诚60里坚壁不出。“诸将请战，贼亦勒兵挑战，帝不听，乃休士养锐，以挫其锋”。敌求战不得，转而“悉兵攻城”，然“城中闻车驾至，众心益固”，敌撑持“二十余日，众疲困而不能下”，刘秀乘机以盛锐之师击已疲之敌，“大破之”。八年，攻隗嚣，刘秀先派来歙率精兵二千，绕山路远道奔袭，夺其腹地重镇略阳，“上闻之，喜甚。左右怪上数破大敌，今得小城，何足以喜……上以为，嚣失所恃矣，亡其要城，势必悉以精锐来攻；旷日久围，而城不拔，士卒顿弊，乃可乘危而进”。隗嚣果然“悉兵数万人围略阳……尽锐攻之，自春至秋，其士卒疲弊，帝乃大发关东兵，自将上陇，嚣众溃走”，一战而胜。

五是“以饱待饥”。俗云：兵马未动，粮草先行。刘秀用兵，颇重粮秣。建武元年，击败五校军，敌残部退入渔阳境内，刘秀派强弩将军陈

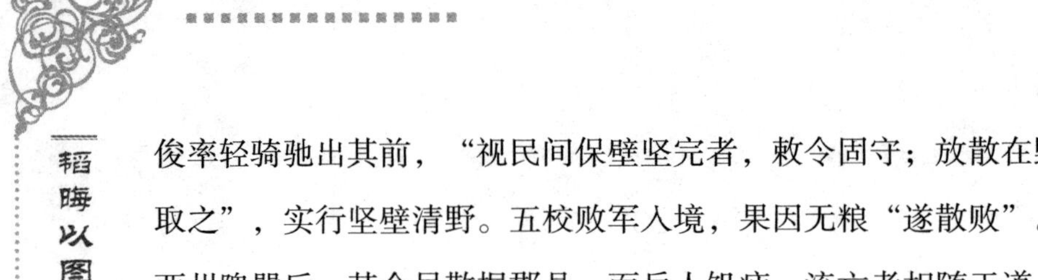

俊率轻骑驰出其前，“视民间保壁坚完者，敕令固守；放散在野者，因掠取之”，实行坚壁清野。五校败军入境，果因无粮“遂散败”。八年击破西州隗嚣后，其众尽散据郡县，而兵人饥疲，流亡者相随于道，刘秀“诏于沉积谷六万斛，驴四百头负驮”，发动大转粮运，大将来歙借以“倾仓廪，转运诸县，以账赡之，于是陇右遂安”，残部悉降。

六是“以逸待劳”。建武二年十二月，赤眉众20万出关，窘迫东归，刘秀勋汉将邓禹，“勒兵坚守，慎毋与穷寇争锋，老贼疲弊，必当束手事吾也”，乃屯师关外，严阵以待，盛兵以邀其归路。赤眉军连月跋涉，三年正月方抵宜阳，“忽遇大军，惊震不知所为”，不堪再战，遂请降。刘秀凭借逸劳殊势，致使“宜阳之师，不战而赤眉束手”，运用之妙，存乎一心。

刘秀以文吏典军事的军队建设思想确属创举。他以具有真才实学和实际经验的知识分子作军队骨干，使其军事适应了东汉统一战争过程中复杂动荡的形势，收效当时，后世亦有不及此者。西晋藩王专兵，招致“八王之乱”，二京屠灭；南朝纲纪松弛，致荆州抗表，上游失踞；残唐、五代，骄兵悍将，叛服无常，割据四方。总之，武夫跋扈，荼毒百姓。有宋一代，矫枉过正，纯用猜忌为心，以文臣、学士、甚至阉宦之辈，任将职，监军旅，武将地位低下，动被掣肘，世人皆忽武、轻武、耻武，终致武备松弛，国力虚弱，强邻逼迫，外患连绵，曾不能守太平之世。远交近攻的战略，古已有之，刘秀参详古今，运用娴熟，深合其宜。以战去战，“止戈为武”，在古代是两种不同的军事指导思想，刘秀能从实际出发，因时应势，糅而用之，既不穷兵黩武，又不姑息养奸，可谓独具匠心。六奇之术，炉火纯青，蔚为奇观。刘秀堪称卓有识见的军事家。

说到谋略，还要讲到光武帝实现军事战略所采取的一些具体手段。

王夫之说：“乃微窥其（光武帝）所以制胜而荡平之者，岂有他哉？

以静制动，以道制权，以谋制力，以缓制猝，以宽制猛而已。帝之言曰：‘吾治天下以柔道行之’。非徒治天下也，其取天下也，亦是而已矣。”这一看法是正确的。总的说来，这叫“以柔克刚”，是光武帝配合军事行动而采取的策略方针。具体表现为：实施各种怀柔手段，对敌方极力加以招诱，以达到“不战而屈人兵”的目的，或者促使降附者迅速安定下来。又致力于各种分化瓦解的办法，造成敌方内部迅速崩溃，等等。

用怀柔手段对各种武装集团进行劝降。对隗嚣、公孙述的劝降，同样不遗余力。他对隗嚣原先寄以很大希望。怀柔手段无以复加，除了“极以殊礼”“用敌国之仪”来对待这个名义上的大臣。他还亲自写信说：“慕乐德义，思相结纳。昔文王三分，犹服事殷。但驽马铅刀，不可强扶。数蒙伯乐一顾之价，而苍蝇之飞，不过数步，即托骥尾，得以绝群。”为了笼住隗嚣，不惜把隗嚣比作文王，比作伯乐。双方战争爆发前，光武帝的怀柔目标尽管没有最终达到，但联陇制蜀的策略却一度实现。光武帝对公孙述不抱多大希望，但仍未放弃对他的努力。建武六年（30年）关东战争结束后，他不断写信给公孙述“告示祸福。”光武帝对他是劝诫多于威胁。十一年，岑彭长驱入武阳时，光武帝又给他“明丹青之信。”十二年，吴汉大军再逼成都，光武帝又亲下诏书劝他及早悔悟，并保证其“家族完全”。表示不计较岑彭、来歙被害一事。这种做法，表现了自己的宽宏大度。尽管招降的目的没有实现，策略道义上同样站住了脚。这对公孙述内部必然发生深刻的影响，如公孙述的亲信光禄勋张隆“皆劝降”。公孙述坚持不听，二人“并以忧死”，至于将帅士兵“日夜离叛”的更是不计其数。光武帝这一做法，对对方是一种无形的、巨大的打击力量。

与怀柔、招降相辅相成的是对对方直接分化瓦解。如对陇战争爆发后，利用马援、王遵等与隗嚣旧将的关系，劝降牛邯及其他将领，手段十分高明。如东平齐地时，引诱张步和苏茂之间互斩，迅速结束了战斗。在

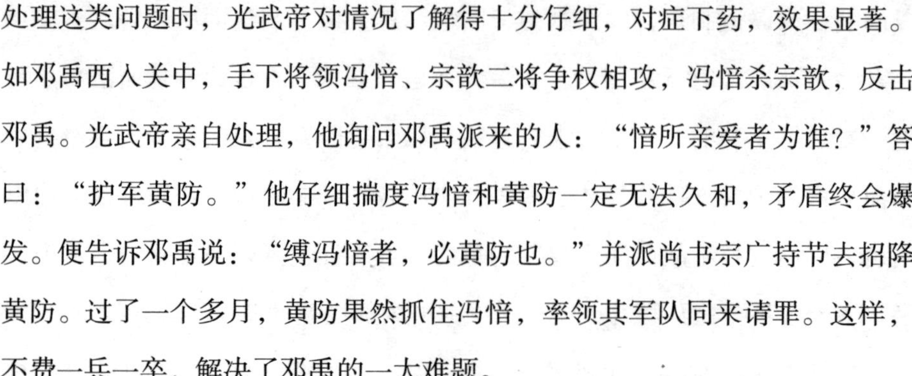

处理这类问题时，光武帝对情况了解得十分仔细，对症下药，效果显著。如邓禹西入关中，手下将领冯愔、宗歆二将争权相攻，冯愔杀宗歆，反击邓禹。光武帝亲自处理，他询问邓禹派来的人：“愔所亲爱者为谁？”答曰：“护军黄防。”他仔细揣度冯愔和黄防一定无法久和，矛盾终会爆发。便告诉邓禹说：“缚冯愔者，必黄防也。”并派尚书宗广持节去招降黄防。过了一个多月，黄防果然抓住冯愔，率领其军队同来请罪。这样，不费一兵一卒，解决了邓禹的一大难题。

至于任用一些有威望的臣僚去安定某些混乱的地区，更是光武帝的拿手好戏。如前所述，他用陈俊迅速平定太山；用耿纯迅速平定东郡；用寇恂迅速平定颍川。他们都是将领，下面再举些用文臣的事例：

建武三年（27年），平原郡富平县徐异卿造反，集众万余，光武帝多次对之镇压无效。徐表示：“愿降司徒伏公。”伏公即伏湛，更始政权时曾任平原太守。当时天下扰乱，在他的治理下，平原一郡独得安宁。光武帝随即派伏湛出任平原太守。果然，徐异卿等“即日归降”。建武五年（29年），渔阳一带经历王莽、彭宠之乱，“寇贼充斥”。光武帝选派郭伋为渔阳太守加以治理。郭到任，示以信赏，“盗贼消散”。九年，又让他去治理乱后的颍川，任颍川太守。临行，光武帝对他寄以很大期望，说：“贤能太守，去帝城不远，河润九里，冀京师并蒙福”。郭到郡，不负所托，招降赵宏、召吴等数百人，“悉遣归农”。影响所及，赵、召余党，“远自江南，或从幽冀，不期俱降，络绎不绝。”而这些都是用单纯武力镇压所难以奏效的。

如何对待大量的降附者，让他们真心归附，是光武帝采取策略的又一个方面。这方面，他往往运用怀柔性的攻心战术。

如称帝前，他在蒲阳大破铜马军，降众全部收编。他把铜马军的首领封为列侯，但是，其余降众仍然惴惴不安。光武帝猜出他们担心其首领走后，自身后果不妙，便故意让他们的首领各自回原营带兵，自己则仅骑着马到处巡视。果然，那些降兵顾虑全部消失，并感动地说："萧王推赤心置人腹中，安得不投死乎！"刘秀对赤眉军降众也有类似做法。

对敌方武力压服之后，紧接着进行政治降服，即采用怀柔的攻心战术。攻心战术是一种很高明的策略，它能够迅速地稳定降附者的队伍，避免留下隐患或发生反复，对统一战争是十分有利的。配合军事战略的，除了各种策略手段以外，还有一系列的政策。这些政策，其意义已不仅仅用于军事方面，更有安邦治国的重大作用。

综上可知，谋略的用途是不可小觑的，如果能够正当地运用自身的智慧、谋略，可以使人们化解身边的难题，并且走出困窘的局面，有时整个人类社会文明的进步也都被智谋所推动，历史的进程也由此加快。谋略的最终目的，就是要用最小的付出，收获最大的利益，而且这样的局面也是谋略筹划者最想看到的结果。对于整个国家和或者整个民族来说，谋略是与国家安危、民族存亡息息相关的要事；在战争中，谁的谋略能够胜出一筹，谁就能赢得战争的最后胜利；对于商人、企业家来说，谋略能够影响到公司的生死存亡；对于一个人人生道路，谋略能够改变一个人的命运和前途。

当今时代，我们所接触的谋略已经和最初的军事谋略有了很大的差别，但是，谋略的精神实质并没有改变，仍然是要充分调动自己的一切资源，进行积极地、主动地谋划，以达到自己的目的。

无论是军事、政治、经济还是外交，包括我们的个人发展，都离不开谋略，谋略对于任何一个领域的重要性都不可小觑。我们的谋略一定要符合客观实际情况，而不是建立在自以为是的基础上。只有来源于实际的谋略，才能够真正指导我们去参与实践，才是能够切实可行的谋略。

我们在现实生活中，为了追求成功，在日渐激烈的竞争中脱颖而出，就要依据现实情况，多进行谋略的实施。只有将自己人生中的每一步都做好了谋划，对每一次竞争，都做出了相应的对策，我们才能够在社会中生存、发展，直到走向成功。

第六章 DI LIU ZHANG 御人控势，刚柔并济

人类作为一种具有社会属性的群体，在日常生存和发展中离不开相互之间的集体协作。在这种合作的过程中，就需要管理的存在。战场上，需要运筹帷幄；商场上，需要精打细算；官场上，需要推敲琢磨。一个人不可能仅靠一己之力打天下，在有了人，有了物，有了各种资源之后，如何进行有效的管理，让资源进行合理的配置，实现利益的最大化，才是每一个渴望成功的人都需要考虑的问题。刘秀就是一个很善于管理的领导者，无论是他在马上夺天下还是马下治天下的时候，都将管理之道发挥得淋漓尽致，令人叹服。

树立共同的愿景

在一个团队中，管理者要确立一个明确的共同愿景，共同愿景就像一座灯塔，始终为团队的发展指明前进的方向。共同愿景可以指导自己的团队向着统一的目标前进，最重要的是共同愿景能够激发出团队中每一个成员的积极性，促使团队的发展。

刘秀受更始帝刘玄之命前去安抚河北时，就已在他的心底暗藏了统一天下的志向。邓禹在邺城，曾向刘秀提出他对天下形势的认识，其中提到："更始虽都关西，今山东未安，赤眉、青犊之属，动辄以万数，三辅假号，往往群聚。更始既未有所挫，而不自听断，诸将皆庸人屈起，志在财币，争用威力，朝夕自快而已，非有忠良明智，深虑远图，欲尊主安民者也。四方分崩离析，形势可见。明公虽建藩辅之功，犹恐无所成立。于今之计，莫如延揽英雄，务悦民心，立高祖之业，救万民之命，以公而虑天下，不足定也。"

邓禹的这番议论，实际是要刘秀准备统一天下，成就帝业。刘秀对此非常赞同，正透露了他要实现"威德加于四海，"统一天下的心迹。只是刘秀当时还势单力孤，他还不便于表露出来。

当刘秀基本清剿完河北农民军的主力，河北大体安定，而且寇恂、冯异大败更始军以后，刘秀以河北为根本的意图已经实现。河北、河内无论是在经济上，还是在军事上，都可以保证刘秀的势力可以在以后发展。这

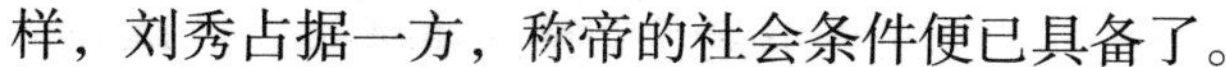

样，刘秀占据一方，称帝的社会条件便已具备了。

在刘秀经营河北时，如前面所述，一个以南阳、河北豪强为基础的军事集团，已经紧紧围绕在刘秀的周围。因而刘秀称帝，也具备了雄厚的支持力量。

从当时社会形势上来看，由于更始帝刘玄的昏庸，他占据长安后，安全没有号令天下的能力。各地割据势力纷纷同更始政权对抗。自从更始二年，王郎在邯郸称帝后，其他地方割据势力称帝的越来越多。如建武元年春正月，“平陵人方望立前孺子刘婴为天子，更始遣丞相李松击斩之。”割据势力不仅立汉朝宗室为皇帝，并且一些势力强大的割据势力，公然抛开汉朝宗室，自立为皇帝。如建武元年夏四月，“公孙述自称天子。”在割据势力或拥立汉朝宗室，或自称为帝的形势下，正名号，对刘秀进一步发展其势力来说，就是至关重要的。

不过，更重要的是刘秀在河北、河内的成功，主要是依靠当地豪强势力的支持。而这些豪强所以全力支持刘秀，是因为他们看到刘秀有卓越的才能。他们依靠刘秀，正是打算在刘秀一旦即皇帝位后，会使他们将来在政治、经济上，获得更多的利益。

可是，刘秀在平定河北后，对于这些问题，起初并没有明确的认识。他只是注意到他自己的军事实力和处境，所以对即皇帝位一事，并没有急于去做。正如他自己所说：“寇贼未平，四面受敌，何遽欲正号位乎？”在这种意识支配下，他对自己的部将要求他称帝，一再加以推托。如在温县大捷后，刘秀的部将就“议上尊号。”当时马武首先提议说：“天下无主。如有圣人承敝而起，虽仲尼为相，孙子为将，犹恐无能有益。反水不收，后悔无及。大王虽执谦退，奈宗庙社稷何！宜且还蓟即尊位，乃议征伐。今此谁贼而驰骛击之乎？”

但刘秀坚决拒绝了马武的要求。他对马武说：“何将军出是言？可斩

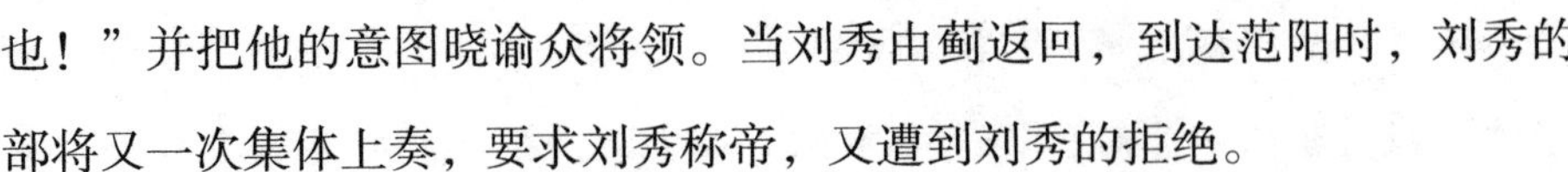

也！”并把他的意图晓谕众将领。当刘秀由蓟返回，到达范阳时，刘秀的部将又一次集体上奏，要求刘秀称帝，又遭到刘秀的拒绝。

对于刘秀只考虑到自己所具有的实力，而没有顾及到“正号位”的社会影响，尤其是没有考虑到随他征战的豪强阶层利益的做法，刘秀的部将耿纯及时提醒刘秀说：

“天下士大夫捐亲戚，弃土壤，从大王于矢石之间者，其计固望其攀龙鳞，附凤翼，以成其所志耳。今功业即定，天人亦应，而大王留时逆众，不正号位，纯恐士大夫望绝计穷，则有去归之思，无为久自苦也。大众一散，难可复合。”

耿纯的建议，确实打动了刘秀，使他感到在河北大体平定的条件下，不及时即皇帝位，就会丧失河北地方豪强的支持，也会使随同他征战的南阳、河北豪强军事集团开始动摇。正是基于这种原因，刘秀改变了他缓称帝的意图。

一些支持刘秀的豪强，为了争取刘秀尽早称帝，利用当时人们对谶言的迷信，来证明刘秀即皇帝位的合理性。如刘秀年轻时在长安太学学习的同舍生疆华，就从关中带来《赤伏符》，其中说：

“刘秀发兵捕还道，四夷云集龙斗野，四七之际火为主。”

这句谶言隐含的意思，据唐人李贤解释说：“四七，二十八也。自高祖至光武初起，合二百二十八年，即四七之际也。汉火德，故火为主也。”刘秀是对谶言极其迷信的人，他当然对此深信不疑。刘秀手下群臣也借《赤伏符》中的说法加以劝进。他们都说：

“受命之符，人应为大，万里合信，不议同情，周之白鱼，曷足比焉？今上无天子，海内淆乱，符瑞之应，昭然著闻，宜答天神，以塞群望。”

刘秀即皇帝位，既符合众望，又适应符命，所以在当时人看来，是再合理不过的了。这时占据长安的更始政权还存在，刘玄也是以汉朝宗室的身份称帝的。刘秀有了《赤伏符》符命作依据，他称皇帝，同长安的更始政权对抗，也就可以毫无顾忌了。《赤伏符》的炮制，既为刘秀继统蒙上了神秘色彩，同时，也促使刘秀尽快称帝。

建武元年（25年）六月，刘秀选择部城作为即皇帝位的地点。他事先“命有司设坛场于鄗南千秋高五成陌。”己未日，正式在部城即皇帝位。在即位的大典中，举行了“燔燎告天，禋于六宗，望于群神”的仪式，表示自己成为上天认可的天子。并在即位仪式上宣读了祝文，其中说：

“皇天上帝，后土神祇，眷顾降命，属秀黎元，为人父母，秀不敢当。羣下百辟，不谋同辞，咸曰：‘王莽篡位，秀发愤兴兵，破王寻、王邑于昆阳，诛王郎、铜马于河北，平定天下，海内蒙恩。上当应天地之心，下为元元所归。’谶记曰：‘刘秀发兵捕不道，卯金修德为天子。’秀犹固辞，至于再，至于三。羣下佥曰：‘皇天大命，不可稽留。’敢不敬承。”

刘秀的告天祝文，对于他自起兵以来所建树的功绩，作了陈述，而且引证谶语，说明他即皇帝位的合理性，公开声明要平定全国。所以这一祭天祝文，成为刘秀要统一天下的宣言。

刘秀即位之后，改元建武，大赦天下，改部城为高邑。这一年是公元25年，刘秀年仅30岁。他成为东汉王朝的开国君主，后人称之为光武帝。

刘秀即位，是他所代表的当时豪强阶层的共同愿景，只有刘秀登上帝位，才能保证拥护和支持他的这些豪强阶层的最大利益。在这个共同愿景的前提下，刘秀即位顺应天时地利和民意，从而成就一番帝王功业。

共同愿景这个概念是由彼德·圣吉在《第五项修炼》一书中首先提出的，也是其所描述的五项修炼之一。作为管理组织和企业的先进方法和手段，得到了大家的认可和赞同，被誉为“21世纪的管理圣经”。

共同的愿景实质为大家共同期待的景象。它的建立能发出一股较强的

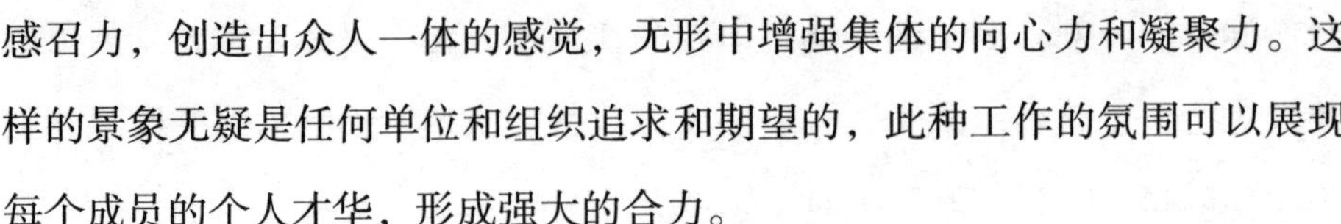

感召力，创造出众人一体的感觉，无形中增强集体的向心力和凝聚力。这样的景象无疑是任何单位和组织追求和期望的，此种工作的氛围可以展现每个成员的个人才华，形成强大的合力。

在刘秀的发展过程中，刘秀本着一种韬光养晦的精神，一直不急着称帝，这在一定程度上，是刘秀的发展之道，但是其中也存在着弊端，那就是不能满足团队中所有人的愿景。正所谓攀龙鳞、附凤尾，在刘秀的部下中，大都是为了辅佐刘秀称帝，以使自己能够作为开国功臣来获得自己的奋斗成果的。刘秀的坚持不称帝，将会大大损害下属的积极性。

认识到这一点之后，刘秀就不再犹豫，终于称帝，让自己的属下有了共同的愿景，于是稳定了人心，激发了下属的斗志，最终能够统一乱世，获得成功。

所谓共同愿景，指的是一个企业内部，每个工作人员所秉持的，每个人都想达到的一种共同目标和前景。如果这样的共同动力，能够成为动员全部员工的一种共同追求，以此激发所有员工不懈努力的话，它就能够将所有人员凝聚成一个团体，从而激发无穷的动力和创造力。

共同愿景，能够使团队的所有成员有归属感，团队的每位成员都能找到自己在团体中的定位，发现自身的价值和承担的责任，团队成员也会感到自己是属于整体之中的一分子；共同愿景，能够使团队的所有成员都具有敬业奉献的精神，乐于投入，敢于奉献。因为，在这样的集体中，工作已经不单纯地是一种维持生存的手段，而上升到了另一个高度，依然成为了一种道德责任，在这样的工作环境中，工作起来充满激情、乐趣无边，每个人也能从中体会到自己的价值；共同愿景，能够使能团体之间的每个成员关系融洽，在这样的团队里，每个人都会把团队的责任当作自己的责任，把周围的同事看作是一起实现共同愿景的奋斗伙伴，是利益共享体。

适时的提出企业的发展目标，是领导者的重要责任。无论面临什么样的困境，领导者都要让自己的下属对未来充满希望，给他们以美好的梦想，如果做不到这一点，就不能够称得上是合格的领导。

分享利益给属下

优秀的管理者善于从下属的切身利益出发，找到他们真正想要的东西。优秀的管理者并不过分看重自己的利益，而是懂得和下属分享自己的利益。通过分享利益，稳定自己的管理和统治。

古往今来，无数帝王的经验告诉我们，开国功臣们往往付出了心血平定江山，这些功臣良将却往往不得善终，抱憾千年。这样的结果，不但让在历史中抛头颅洒热血的功臣死不瞑目，而且，也给这些抹杀开国功臣们的君主，留下了史书里的不少污点。

例如，春秋时期的吴王阖闾、夫差父子和名将孙武、伍子胥就是后世传诵的经典。在成功打败楚国以后，孙武毅然决然地辞去了官位，隐居深山，最终保全了自己的性命，得以善终。而伍子胥却还想着为国家社稷继续出力，最终落得身首异处的下场。

再比如，汉高祖刘邦也因为屠戮功臣，而最终被当时及后世所非议。其实，刘邦又何尝想对这些重臣们痛下杀手？他是最清楚手下功臣们的才学能力之人了。战争时期他们跟着自己出生入死，帮助自己登上了皇位，可是平定天下之后，这些人恰恰成了对其子孙后世地位的最大威胁。所以，为了给子孙后代们扫清障碍，他不得不开始着手扫除这些功臣良将。

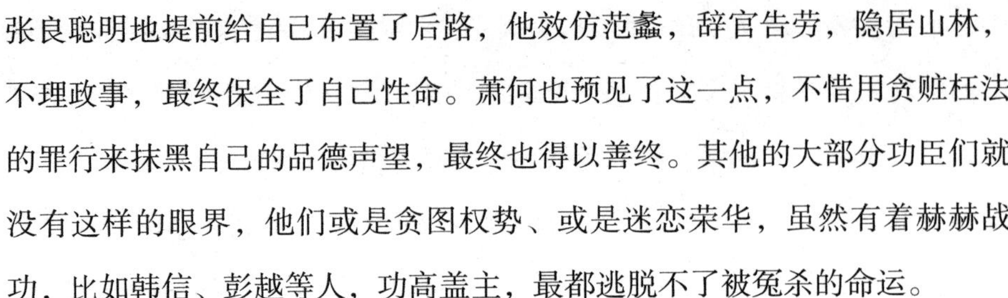

张良聪明地提前给自己布置了后路，他效仿范蠡，辞官告劳，隐居山林，不理政事，最终保全了自己性命。萧何也预见了这一点，不惜用贪赃枉法的罪行来抹黑自己的品德声望，最终也得以善终。其他的大部分功臣们就没有这样的眼界，他们或是贪图权势、或是迷恋荣华，虽然有着赫赫战功，比如韩信、彭越等人，功高盖主，最都逃脱不了被冤杀的命运。

刘秀熟读史书，对于这些事情当然也是了然于心、左右为难、困惑惆怅、寝食不安。既不想让皇权旁落，也不想以怨报德。他朝思暮想，终于想出了一个两全其美的方法：那就是把大部分功臣都放在闲职之上，不让他们接触过多权力，再另觅贤能之人进行国家政事的治理。

刘秀这样做，是出于三方面的考量：首先，这样做可以避免功臣功高震主，以防止皇权被他人掌控的局面；其次，这样做可以杜绝功臣居功自傲，欺上瞒下，混乱国家的治理，并且也能保全君臣之间的情谊；最后，这样做还可以提拔新的人才，并杜绝这些功臣们培养自己势力，祸乱后任君主统治。

此后，刘秀开始着手处理功臣留用与否的问题。

建武十三年（37年）四月，大司马吴汉回到都城。不久之后，蜀郡太守张堪派人把曾经是公孙述制作的瞽师、郊庙乐器、葆车、舆辇等御用品全部整理完备，之后送到洛阳。虽然此时刘秀已经登基13年有余，但是由于一直忙于平定战乱，他还真没花心思准备这些器具。可怜公孙述，“辛苦了半世，却为他人做了嫁衣”，真是下场惨淡。

因此，刘秀喜出望外，他亲自主持朝会，大肆封赏宗室、功臣、外戚，并专程设宴，款待功臣良将。这次分封的规模，远远超过了11年前的那次封赏，新封者、增封者共计365人。其中，刘氏的宗亲子弟，以及樊、郭、阴等三外姓宗亲总共有45人封王、封侯，其余还封赏了320名功臣。

刘秀以为，邓禹功劳最高，给予最大的封赏是理所当然的，就加封他为高密侯，食邑高密、昌安、夷安、淳于四县，又将邓禹的胞弟邓宽封为明亲侯。功劳排在邓禹之后的是吴汉，就将其封广平侯，食广平、斥漳、曲周、广年四县（与建武二年相比，维持不变）。东汉时期，人臣封赏的最高规格就是享受四县之地的俸禄，刘秀也依照这个规定进行加封。另外，还封赏了不少此时仍然健在的功臣，比如贾复、耿弇、寇恂、盖延等人，皆就食一县。

另外，刘秀也没有忘记虽然客死异乡，却为征西、征南战役立下汗马功劳，为国家统一和自己登基建立了卓绝功勋的冯异、岑彭、来歙三人，刘秀特意封赏了他们的后代。比如，他将冯异的长子阳夏侯冯彰立为东缗侯，食邑三县，次子冯䜣封为析乡侯。将岑彭长子岑遵封为细阳侯，另外，还封岑遵之弟岑淮为穀阳侯。将来歙之子征羌侯来褒维持原来的封赏，又特意加封来歙之弟来由为宜西侯。

这么一来，共封赏了冯异的两子，还有冯彰、冯䜣二人，冯氏总共得封四县，一门两侯。岑彭、来歙家族也得封两侯，也得食两县。至于其他不在世的老臣，比如祭遵、铫期、景丹、耿纯等，刘秀也一一对他们的子孙进行了加封。

封赏群臣之后，刘秀又对邓禹、贾复等人说道："诸位爱卿，你们这么多年以来，随朕讨伐征战，颇为良苦！如今终于评定了天下，朕不想让继续劳苦各位。治理国家一事，烦琐吃力，颇易出错，如果一旦犯错，朕要惩罚你们于心不忍，又不能徇私枉法，不如你们回家和家人享受天伦之乐，好好颐养天年，岂不是美事一桩？"

"说话听声，锣鼓听音"。邓禹、贾复等人都是明白人，听完之后，当下就明白了刘秀的想法。筵席结束以后，邓禹、贾复立刻打道回府，和自己的家人商量要事，过了几天，他们二人上交奏折，要求辞官告老，以

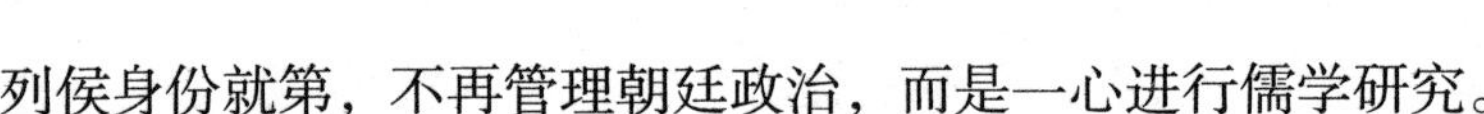

列侯身份就第，不再管理朝廷政治，而是一心进行儒学研究。

有邓禹、贾复二人做出了表率，耿弇、盖延、朱佑等人也纷纷效仿。他们迫不及待地将自己的大将军、将军印绶上交，表示自己愿意以列侯身份就第，不再进行军政事务的管理事宜。

看到功臣们“深体朕意”，刘秀不禁深感欣慰。没过多久，他就颁布了正式的诏令，宣布从此以后，废除左、右将军之名，盖立威大将军、虎牙大将军、建义大将军之类没有实权的职称。至于耿弇、盖延、朱佑等将领们，就全部加封特职，返乡颐养天年。

这样一来，之前还掌握权力的功臣们，就全都一下成了没有正式权力的“国策顾问”。功臣们之中，只有高密侯邓禹、固始侯李通、胶东侯贾复三人还不时参与国家政事。邓禹等三人常常受到刘秀的召见，和现任的官员们一起讨论国事，其他的功臣们，都一律不得干预政事。

由此可见，刘秀在处理功臣的问题上，保持的是这样的想法：“用高官厚禄豢养起这些功臣良将，只要他们不参与谋反、不参与叛乱，能够约束家人遵纪守法，就能够颐养天年。如果这些人和家人子弟偶尔有小错误，朕都能够宽容对待。毕竟你们为朕打下江山立下了汗马功劳。”另外，他还特意下定诏令：“各地向朝廷进献的贡品，必须先赏赐功臣列侯，然后剩下的才归皇室成员享用！”这样一来，刘秀既收服了人心，稳定了朝政，也顺利地取回了将领和文官们掌控的兵权和文权。

由此可见，管理者在获得了成绩的时候，一定不能自己独享利益，而是要和下属分享，只有这样，才能稳定自己的管理，并促使下属为自己获得更大的利益。就像刘秀建国之初一样，首要任务就是将自己获得的利益和自己的下属进行分享，以稳定自己的统治。

利益分享是现代管理中常见的一种管理模式。一位石油大亨拥有很多油井，他非常关注油井的效益。而且，当他到各地的油井视察时，发现情况并不像想象得那么好，各处的油井都存在着浪费现象，并且各处的管理者也对此漠不关心。这位老板解雇了一大批玩忽职守的人，试图改变局面。但实际上，情况没有得到丝毫的改变，反而因为他对员工痛下杀手，使得公司的管理陷入了被动。

这位老板进行了细致的分析和调查，最终想到了一个好办法。在一次会议上，他找来了所有的工头，并当众宣布，“从即日起，各油井的利润中有30%归该油井的工头支配。”

这项决策最直观的表现就是，油井的老板会损失自己三成的利润，但是，在政策施行后，油井的工头变得更加积极，也会更加拥护老板的管理。于是产量提高，浪费现象减少，人力资源得到了充分发挥。在年终结算的时候，老板发现，那一年是有史以来经济效益最高的一年。

能够和下属分享利益，是一种智慧的管理方式，利润的分享，会带来许多的好处。

首先，利益的分享有利于各种决策的顺利推行。当管理者和下属分享利润时，下属自然会站在管理者的角度上思考问题。如此一来，管理者只要稍加引导，下属就能理解管理者的做法，然后有效地配合管理者的工作。

其次，这样能够有效减少下属的不满情绪。如果管理者独占了好处，那么，下属稍有委屈，就会有不同的抱怨，导致不满情绪大面积的滋生，会造成内部的不稳定。而经过利益分享之后，下属就不会产生类似的抱怨和不满。他会觉得管理者的管理制度是为了集体的利益考虑。这时，为了包含在集体利益中的自己的利益，就不用管理者过分地监督，下属也能自觉地完成任务。

最后，利益的分享能够有效地杜绝浪费。下属能够参与到利益的分配中，就会形成一种主人翁的意识。当他们看到浪费现象的发生时，就会觉

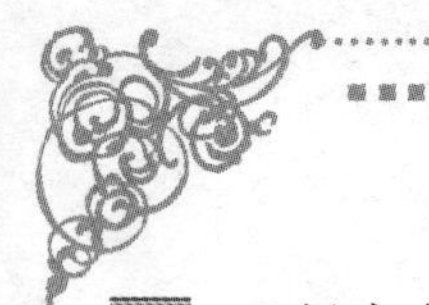

得实在浪费自己的资源，进而加以阻止，这样一来，下属就会将资源的利用充分发挥出来减少浪费现象的发生。

管理者的利润共享制度能够有效地稳定自己的管理，充分发掘下属的积极性，使得自身的竞争力不断提高，进而抵御住竞争中的风险，获得竞争的成功。

弱枝强干防外戚

作为君主，他需要做的不仅仅是发号施令，更需要均衡各方面势力，不让身边任何一个势力威胁到君权。高处不胜寒，作为一国之君，确实很难。能够威胁到君权的势力很多，外戚、宦官、权臣、豪强、后宫，等等。

从刘邦建立汉朝开始，就有了外戚干政的问题，而且有两次还十分严重。一次是汉初，在刘邦死后，惠帝羸弱，吕后把持朝政，大力栽培娘家人，迫害刘氏宗室子弟，甚至违背刘邦“非刘氏不王”的盟约，封两个侄子吕产、吕禄为王。后来周勃、陈平、朱虚侯刘章等人趁吕后驾崩，诸吕没有了主心骨，合力除亚了吕氏家族，才终于救回了刘家的天下。另一次则是在西汉末年，因为太后王政君把持朝政大权，外戚王氏势力逐渐庞大起来，到了王莽则达到了外戚干政的极致，被封了王爵，成为摄政大臣，最后终于篡夺了刘家的天下，自己登基当了皇帝，建立了新朝。

刘秀作为西汉皇族的后裔，对吕氏和王氏外戚的事都非常清楚，尤其是王莽乱政直接导致了西汉的灭亡，这让亲眼目睹、亲身参与其中的刘秀印象更加深刻。所以，刘秀很清楚外戚这股势力是绝对不容轻视的。

在建国之初，刘秀考虑到外戚是他进行统一战争和巩固政权的依靠力量，因而对外戚也多加任用和封赏。而刘秀的外戚大多也比较谦逊，明白很多地方需要顾忌。

刘秀立郭圣通为皇后，长子刘疆为太子，后刘秀封郭圣通的同胞弟弟郭况为绵蛮侯。此前郭况一直在刘秀身边担任黄门侍郎，办事谨慎小心，很得刘秀的喜欢。现在郭家可谓是权倾一时，郭圣通贵为皇后，弟弟郭况年仅17岁就被封侯，位高权重。当时的豪强权贵流行养宾客，郭况是天子的内弟，自然有很多人纷纷投奔到其门下。而郭况很清楚地知道自己外戚的身份应该避嫌，他始终谦逊做人，礼贤下士，赢得了很多人的赞许。

当刘秀统一了全国后，他开始觉得对于外戚，要适当地抑制，不能给予太高的官职。以至于十四年后，才将郭况升为城门校尉。后来郭圣通皇后因故被废，郭况反而因此得以加官晋爵，先是将封国扩大，改封阳安侯，最后官至大湮胪（九卿之一，掌管诸侯及少数民族事务）。刘秀还经常赏赐郭况金钱缣帛，十分丰盛，以至于当时京城的人都称郭况家为金穴。

由此可以看出，刘秀确实是个高明的政治家，将其间的平衡掌握得很好。当郭家有皇后作为靠山，有真正的势力和背景时，刘秀对于郭家采取抑制的政策，不给皇后的弟弟过高的官职，也不让他太有实权。而当郭圣通被废，郭家的靠山崩塌时，刘秀不再担心郭家的势力膨胀，所以不必再打压郭家，而且为了缓和废掉皇后的冲突，刘秀将郭况封以九卿的高官，金钱的赏赐更是无数。这样既不会让人觉得皇帝绝情，也能将外戚的势力始终控制在安全范围内。

刘秀的第二位皇后阴丽华的同父异母的哥哥阴识身为外戚，也非常懂得低调行事。由于阴识与刘縯、邓通等人交情深厚，又欣赏刘秀的才干能力，当初就做主把妹妹阴丽华许配给了刘秀。刘秀临去洛阳前，把妻子托付给他的大舅兄阴识，请他将阴丽华接回新野老家暂时安身。十月，刘秀只身去了河北发展，杳无音讯。阴识心中畏惧刘玄加害，一直在想办法保全一家人。次年春，刘玄为了笼络阴识，将其加封为阴德侯。刘秀登基后，在迎接阴丽华的同时，也征召阴识一起入洛阳。刘秀在册封阴丽华为贵人的同时，封阴识为骑都尉、阴乡侯。刘秀将郭圣通立为皇后，深深觉得愧对阴家，便想将阴识再次封赏，扩大封地。其实，阴识几次随刘秀征战，身有军功，封赏并不为过。但是阴识听到消息后，立即求见刘秀，辞去给自己的封赏："陛下，现在天下刚刚平定，朝中将领立下汗马功劳的人很多，有些尚且还没封赏，臣不能因为是外戚，毫无功绩，却在这些出生入死的将领之前加官晋爵，那样无法向天下人交代。"说完，阴识在大殿长跪不起，连连叩头恳请刘秀收回成命。刘秀看到阴识如此以大局为重，深感欣慰，从此心里越发器重他了。

而阴丽华的弟弟阴兴也是如此。阴家被强盗袭击，阴丽华的母亲和另一个弟弟被杀，刘秀为了安慰阴家，打算封阴兴为关内侯，甚至连印绶都准备好了。阴兴听到这样的消息，也是坚决推辞，认为自己以外戚的身份不该受到太多的封赏，这样有损皇帝的威名。一番恳切的言辞让刘秀打消了主意，却暗暗对阴家人的品德非常赞赏。

刘秀的外戚们都很谨慎，唯恐自己触犯了忌讳。毕竟王莽这样的例子，确实太过触目惊心了，刘秀还是时时审视着外戚们的行为。越到后期，刘秀对于外戚们的管制和监督就越严苛。

在临终前四个月，刘秀特地诏令全国，降吕太后尊号，宣布她不宜配食高庙，而将高祖薄夫人即汉文帝的母亲薄太后迁入高庙。刘秀这一举措借对待吕后的这个态度来表明，自己对于外戚干政的不赞同，以此作为对外戚的警示。

由于刘秀这样不遗余力地监督、压制外戚，东汉初年确实没有出现外戚专政的现象。但是，几代之后，刘秀的苦心就付诸东流了。东汉末年的太后外戚干政，并不逊于西汉。但是我们仍然能够从刘秀的这些巩固权力的做法中得到一些启示，并且将其应用到现代企业的管理之中。

领导者授予下属一定的权力，有助于为自己分愁解忧，让自己在领导的位置上轻轻松松。但有时不可避免下属会有越权行为或利用权力，做一些损人利己的事，甚至发展自己的“小圈子”。此时，领导者就要学会收权，把下放的权力收回来，万不可让权力失控，使自己处于被动地位。

古有“士为知己者死”之说，一个求进无门的落魄儿，有一天能受人青睐，进而得到无比的信任，其自然而生誓死相报之情是可以理解的。所以，不少领导人喜欢采用充分信任下属的办法争取支持、把握主动。有时候这样做的效果还是不错的，因为不论是在古代还是在现实生活中，像这样不负重托，甚至舍生忘死以答谢知遇之恩的事屡见不鲜。当然相反的例子也不少见。

段祺瑞毕业于北洋武备学堂，又曾赴德国留洋一年，早在19世纪90年代就崭露头角，被誉为“军事人才”，后被袁世凯揽入军幕，委以重任。段把袁视为恩师和知己，在新军编练中为之规划、操演，“恪尽职守”。在袁的提拔、重用下，他很快就晋升为镇统制（师长），并担任多所军事学堂的监督，声誉隆隆日上。到辛亥革命前，他任江北提督，加侍郎（副部长）衔。武昌起义爆发不久，他被重新出山总摄清政府军政大权的袁世凯调赴湖北镇压革命，又相继以武力胁迫南京临时政府和清廷交出权力，帮助袁世凯抢夺了中央大权。

在袁世凯统治的四年间，段祺瑞连任八届内阁陆军总长，两任代理内阁总理，一任内阁总理。他忠实追随于袁世凯左右，成为袁推行独裁统治的主要帮手。

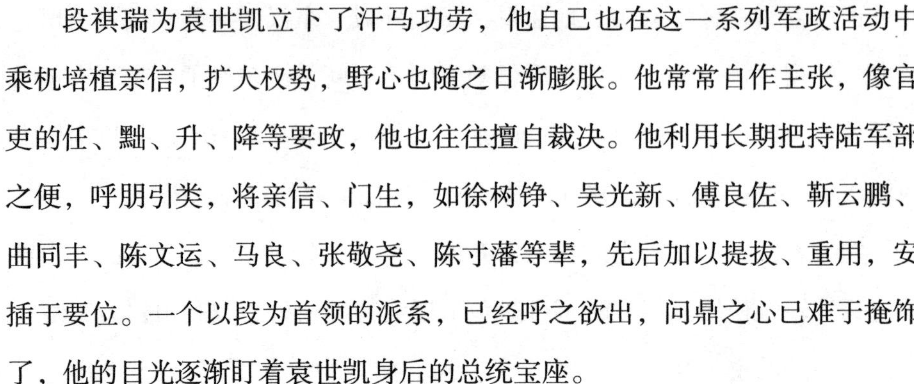

段祺瑞为袁世凯立下了汗马功劳，他自己也在这一系列军政活动中乘机培植亲信，扩大权势，野心也随之日渐膨胀。他常常自作主张，像官吏的任、黜、升、降等要政，他也往往擅自裁决。他利用长期把持陆军部之便，呼朋引类，将亲信、门生，如徐树铮、吴光新、傅良佐、靳云鹏、曲同丰、陈文运、马良、张敬尧、陈寸藩等辈，先后加以提拔、重用，安插于要位。一个以段为首领的派系，已经呼之欲出，问鼎之心已难于掩饰了，他的目光逐渐盯着袁世凯身后的总统宝座。

袁世凯一生惯弄权术，阴毒专横，绝不容许部属结党擅权。段祺瑞的所作所为及其野心，触犯了袁世凯的大忌。

袁世凯为了使其子孙世袭国柄，采取了一系列的措施，一步步夺回落入段祺瑞手中的军事大权。袁世凯先以“统筹军事”为名，成立“陆海军大元帅统率办事处”，把一切大权收归己有，使段祺瑞的军权大为削弱。

接着，袁编练“模范团”，身为陆军总长的段祺瑞，不仅不能参与这样重大的军事措施，而且到后来连陆军部购买军火等权力，也被削去大半。

同时，袁世凯氏父子又以批送“特别费”的形式，用巨款把陆军部办事的主要人物收买过去，使段祺瑞形同“光杆”总长。

1915年5月，袁世凯在“为国家爱惜人才，未便听其过劳，致增病势”的堂皇词句下，令颁人参四两和药费5000元，准段祺瑞赴西山“调养”。随后下令免去段祺瑞的职务。

不要以为袁世凯是卸磨杀驴，客观地说，这是掌控局面的内在要求。作为领导者，你也应该学会这一手段。须知，很多时候苦口婆心是摆不平人的私心的。如果你不能收回权力，干脆利落地将小圈子剪除，那最终的结局将是你这个领导成为“光杆司令”。所以，不仅能放权，更要会收权，要把主动权牢牢地掌握在自己的手中。当你发现手下有“小圈子”存在时，有必要下狠心，用各种手段将之彻底斩除。

当你处于一定的领导位置之后，无形之中你也就成为某些想获取权力的人的假想“敌人”，那么作为领导者的你将如何面对你身边的这些人，使他们为你认真地效力，而同时你又将如何面对自己的工作，使它顺利展开，为自己获取通向更高权力的资本呢？你需要巩固自己的权力。在实际的巩固权力运用技巧中，一般可以采用以下几种比较适用的方法：

第一，创造自己的传奇。

创造自己的传奇是指留给别人一些比较成熟和个性化的印象，虽然传奇本身并不能保证使人富有、有权力和成功，但它往往是成功的先驱，保证你的权力稳固。打一个简单的比方，一般面对着门的办公桌总显得很威严，因为它控制了整个房间，所以这种办公桌摆设目前成了办公室最常见的摆设。但是如果你反其道而行之，把你的办公桌放在角落里或面朝墙，暗示你不需要在自己面前横一块木头来保护自己，这种不同一般习惯的做法往往会使别人为难，不知如何待你，反而使你获得优势。

第二，保持适度的距离感。

当然保持距离的程度要因人而异，其目的应该是在不被孤立的前提下隐而不发，为自己创造一个性格多变的名声。当然要注意，拒人于千里之外也可能丧失良机。因而两全其美的办法莫过于让自己在显得平易近人的同时，利用一些小技巧来显示自己的忙碌程度。例如，你可同与打电话来的人交谈，然后让他到秘书那里定个时间，叫秘书强调你有多忙。接电话的方式也可以表明这一点，至少等电话铃响三遍之后再去接，否则会给人你急于接电话的印象。

第三，成为主宰。

撒切尔夫人有句名言：“你愿意屈服就尽管屈服，但我不会。”她在西方文化中给人留下了一个理想领袖的印象——坚决果断。对于领导者而

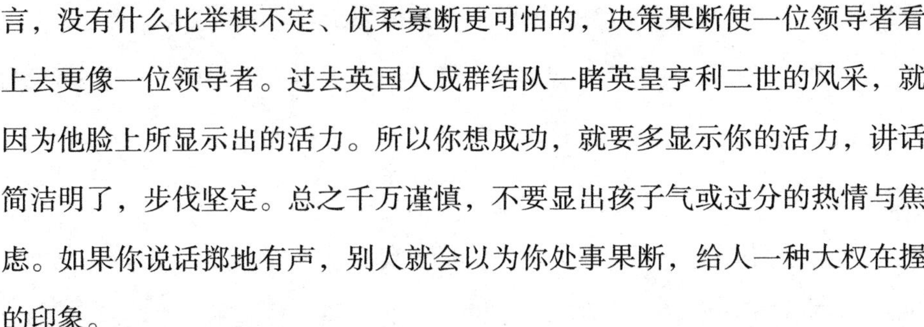

言，没有什么比举棋不定、优柔寡断更可怕的，决策果断使一位领导者看上去更像一位领导者。过去英国人成群结队一睹英皇亨利二世的风采，就因为他脸上所显示出的活力。所以你想成功，就要多显示你的活力，讲话简洁明了，步伐坚定。总之千万谨慎，不要显出孩子气或过分的热情与焦虑。如果你说话掷地有声，别人就会以为你处事果断，给人一种大权在握的印象。

第四，提高警觉。

领导者必须有很强的洞察力，能迅速对发生的事情作出解释。所谓洞察力就是，学会留意别人的情绪变化，了解部门的派系斗争。有证据表明，领导者对他们常见的人总比不常见的人更信任。这当然也提醒你，最有可能算计你的人。不是那些公开流露出敌意或表示不合作态度的人，而是那些面带微笑，看上去不会要阴谋诡计的人。

第五，充当中间人。

领导者有时身不由己地置身于派系斗争的枪林弹雨中，而这常常是极易受到伤害的。当然这也提供了机会。在这种情况下，作为领导者关键是要学会分而治之。这需要你在两方之间充当中间人角色。权力中间人制胜的秘诀是暗地里对每个人都表示赞同，同时把他们逼入角落。这时领导者要学会一些外交手腕，其中之一就是平易近人，这是你巩固权力的保障，因为人们总是满意、信任并褒奖自己感到适意的人。其次，学会沉默。如果非说不可，一定要适可而止。

监察机构保清廉

加强监察，是总揽权纲，加强集权的又一个重要方面，是改革政体的又一重要内容。西汉一代，整个监察机构由副丞相御史大夫负责。下设两丞，一曰中丞，在“殿中兰台，掌图籍秘书，外督部刺史，内领侍御史十五人，受公卿奏事，举劾按章”。汉成帝和汉哀帝时，一度把御史大夫改为大司空，但仅仅是名称的转换，其职掌内容大体未变。

东汉从光武帝开始，有较大变化。大司空为三公之一，但不再负责监察机构，其职掌转变为“掌水土事”。中央监察机构称御史台，改由御史中丞负责。《太平御览》载：

“建武以来省御史大夫官属，入侍兰台十五人，特置中丞一人以总之。此官得察举非法，其权次尚书。”这是变化之一。其次，御史中丞原属御史大夫，从光武帝时起，改属少府。这样，从表面上看，监察机构的级别下降了（御史大夫是剐丞相，少府是九卿之一），但是并不意味着监察职能的削弱。

因为光武帝的政策是架空三公的权力，倘若监察机构仍由三公来执掌，这一目的就无法实现。为保证监察机构的监察职能而又能架空三公，势必要把监察机构从三公的执掌中抽出来。结果，原来应负责监察机构的大司空，只好改掌“水土事”。这正是光武帝对监察机构的改革之处。御史中丞改属少府以后，如同尚书台虽然归属少府一样，丝毫也不影响监察

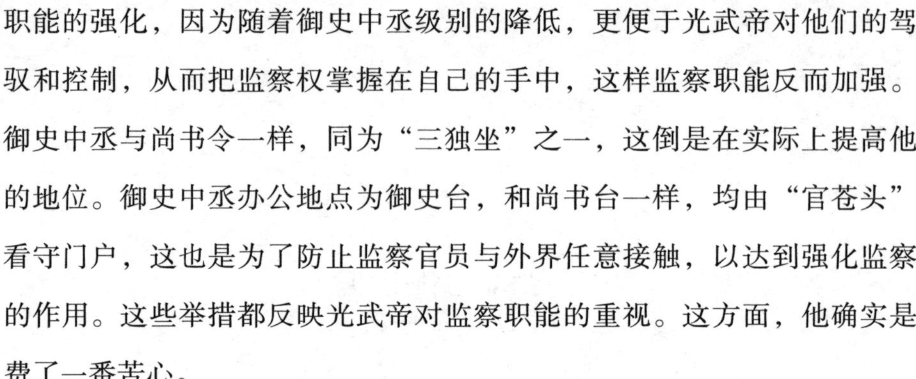

职能的强化，因为随着御史中丞级别的降低，更便于光武帝对他们的驾驭和控制，从而把监察权掌握在自己的手中，这样监察职能反而加强。御史中丞与尚书令一样，同为“三独坐”之一，这倒是在实际上提高他的地位。御史中丞办公地点为御史台，和尚书台一样，均由“官苍头”看守门户，这也是为了防止监察官员与外界任意接触，以达到强化监察的作用。这些举措都反映光武帝对监察职能的重视。这方面，他确实是费了一番苦心。

东汉初，继续设置司隶校尉，与西汉相比，职权也扩大了。

司隶校尉始设于汉武帝征和年间（公元前29至公元前89年），初配备中都官徒1200人，负责“捕巫蛊，督大奸猾”。后罢撤兵卒，负责监察三辅、三河和弘农地区。汉成帝一度废置，汉哀帝复置，称司隶，隶属于大司空，秩2000石。东汉初复置司隶校尉，秩比2000石，待遇比西汉略低，但职权比西汉为高。

光武帝设置的司隶校尉，既不隶属大司空，更不隶属御史中丞，完全成为一个独立监察机构，直接由皇帝掌握。其次，它与尚书台、御史中丞同为“三独坐”之一。每次朝廷会议，“后到先去”，可见受到特殊礼遇和重视。其三，它的监察权扩大，“职在典京师，外部渚郡，无所不纠。封侯、外戚、三公以下，无尊卑”。曾经有人向光武帝建议司隶校尉也可以纠察三公，因遭反对而作罢。即是说，除三公外，均可纠察。其四，据《后汉书·百官志四》本注曰：司隶校尉下设从事吏十二人，“都官从事，土察举百官犯法者。功曹从事，主州选署及众事……簿曹从事，主财谷簿书。其有军事，则置兵曹从事，主兵事”“其余部郡国从事，每郡各一人，主督促文书，察举非法，皆州自辟除”，等等。可见，它的机构比西汉来得完善。监察所及，除百官外，还连及选举、财经、军事等方面。

必须指出，司隶校尉还有逮捕、审讯、处置的司法权。这方面的职

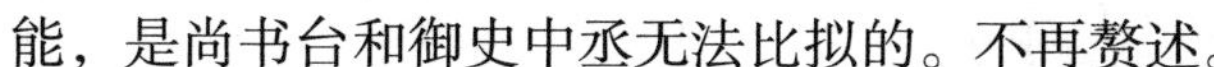

能，是尚书台和御史中丞无法比拟的。不再赘述。

专门监察地方的官员是州刺史，它也始设于西汉。从光武帝开始，也加重了它的地位和作用。

汉武帝初置刺史13人，秩六百石，负责监察地方刑狱，考察地方官的政绩，并以“六条”问事。但是，西汉刺史乘传周行郡国，无固定治所。从光武帝开始，把它正式确定为地方一级监察机构。

“所治有定处。”与西汉比较，东汉刺史的僚属扩大。汉武帝初置刺史，没有幕僚掾属，仅从2000石卒吏与从事中择得随员。汉元帝规定可按郡国大小置吏员，治中、别驾等。据《通典》所载，车汉刺史僚属机构庞大，有别驾、治中、主簿、功曹、书佐、簿书、兵曹、部郡国从事史、典郡书佐、考经师、月令师、律令师、上计掾史等。正反映州刺史在东汉职权扩大。

为直接把地方监察权也抓到自己手中，光武帝采取了二条重要措施。其一，西汉刺史常以八月巡行所部郡国，年底亲自到京师奏事汇报。光武帝于建武十一年（35年），“初断州牧自还奏事。”即规定州牧（刺史）不必亲自到京师来，“但因计吏”，只要计吏入京汇报即可。为什么这样做呢？据说是恐怕刺史“道归烦扰，故时止勿奏事”。其实，这样做的真正用意，大概是要隔断刺史外官与朝廷的复杂联系，以防止地方的监察受到不必要的干扰。光武帝还进一步规定：刺史“虽有父母之丧，不得去职”，这是为了时时加强对地方的监察。刺史的作用，是作为他的耳目，任何时候都缺少不得的。光武帝采取的第二条措施是：按西汉旧制，刺史所劾奏的地方2000石长吏，皆要通过三公，由三公派属员“按验”，然后决定是否退免，东汉初，光武帝“不用旧典，信刺举之官，黜鼎辅之任，至于有所劾奏，便加退免，覆案不关三府”。这就是说，地方刺史的监察权，不再经过三公而直接向皇帝负责了。这一方面架空了三公的权力，一

方面把地方监察权也掌握到自己手中。

对地方监察的加强及其作用，后代有一段较中肯的论述："孝武之末，始置刺史，监纠非法，不过六条，传车周流，匪有定镇，秩裁数百，威望轻寡，得有察举之勤，未生陵犯之衅。成帝改牧，其萌始大。既非识治之主，故无取焉尔。世祖（光武帝）中兴，监乎政本复约其职，还遵旧制，断亲奏事，省入惜烦，渐得自重之路。因兹以降，弥于岁月，母后当朝，多以弱守，六合危动，四海溃弊，财尽力竭，纲维挠毁，而四方不能内侵，诸侯莫敢入伐，岂非干强枝弱，控制素重之所致乎？"可见，光武帝加强对地方的监察，是收到了强化集权作用的。

御史中丞、司隶校尉、州刺史的监察机构，组成了光武帝完整的监察体系，有效地发挥了作用。这三套机构，源自西汉，但光武帝对它们均有所创革，监察职能加强了。

封建时代监察职能的加强，一般可以加以肯定。因为它所要制裁的是违法的中央、地方官吏以及豪强地主。尽管监察者不一定恪尽职守，甚至有的本身就是违法者，但不必去归咎于监察职能本身。因为这一职能的主观要求，是对统治阶级内部的行为有所约束。至于监察效果如何，主要取决于整个社会制度本身，也取决于当时的具体的社会政治状况。在所谓"明君贤相"的统治时期，政治清明，监察效果就会显著一些。

刘秀所采用的这套监察制度同样适用于在现代企业中。一个企业或单位，就像一台机器，每一位员工就好似这台机器上的一个零件。只有所有零部件都正常工作、准确地发挥功效，整个机器才能够和谐、正常地运转。同样的道理，只有公司里的每一位下属都能准确地完成自己所承担的那部分工作，这个企业的工作才能够协调顺畅，它的整体目标、计划和要求才能实现。

管理大师彼得·德鲁克曾经说过，多数生意人都把大量时间用在算账上，而花在监控公司业绩方面的功夫则相当少。德鲁克这样说是什么意思呢？他说的是某些老板在对公司的整体控制上如预算方面目光短浅。比如说，多数预算是为了保证公司的基金只有在得到允许的情况下才能使用。这是一种有效管理机制，通过为某一特殊活动编制预算，从而有效制止毫无节制地乱花钱。然而，德鲁克建议说，预算不只是算算账、数数钱，而应该是去衡量，去监控才对。老板们可以通过把预计想要的钱和将来达到的结果相联系，并根据以后提供的信息来决定预期结果是否可以实施监控。

德鲁克把算账比作医生用X光给病人看病。尽管有些较轻微的病如骨折、肺炎之类都可以用X光透视出来，但是，一些致命的顽症如白血病、高血压和艾滋病则是用X光无法透视出来的。同样道理，大多数老板是靠会计制度来透视公司的财务状况的。然而，会计制度不能去监控市场占有率的大规模丧失或者公司改革惨遭失败，到发现时，已经病入膏肓。

监督并非浪费时间、人力和物力。如果一旦发现下属在实际工作的操作中有什么不妥当的地方，有什么错误或者问题，领导就完全可以以一种适当的方式方法，及时地对其予以提醒或批评，尽量帮助其对问题进行改正或弥补。这样的话，就可以达到防微杜渐的目的，把将要可能发生的失误消除在萌芽状态，防患于未然。正所谓“亡羊补牢，犹未迟矣。”如果死了第一只羊的时候，你就及时发现，并且迅速把羊圈修好，那你就不会再损失第二只、第三只羊了。监督，就是给下属权力，而自己又把一切事务处于可控制的范围之内。

结合中国人敏感、内敛的性格特点，领导者在对下属进行工作监督时，尤其要注意两个关键细节。

1. 监督与授权

监督下属和向下属授权，这两者是相辅相成，相得益彰的。《韩非子》里有这样一个故事：鲁国有个人叫阳虎，他经常说："君主如果圣明，当臣子的就会尽心效忠，不敢有二心；君主若是昏庸，臣子就敷衍了事，甚至心怀鬼胎，虽表面上虚与委蛇，暗中却欺君而谋私利。"阳虎这番话激怒了鲁王，阳虎因此被驱逐出境了。他跑到齐国，齐王对他也不感兴趣，他就又逃到了赵国。赵王十分赏识他的才能，拜他为相。近臣向赵王进谏说："听说阳虎私心颇重，怎能用这种人干预朝政呢？"赵王回答道："阳虎或许会寻机谋私，但我一定会小心监视，防止他这样做，只要我拥有不至于被臣子篡权的力量，他阳虎又岂能轻易地得遂所愿呢？"赵王在一定程度上控制着阳虎，使他不敢有所逾越；阳虎则在相位上如鱼得水地施展自己的抱负和才能，终使赵国威震四方，称霸于诸侯。由此不难看出，没有授权，就不能充分发挥下属的积极主动性；没有对下属的监督，则不能保证下属的主动性始终朝着有利于整体目标的正确方向发展。所以，领导者在授权的同时，必须进行有效的指导和监督。但是，不论是领导还是员工，特别是员工，决不能把监督看作是一种消极行为，而应当清楚地认识到它是一项具有积极意义的管理活动，进而相互配合，防止内耗。

2. 监督与信任

监督下属同尊重和信任下属是不矛盾的。尊重和信任下属，指的是在社会政治地位平等、利益一致的前提下，上级对下级所应有的一种态度。而监督则是企业领导管理指挥员工们的一项正常工作，是领导对员工实施运筹的功能之一，是新式的社会化、现代化管理所必需的。作为领导，需要牢牢记住，你致力于检查监督工作，并不是为了挑毛病、吹毛求疵从而惩罚下属，而是在帮助下属走上正轨，找出他们在具体工作中有哪些地方还存在问题，并适当对他们进行引导和帮助。很少有人可以自信地说，他们不需要任何帮助，自己就能独立、圆满地完成工作任务。简而言之，监督下级，目的不是要监督哪一个人，实际上是要监督公司的整个工作，是通过对每一位员工进行监督来最终监督公司的整体发展情况。

监督并非不信任。而是与授权行为同步的一种管理行为。监督是我们前面所提到的“用人要疑，疑人也用”思想的具体实施。如果没有监督，“疑”也就成了纸上谈兵。

以身作则树榜样

下属期待的领导者，是在非常时期能够表现得与众不同，且能够断然地作出决定，迅速敏捷地采取行动的领导者。而一个企业领导者更应该以身作则，用自己的实际行动来带动下属。只有这样的领导者，才能强有力地领导部下。

湖阳公主是光武帝刘秀的胞姐。这位公主平日仰仗着自己无比尊贵的地位，豢养了一群狐假虎威的家仆，在京城里可以说是仗势欺人，无所顾忌。

这一天，公主的一名家奴在光天化日之下杀了人，董宣听到这个消息之后，立即下令逮捕。但是，这个狡猾的恶奴竟然躲进了湖阳公主府中，不肯外出。朝廷禁令规定，公主居所属于禁地，官员不得入内搜捕。董宣夜不能寐，左思右想也没有办法，就立刻命人监视湖阳公主府的一举一动，放出命令，一旦那个杀人犯外出，就马上通知自己。

几天之后，湖阳公主一看并没有什么动静，就以为这名新来的洛阳令和以往的洛阳令一样，惧怕自己，于是便放松了警惕。有一天，湖阳公主明目张胆地带着这个杀人恶奴出游，被董宣派出去的眼线察觉。这

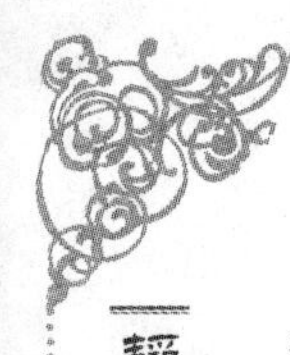

名官吏马上返回，向董宣禀明此事说，那个杀人犯正在公主的车马队伍中出游，自己无法下手。董宣听到此事，马上带人赶往城内的夏兰亭，挡住了公主的巡游队伍。湖阳公主此时正坐在车上，看到有个年迈之人竟敢无礼地挡住自己的去路，便傲慢地出言相问："你是何人，胆敢带人拦住本公主的车驾？"

董宣上前深深鞠躬，说："我是洛阳令董宣，请公主速速交出杀人犯！"

那个恶奴此时正混在队伍里，一见形势不妙，就立即爬到公主的座驾里，躲在公主的身后。湖阳公主一听董宣开口向自己要人，便仰起脸，满脸不屑地说："你有几个脑袋，胆敢拦住本公主的车马抓人？你也未免太胆大包天了吧？"

但是，她万万没有想到，眼前这位小小的洛阳令竟然怒目圆睁，一下子抽出自己腰中的宝剑，往地下一划，大声严厉责问，"公主身为皇室贵族，为什么不以身作则，反而知法犯法？"湖阳公主被这股凛然正气所深深镇住了，一时间竟然不知道说什么才好。

见此情景，董宣又严肃地劝说道："古语有云，天子犯法与庶民同罪。何况这次犯法的不是天子，只是你的一个家奴呢？下官身为洛阳令，就要秉公执法，替洛阳的百姓申冤，绝不会眼睁睁看着罪犯逍遥法外，无人管理！"董宣一声喝令，洛阳府的众吏卒们应声而出，就从公主的车上把那个残害无辜的人犯给拖了出来，当着公主的面处以极刑。

湖阳公主气得满脸通红，浑身发抖。她并不是痛心于死了一个奴仆，而是今天当着洛阳大街上的众多百姓，自己竟然蒙受了这么大的耻辱，丢了这么大的面子，怎么能吞下这口气！

她当下就命人调转车头，直奔皇城而去，顾不上与董宣费口舌理论。

湖阳公主一见到刘秀就哭闹不止，说自己受到了天大的耻辱，一定要刘秀杀了董宣，替自己做主不可。光武帝听到姐姐的一番哭诉，不禁气上心头。他想董宣如此蔑视我的胞姐，也就是蔑视我这个皇帝！想到这里，他也非常生气对仆人嚷道："速速把那个董宣给我抓来，我要当着公主的面，将这个贼人乱棍打死！"

董宣很快就被捉拿到了皇宫里，他从容不迫，对光武帝叩首，说："既然陛下要处死我，就请允许我在死前最后说一句话吧！"光武帝正在盛怒中，便大声说："你死到临头了，还要嘴硬！"

董宣这时已经是老泪纵横，但他还是平静了自己的情绪，严肃地说："陛下圣明，才让汉室江山再次出现中兴之势，这是百姓的福气。却没曾想，您今天却任由皇亲国戚豢养的恶奴滥杀无辜，鱼肉百姓！如今我不过想要维护汉室江山社稷，依法办事，打击豪强，却要落得身首异处的下场。陛下您口口声声说，要以文教来治国，以法律来治世，如今，陛下的胞姐纵容自己的奴仆在京城中滥杀无辜，陛下不严肃处理，反而要随意杀死按律执法的忠臣。我真不明白，这国家的法典究竟有无作用？陛下还凭什么来治理社稷？用不着用棍棒逼迫我死，我自然会寻求死路的。"说完，便一头撞向殿堂上高大的柱子，撞得头破血流。

光武帝并不是昏君，董宣刚才那一番话刚直不阿，加上他平日的政绩有口皆碑，早已经被百官口耳相传，现在他气消了之后，早已被深深地打动。刘秀大吃一惊，悔恨不已，急忙下令，让卫士搀扶住董宣，派御医来包扎好他的伤口，然后说："看在你确实为国家社稷着想，朕就不再治你的罪了。但是，你如此羞辱公主，也总得给她磕个头，赔个不是才好！"董宣满头是血，还是理直气壮地说："错并不在我，因此我无礼可赔。所以，我坚决不会磕头！"

光武帝没办法，只能向两个小太监使了个眼色，示意他们把搀扶着董宣，把他带到公主面前磕头谢罪。

两个小太监依刘秀的眼色行事。可是，年近70的董宣偏要用两只胳膊

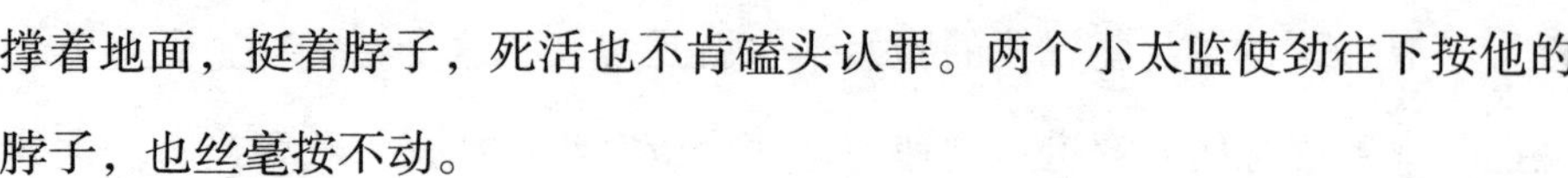

撑着地面，挺着脖子，死活也不肯磕头认罪。两个小太监使劲往下按他的脖子，也丝毫按不动。

湖阳公主这时也自知理亏，却仍然大感不快，便冷笑着出言讽刺光武帝，说："你在当老百姓的时候，敢在家里窝藏逃犯，完全不把官府放在眼中。如今当了皇帝，怎么反倒压制不住区区一个洛阳令呢？姐姐真替你羞愧！"

光武帝这时只好给姐姐一个台阶，他巧妙地笑着回答道："正是因为我如今已经是一国之君，才应该严格要求自己，给百姓做出表率，而不能像以往是平民时那样肆意妄为。"

光武帝又转过脸，对董宣说："你这个洛阳令，脾气可真够倔的，还不速速退下！"此后，光武帝打心底里欣赏董宣身上刚正不阿、不畏强权的品质。为了对他进行褒奖和鼓励，他专程派人给董宣送去了30万赏金。董宣把这一大笔赏金，全数分给了自己手下的官吏和衙役。自此之后，"洛阳令""卧虎令"的威名一传十、十传百，整个洛阳城的皇亲贵胄、大姓豪强，无不对他胆战心惊。经过他的悉心治理，洛阳一扫往日的风气。据史书记载，当时洛阳有一句民谣就是这样唱的："桴鼓不鸣董少平。"桴鼓就是官衙前的警鼓，少平是董宣的表字。这句民谣的意思是，只要董宣出任洛阳令一职，就没有人敢违法乱纪，官府门前自然是门可罗雀，无人前往击鼓鸣冤了。

董宣担任了5年洛阳令，74岁那年在任期中去世。光武帝听到他去世的消息，悲痛不已，专程派人前往吊唁治丧，只见董宣的遗体只有一块破布被头作为掩盖，妻儿就跪在棺木前大哭不止，他的家中除了一辆破车和几石大麦，竟然没有其他稍微华丽的家具。使者回来之后，向光武帝一五一十地作了禀告，光武帝大为感叹，说："像董宣这样勤政爱民的好官，朕竟然一直到他去世之后才知道他如此清廉。作为一国之君，朕真是惭愧！”后来，他特赐给董宣银印禄级，按照大夫礼安葬。另外，光武帝还将董宣的儿子董并任命为郎中。后来董并接连得到提拔，最后在齐（诸侯国，在今山东省内）任相职。

世界上最复杂的事情莫过于“人事”，领导最头疼的莫过于管人。尤其是有时有些事情会关乎自己的个人感情。在董宣和湖阳公主的矛盾中，刘秀虽然开始也有一点私情，但是最终还是做到了不因私废公，起到了以身作则的榜样作用。如此一来，皇亲国戚，贵族大臣们看到皇帝尚且如此，那么自然就会约束自己，不冒犯国家的法律了。

企业中的领导者也应该像刘秀那样，做到以身作则。在竞争越来越激烈的今天，企业随时随地都会面临各种困难。当面临困境时，领导者能够率先垂范面对难关，这样的精神就会影响部下，让大家都能够勇敢地面对挑战。

在现实生活中，有些领导者平常说话豪爽，看似很有担当意识，一旦面临危机时，狼狈不堪的样子会表露无遗。部下若是看见上司在紧要关头不知所措的模样，一定会觉得非常失望。

例如，企业提倡5S的工作环境，地面上有一张纸，领导者看也不看，大踏步地走了过去，后面的人也会跟着走过去。如果你弯腰捡起来，看到你捡纸的人，以后再看到地面上有废纸，就有可能捡起来。所以领导者就要当捡纸的第一人。

在下属面前，领导者一定要身先士卒。例如，当一个部门工作比较紧张的时候，职员在加班，部门经理最好陪着员工加班。即便你不参与工作，也可以在职员遇到困难时，及时给予帮助。如果下属都在紧张地忙碌着，经理却准时下班了，试问加班的员工还有多少积极性呢？

因此，作为领导者，要使员工们信服并且满怀工作热情，最重要的是要身先士卒，自己带头作出表率。东芝公司董事长士光敏夫“亲征”的事

情，就让员工深感震动。

一次，东芝公司的董事长士光敏夫听业务员反映，有一笔生意难度较大，多次登门拜访都见不到人，买方的课长经常外出。士光敏夫听了情况后说“请不要泄气，待我上门试试。”

业务员听到董事长要“亲自上阵”，心里忐忑不安，他想：是不是董事长不相信自己的真实反映，万一董事长亲自上门又碰不上那个课长，岂不是很没面子？于是急忙劝说：“董事长，不必您亲自为这些小事操心，我多跑几趟总会碰上那位课长的。”

第二天，士光敏夫真的来到那位课长的办公室，仍没见到课长。他没有因此而告辞，而是坐在那里等候，等了半天，那位课长回来了。当他看了士光敏夫的名片后，慌忙说：“对不起，对不起，让您久候了。”士光敏夫却微笑着说：“贵公司生意兴隆，我应该等候。”

那位课长明知自己企业的交易额不算多，而堂堂的东芝公司董事长亲自上门进行洽谈，觉得很是赏光，故很快就谈成了这笔交易。最后，这位课长热情地握着士光敏夫的手说：“本公司以后一定买东芝的产品，但唯一的条件是董事长不必亲自来。”

士光敏夫“亲征”不仅做成了生意，而且在全体员工面前做了一个亲力亲为的榜样，提升了作为领导者的形象，从而树立了自己的威信。某些场合，领导者不能只负责业务管理，而叫下属从事实际工作，纵使身为主任、股长或是科长，有时也要亲自操作实际工作。

有些领导者似乎没有认清自己的立场与任务，只会在口头上堆砌一堆大道理，却从来不肯在行动上率先示范，他们理直气壮地坐在自己的座位上专心从事管理工作，这样的领导者注定要与员工日渐疏远。

事实上，只会指挥下属工作的领导者，根本不可能率先示范给下属看。在某些时候或某些场合，领导者必须要亲自行动。也就是说，上司在某些情况下也要从事第一线的工作。领导者不但要指导下属、管理下属的行动，有时候更要站在下属的前头，以一副“看好，要按照我示范的方法做”的态度率先示范。

另外，只会实际工作的领导者，同样也不能指挥下属。唯有伏案工作与实际工作双管齐下、平均分配，才是最佳的行动模范。

善用柔术治家国

以柔克刚，源于老子的思想。汉代自开国以来便一直比较推崇道家的思想，顺其自然，休养生息。所以，“柔”道是中国传统思想中非常重要的一方面。将“柔”到运用于管理，让被管理者都发自内心的拥戴、赞赏管理者，最终获得成功。

在中国历史上，刘秀是少数能将“柔”道应用到方方面面，且运用得炉火纯青的人。可以说他是一位以柔统一天下、以柔治国的皇帝。

刘秀坐稳江山后，同他的先祖刘邦一样，衣锦还乡。在家乡春陵大宴乡亲时，同族见当上皇帝的刘秀一点不忘本，还惦记着老家的亲人，都很高兴。大家一边喝着他带来的宫里的好酒，一边互相聊着天，其乐融融。借着酒劲，刘秀的一些同族的长辈女眷忘了对皇帝的畏惧，笑着对刘秀说：“文叔你小时候就行事稳重谨慎，性格柔和讲信义，这才有今天这样的成就啊！”刘秀听后，大笑着说：“诸位尊亲，你们有所不知，朕如今治天下，还是要走柔和宽厚、正大光明之道啊！”

正像刘秀的族中女眷所说的，刘秀从始至终都在贯彻着一个“柔”

字，这不是刻意，而是他的性格使然。

在刘秀跟随哥哥刘縯起兵的初期，由于刘縯和刘秀的才能出众，又极有威望，让新上台的更始帝刘玄害怕他们兄弟以后发展壮大了会取代他的位置，于是，在绿林军将领朱鲔以及李轶等人的协助下杀害了刘縯。这其实是因为刘縯过“刚”，锋芒毕露，而招来别人的嫉恨。刘秀则与哥哥相反，一直以“柔”示人，在众将领中一直显得很低调。所以，绿林军和刘玄对刘秀并不十分忌惮。

而刘秀此时也很清楚王莽政权还没有倒台，自己不可能独自击溃王莽的军事力量，也不可能正面跟刘玄等人进行军事对抗。所以，他只能继续保持“柔”道，以低姿态来换取刘玄及绿林军们的信任，以图保存实力。刘縯被杀以后，刘秀听到消息立即赶回宛城向刘玄请罪，刘秀在众人面前饮食言笑如常，不为刘縯服丧，也不理会刘縯的旧部属，对自己在昆阳之战中的大功更是只字不提。

这些一系列示弱的举动让刘玄和绿林军将领们都放松了警惕，他们觉得刘秀不过是一个懦弱的人，何况也没有任何理由能够加害刘秀。于是，刘玄加封刘秀为破虏将军和司隶校尉，之后还派刘秀出使河北，让刘秀得以离开绿林军的监视和遏制，终于在河北建立了自己的根据地，有了自己的军队，慢慢有了称雄天下的实力。可以说刘秀当时的“柔”表现出来的是一种隐忍，在自己居于弱势时的自我保护。

而刘秀在逐渐壮大起来之后，依然是以“柔”作为主要的行事风格。但此时他的“柔”已经不是绝对的示弱隐忍，而是变成对敌人是柔中有刚、刚柔并济，对待亲人下属、对待百姓依然是以柔为主。

战场上，刘秀习惯尽量以最小代价换取最大胜利，即使在己方占绝对优势的情况下，他也尽可能不战而屈人之兵。他平定河北时，靠坚壁清野击败铜马军，却以单骑慰劳20余万降军的怀柔政策真正收服了那些彪悍的流民军；在夺取洛阳时，刘秀忍下杀兄之仇，劝降仇人朱鲔且封以高官，以后也一直没有加害朱鲔。在刘秀的影响下，他的得力爱将很多也学会了尽量先采取劝降的方法，尽量减少损失来取胜。

比如岑彭，他劝朱鲔献出了洛阳；担任征南大将军时劝降了交趾州牧邓让、江夏太守侯登、武陵太守王堂、长沙相韩福等很多人。邓禹劝服了占据陇西的隗嚣归附刘秀。甚至连以嗜杀勇武著称的吴汉也曾劝降过更始尚书谢躬的副将陈康。当冯异出征关中时，刘秀特意嘱咐他："这次出征的目的不在于攻城略地，而是为了解救被赤眉军凌虐的关中百姓，主要的目的是安抚稳定人心。"

在对待周边少数民族政权时，刘秀也是尽量以"柔"来对待。统一全国以后，刘秀把所有的精力都用在了治理国家，恢复国计民生上。为了保证自己能够全力改善国力，刘秀对待匈奴采取守势，把边郡的居民迁入内地，他这样做的目的，一方面是厌恶战争杀戮，但是，最主要的目的还是珍惜人民。其实，对待敌人，一味动用武力并非就是上上之策，如果能够施行仁义之举，有时也能收到更好的效果。后来，匈奴分裂为南、北两部分，南匈奴就主动要求依附汉朝，并且希望能通过和亲加强两方关系，刘秀应允了匈奴和亲的请求。建武二十七年（51年），北匈奴出现灾害。臧宫、马武立即上疏刘秀，主张乘匈奴"人畜疫死，旱蝗赤地，疲困无力"之时，派他率领5千骑兵，扫平大漠。刘秀对于这份上奏，却没有批准。他回信告诫，说战争并不是什么好事，它对民生的伤害实在太大。原本百姓就被多年的战乱所扰，颠沛流离，民不聊生。如今天下初定，百姓们还没能安居乐业、休养生息，实在不适合再为了出兵匈奴而大费周章、劳民伤财。

虽然刘秀的天下是在马背上征战得来，可是，他登基之后却崇尚儒学，推广仁爱，反对战争等事。这也是他和其他"马上天子"的不同之

处。实际上，刘秀从小就是温柔仁厚之人，当时起兵是由于处在乱世，杀伐征战也是不得已而为之。因此，一旦登基大宝之后，刘秀就又恢复到以往崇儒任文的温柔性格之中了。

“柔道”二字，不能简单地拿纵容豪强来理解。从当时地主阶级舆论来看，许多人认为刘秀的政治措施不是“柔”而是“严”。例如第五伦即认为刘秀“颇以严猛为政”，《后汉书》的作者范晔在《循吏列传》序亦言：“建武永平之间，吏事刻深”，其他人提到刘秀的治国之道时，也多用“苛刻”“严急”“严察”“明察”等字眼来形容，郑兴甚至说：“今陛下高明而群臣皇促，宜留思柔克之政。”可见依照当时人的看法，认为刘秀的用人、行政并不是“柔”而恰恰是“不柔”。这种“不柔”正是东汉初期政治所以比较清明的原因所在。史书上说，在刘秀及其继承者明帝统治时期，“朝无威福之臣，邑无豪杰之使”。虽然未免言之过甚，但当时的政治毕竟还是比较好的。如果把刘秀的统治说得太坏，是不合事实的。

至于刘秀所说的“柔道”究竟是什么意思，应当包括哪些内容？我们可以参照《后汉书》的注者李贤对“柔道”二字的通释，李贤说：“柔克，谓和柔而能立事也。”这个解释用在“柔道”上也照样可以。“柔道”的意思就是用温和的做法以达到自己的政治目的，使统治取得成功。谈刘秀的“柔道”，仅仅从字面上解释是不够的，必须从他的实际行事中，从他各种言行的联系中得出结论。刘秀所行的“柔道”，主要是对人而言，我们可以从他对各阶级、阶层以及各式各样人物的态度和措施中得出结论：在以往每个封建朝代建立以后，都存在专制皇帝怎样对待开国元勋的问题。刘邦对于几个拥有地盘和武力的诸侯王采取了剪除的办法，他这样做不但蒙受“兔死狗烹”之讥，并且还带有很大的危险性。刘秀则不这样，他对于开国元勋采取了只给以高爵厚禄而不让他们参与军国要政的办法，这样做，口头上是为了保全功臣，不令他们“以吏职为过”，实际上是为了防止他们专横跋扈，危害君主权力。这是刘秀行使“柔道”的一条典型措施。

刘秀虽然设置三公等高级官职，但不让他们掌管决策大权。所有重要的政务都集中尚书处理，做尚书的人官职既小，资历亦低，因此比较容易使唤。此外，刘秀还通过降低高级官员的俸禄，提高低级官吏的俸禄等办法，来缩减上下级官吏间的财富差距。

对于一些属于地主阶级的知识分子，刘秀的治理方法是推崇经书学习，扩充太学教育的方针，给这些人投身政治活动开辟了一条道路。同时，他还鼓励各地举荐有气节的人士，鼓励这些人为自己建立的政权出谋划策，尽忠尽责。此外，刘秀本人也十分礼贤下士，任人唯才，还常常能够破格任用一些足智多谋，清廉为官，办事效率高的官员，并将这些人委以重任。

对于割据一方的敌人，避免轻易采用武力，尽量用说服、拉拢、利诱、分化等各种办法，促使其投降；对于拥有实力的仇人，亦不念旧恶，争取为我所用。遭遇危机时，使用容忍退让办法，渡过难关，伺机反击，消灭对手。这一条是最名副其实的“柔道”。

对于外部敌人，采取退让妥协态度，所谓“量时度力”，“柔远以德”，先防御，后用兵。对于广大农民及其他劳动者，采取休养生息政策，已如前述。

在立太子的问题上，刘秀的处置是成功的。他先立郭皇后所生之子刘强为皇太子，后来发现阴皇后所生之子刘阳甚为聪明干练，因此，又改立刘阳为皇太子。刘阳即后来的明帝，他能够“遵奉建武制度”，史称明帝“尤任文法，总揽威柄，权不借下。值天下初定，四民乐业，户口衣食滋植，断狱得情，号居前世之十二。”故永平之政与建武并称，同为东汉治

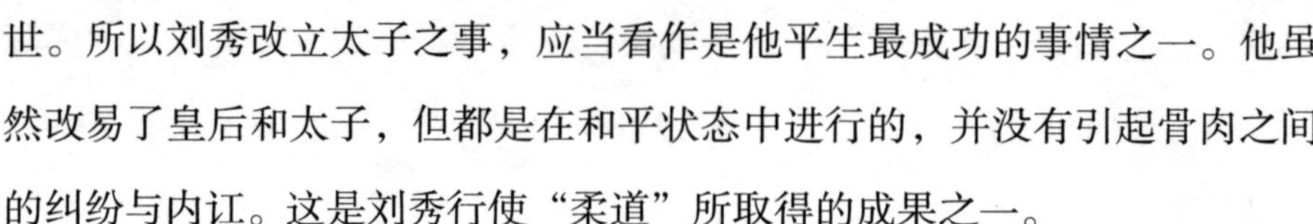

世。所以刘秀改立太子之事，应当看作是他平生最成功的事情之一。他虽然改易了皇后和太子，但都是在和平状态中进行的，并没有引起骨肉之间的纠纷与内讧。这是刘秀行使“柔道”所取得的成果之一。

刘秀所施行的“柔道”，主要并不是其对臣民“柔”，而是借此柔化臣民。

刘秀施行柔道治国的柔性管理模式，值得当今的管理者借鉴。柔性管理充分体现了对于被管理者作为人的社会身份的尊重，柔性管理区别于传统的靠制度严格约束的刚性管理，实际上刘秀的柔术治国和当今的柔性管理有着一定的差距，我们要讲的是刘秀那种独特的管理方式，为了加以区别，我们称之为柔术管理。

柔术管理，就是要运用自己的宽厚仁义的思想感染下属，让下属充分体会到自己的人格魅力，让自己的管理变得更加容易接受。

有一则寓言故事：北风和太阳都觉得自己的力量很强大，并且对彼此不服气，都认为自己的力量强过对方，于是决定进行比赛。碰巧路边有一个行人穿着厚厚的衣服正在前行，北风和太阳决定就拿行人进行测试，内容就是谁能使行人脱下衣服，就证明谁强大。

北风先开始，太阳躲进了云中在一旁观看。北风开始呼啸地吹着，试图将行人的衣服拉下来，但是尽管北风吹得树叶飞到了很高的天空中，行人的衣服还是牢牢的穿在身上。北风看到这种情况，开始更加猛烈地吹，还掀开路人的脖领，吹进路人的衣服中，企图能够撕裂路人的衣服，达到自己的目的，但是这不仅没有撕开路人的衣服，反而使路人裹紧了衣服，甚至从随身带的包裹里拿出了更多的衣服穿在身上。终于北风疲倦了，他去找太阳，看太阳怎么办。

太阳在云朵中露出了头，将自己温和的阳光洒向了大地，整个世界都沐浴在暖洋洋的光芒中，行人开始感觉温暖了，就脱下了刚刚穿上的衣服。太阳继续照射大地，将自己的温暖均匀地洒在大地上，行人开始出汗了，行人终于忍不住了，将自己最初穿的衣服脱了下来。北风只好向太阳低头认输了。

这则寓言说明的道理就是：温暖胜于严寒。对于管理者来说，就要明白柔术管理的奥妙，柔术管理胜于严苛的管理。管理者在管理中，不应该粗暴地对被管理者施压，这样只会带来逆反和管理的不稳定。而应该对被管理者进行情感上的感化，让被管理者感受到温暖，这样管理实行起来就更容易，并且更能够让被管理者自觉接受。

如何让下属全心全意为自己做事确实是一门艺术。衣服就好像每个人心理上的防御，就好像一层盔甲，是对外界的一种防御。如何脱掉这层盔甲困扰着许多管理者。一些管理者选择像北风一样严酷，进行一种刚硬的管理，结果是使得被管理者更加戒备，对管理措施更加抵触。而另一种就是实行柔术管理，管理者如太阳一般温暖着被管理者，让他们丢掉所有的盔甲，一心为管理者做事。

如果管理者能让每个员工都能从内心赞赏你的品格，那么你就可以轻轻松松地管理任何人。要达到这种境界，管理者必须塑造自我品格，以柔术进行管理。

后　记

在人生道路上，成功与个人的努力是密不可分的，更与时代机遇有着千丝万缕的联系。思路决定出路，只要做一个有心人，就能在别人看不到希望的地方，发现闪光的机遇，创造奇迹。在我国几千年历史中，涌现出了一批叱咤风云、扭转乾坤的帝王，这些帝王无不具有一部非凡的传奇，如夜空中的群星般璀璨夺目。他们开创了一代王朝的新纪元和新气象，荡涤着时代，演绎着历史；他们是一个朝代的先锋，挥舞着新政权的猎猎旗帜，翻开了历史的新篇章。解读古代皇帝，剖析中国历史，还原其真实的面目，可以让我们从中学到宝贵的人生经验。

在本书编写过程中，得到了北京师范大学历史学院、北京大学历史学系各级领导的关心和支持，以及安徽师范大学文学院多位教授、博士的悉心指导，在此表示衷心的感谢！还要感谢所有对本书编写给予支持的各位老师和同学！

本书在编写过程中，参考引用了诸多专家、学者的著作和文献资料，谨对这些资料、著作的作者表示诚挚的谢意！有些资料因为无法一一联系作者，希望相关作者来电来函洽谈有关资料的稿酬事宜，我们将按相关标准给予支付。

邮箱：945767063@qq.com　　联系人：姜正成